侵略のアメリカ合州国史

〈帝国〉の内と外

小倉英敬［著］

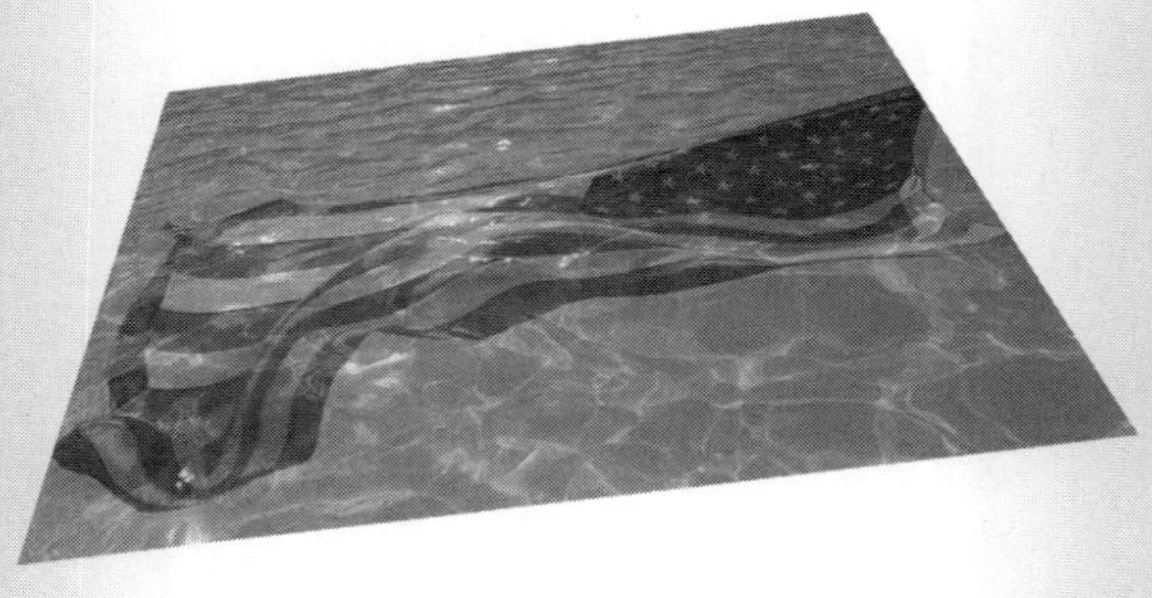

新泉社

はじめに

アメリカ合州国は、新自由主義的な「経済のグローバル化」の発信地である。その合州国社会が「病んで」きている。非白人人口比率の増加や、外国生まれの国民の増加によって白人支配が崩壊しようとしており、それに対する反動が「病み」を拡大させているのだ。

合州国は、一六世紀の初めにイギリス人によって植民地化が開始され、先住民の「浄化」と「排除」、アフリカから連れてこられた黒人の奴隷化、メキシコからの領土の奪取を基盤に発展を遂げてきたが、このような過去の発展のプロセスの中で虐げられてきた人々の子孫による「復讐」とも言える大きな社会変動が生じつつある。そして、「経済のグローバル化」の進展に伴って合州国に流入し続ける非白人層の増大が、「病み」を増幅する要因ともなっている。

二〇〇一年九月一一日にアメリカ合州国東部で発生した同時多発自爆に対する報復として実行された米軍及び同盟国軍によるアフガニスタン攻撃と、二〇〇三年三月に仕掛けられたイラク攻撃は、冷戦後の世界にアメリカ合州国の一国的覇権主義を軸とした〈帝国〉とも称すべきグローバル権力が出現しつつあることを示した。しかし、世界が「九・一一」から変化したのではなく、グローバル権力の出現に象徴される新しい時代が「九・一一」を契機に、誰の目にも見える形で顕在化してきたにすぎない。〈帝国〉は、イラクに対する核・生物化学兵器疑惑に関する国連安保理による査察の結果いかんにかかわらず、その保有を理由として、フセイン政権打倒のために再び武力行使を行った。しかも、開戦時のイラクには大量破壊兵器が存在していなかったことが後に判明している。まさに、「帝国主義」時代よりも悪辣な暴力的支配、「恫喝」に基づく世界の一元的な暴力的支配が拡大しつつあると言えよう。

このようなグローバル権力が出現するに至ったのは、過去十数年の間に加速化した「経済のグローバル化」だけが原因ではない。「経済のグローバル化」は、ヨーロッパ人の「アメリカ」(アメリカ合州国だけでなく、「南北アメリカ大陸及びカリブ海地域」を含む地域の総称)到達がきっかけとなって開始した五〇〇余年に及ぶグローバル化の最新段階にすぎないのである。グローバル化の歴史プロセスは、世界市場の形成に基づく世界資本主義システムと、ヨーロッパ中心主義的な人種差別イデオロギーによって貫徹されている。

アメリカ合州国の歴史は、グローバル化によって加速化した非ヨーロッパに対する〈差異化〉の典型的な実例であり、今やアメリカ合州国は欧米中心主義的なグローバル化の最先端で、世界の一国的覇権に基づいて、多国籍企業の利益を背景に、国際経済・金融機関、シンクタンク等をも動員したグローバル権力(=〈帝国〉)の軸を形成してきている。

アメリカ合州国を軸とした欧米覇権に基づくグローバル権力の確立は、「アメリカ」大陸の征服以来、ヨーロッパ人が先住民を「他者化」していった国内征服プロセスや、一九世紀末に開始した帝国主義化によって進められた、植民地主義による直接的支配と管制高地化した新植民地主義的な間接的な支配の、両形態によって行われた他民族支配プロセスの延長線上に生じているものである。

本書は、ヨーロッパ人の「アメリカ」到達以来、世界的に確立されてきた欧米主導による世界の一元的支配がどのようなプロセスを経て形成されてきたかを検証する。具体的には、アメリカ合州国において行われた先住民に対する「浄化」と「排除」、アフリカ系黒人への差別、ヒスパニックやアジア系移民の流入などを契機とした国内的な「アメリカ化」と、それに対する〈差異化〉された人々の闘いを振り返ることで、「世界のアメリカ化」の前史として先行した国内における「アメリカ化」の歴史と、現在もなお進行中の国内「アメリカ化」の意味を再考するものである。

侵略のアメリカ合州国史●目次

装幀　勝木雄二

第1章

「アメリカ」の発明

アメリゴ・ヴェスプッチ

1　「アメリカ」の理念

一四九二年一〇月一二日、スペインのイサベルとフェルナンド両国王に後援され、クリストバル・コロン（クリストファー・コロンブス）に率いられた「サンタ・マリア」号、「ピンタ」号、「ニーニャ」号の三隻の船隊が、七〇日間の航海を経て、現在のバハマ諸島のサン・サルバドル島に到達した。この日から「アメリカ」先住民の悲劇が始まった。

コロンブスは四回の航海を行い、一四九八年の第三回航海では南米北岸（現在のベネズエラ沿岸）に、一五〇四年の第四回航海では中米海岸（現在のホンジュラスからパナマにかけての沿岸）に到達したにもかかわらず、一五〇六年に死亡するまで、自分が到達した地域はアジアであると信じ、そこが「新世界」であるとの認識に至らなかった。

他方、アメリゴ・ヴェスプッチは、ヨーロッパ人が到達した陸地はアジアではなく、「新世界」である可能性に気づいたゆえに、ヴァルトゼーミュラーによってその名を新大陸の名称に冠せられることとなった。先住民が居住していたにもかかわらず「新世界」として捏造されたその空間は、一五〇七年にヴァルトゼーミュラーの『世界誌入門』において、ヴェスプッチの名をとって「アメリカ」と名づけられた。ここにヨーロッパによって、先住民の存在をまったく無視して「アメリカ」が「発明」されたのである。

ヴェスプッチは、カリブ海諸島に居住していたカリブ族に関して、「彼らの生活ぶりはまったく野蛮」

で、「人間の肉のほかはあまり肉を食べません」と述べ、ヴェスプッチと同じく「アメリカ」を「新世界」と認識したペドロ・マルティルもカリブ族を「人肉喰い」と伝えた。

一四九二年に行われたコロンブスの第一回航海の『航海誌』一一月二三日には、「連れてきたインディオたちはこの陸地をボイーオと呼んでいた。かれらはこの陸地はとても大きく、額に一つだけ目を持つ人間やカニバルと呼ばれる人間がいると話した。かれらはこのカニバルにひどく脅えていた」と記述されている。かの「カニバル」が食人習慣を意味するカニバリズムという言葉の語源であることは周知の通りである。また、コロンブスの第二回航海に同行したディエゴ・アルバレス・チャンカは帰国後にセビリア市会に宛てた書簡の中で、「カリブ族の風習は獣のそれです。（中略）かれらは他の島々を略奪し、手当たり次第に女を、とりわけ若くて美しい女を連れ帰ります。これらの女が話すには、カリブ族は信じられないほど残虐なことをしています。すなわち、かれらはこれらの女との間に生まれた子を食べてしまい、土地の女との間に生まれた子だけを育てるということです。彼らは男を捕らえると、生きていれば家に連れ帰って料理し、死んだ男はその場で食べるということです」と報告している。

そもそもこれらの記述が事実を反映したものであるかは詳《つまび》らかではない。『航海誌』を編集したとされるバルトロメー・デ・ラス・カサスは、同書の中で、「カニバはこの地のすぐ近くに住むグラン・カンの配下にほかならないと考えます。かれらは船を保有し、この地に来ては捕虜を獲るものと思われます。そして、連れ去られた者が帰ってこないため、かれらに食べられたと思うわけです」と記述している（『コロンブス航海誌』）。たとえ事実であったかもしれないものの、推測にすぎない。

ヨーロッパ人たちがカリブ族のことを食人習慣を持つ「野蛮人」と考えたのは、ギリシア時代から辺境民の中には食人習慣をもつ「野蛮人」がいると考えていたからである。ヘロドトスの『歴史』には、パダイオイ人と呼ばれる、あるインドの部族について、「彼らの風習は次のようであると伝えられる。同族民の間で男女を問わず病にかかるものがいると、男の場合はかれと最も親しい男たちが、病やつれしてはせっかくの肉がまずくなると称して、その男を殺すのである。当人は病いではないといいはるが、友人たちは容赦せず殺してその肉を平らげる。病人が女の場合も、右と同じように病人に一番親しい女たちが、男たちと同じことをする」との記述がみられる。ここでも、「伝えられる」との伝聞にすぎない。要は、ヨーロッパ人は古代から、辺境民は「野蛮人」であり食人習慣をもっていても不思議ではない、との偏見を有していたのである。

ヴェスプッチらが「人肉喰い」と考えたこのカリブ族のイメージはその後拡大され、メシーカ（アステカ）やタワンティンスーユ（インカ）のような高度な文明国家が存在していたにもかかわらず、これらの「アメリカ」土着文化を「野蛮」と決めつけて「アメリカ」先住民のイメージが形成されてゆく（石原保徳「新世界としてのアメリカ」）。スペイン人年代記者が書いた種々の年代記には食人に関する記述が見られるが、それらの多くが伝聞や推測などを通じた思い込みの産物であることは、アレンズが『人喰いの神話』の中で詳細に論証している。

「アメリカ」先住民の食人習慣説は、実際には彼らを征服し奴隷化するためにヨーロッパ人によって「発明」されたと見る方がより事実に近いであろう。コロンブスは第二回航海の後にイサベルとフェルナンド両国王に送った書簡の中で、「カニバル族はとても勇猛で気骨があり、体つきがよく、理解力にとても優れているため、例の非人間的な風習さえ取り除かれれば、他のいかなる奴隷よりも優秀な奴隷になるであろうし、非人間的な風習もかれらの土地から離されれば、すぐに捨てるであろう」と述べている（足立信彦「カリブの人喰い人種」）。

一五五〇年八月にラス・カサスとの間で有名なバリャドリッド論戦を行ったセプルベダは、その論戦のきっかけとなった著書『第二のデモクラテス』の中で、アリストテレスの自然奴隷説を援用して征服の正当性を主張するために、「かれらはありとあらゆる放埒な行為や忌まわしい淫らな生活に身を任せ、少なからず人肉を食する傾向にある人々なのです。（中略）かれらは敵を捕まえて、その肉で自分たちの驚くべき食欲を満たさないと、たとえ戦争に勝利しても、まったく空しいことだと考えるほど、狂ったように、互いに絶え間なく戦いを繰り広げていたのです」と述べている（足立、同前）。こうして、「アメリカ」征服を正当化する口実として、「アメリカ」先住民の食人伝説が拡大され、彼らを「野蛮」視し、蔑視する傾向が固定されていった。

一五七〇年に出版されたオルテリウスの『世界の舞台』と題された世界地図帳には、女神にたとえられたヨーロッパに、アジアとアフリカが召使としてかしづき、その下に「アメリカ」先住民が横たえられていた。ヨーロッパには古典期以来、ヨーロッパ中心的な世界三分割の考え方が浸透してきており、ヨーロッパはアジアやアフリカよりも道徳的に優越しているとされ、この考え方は〈ヨーロッパ〉概念が形成された中世にはより強固に継承されていった。そして、ヨーロッパこそ歴史のパラダイムになることができるとされ、ヨーロッパ的価値観こそが至上のものとして世界的に強制されていった。

その結果、ヨーロッパにより発明された「アメリカ」の歴史的、精神的存在としての「アメリカ史」の意味とは、もう一つのヨーロッパとなること、つまりキリスト教的ヨーロッパ文化を受容することであった。「アメリカ」がもう一つのヨーロッパになるには、模倣と独創の二つの道があった。模倣の道を選択したのが植民当初のスペイン系「アメリカ」であり、ヨーロッパ・モデルに「アメリカ」の環境を適合させようとして、先住民をキリスト教化し、同化しようとした。後者の道を選択したのがアングロ・サクソン系「アメリカ」であり、「アメリカ」の環境にヨーロッパ・モデルを適合させようとした。その結果、先住民を同化するのではなく、放任ないし排除し、植民者はフロンティア開発に邁進していった。アングロ・サクソン系「アメリカ」は、当初はヨーロッパのイメージにより発明されたが、その後、一つの新しい歴史的実体、換言するなら第二のヨーロッパへと転化し、さらには、「新世界」「旧世界」という区分ではなく、「ユーロ=アメリカ」という総合へと進んだ。

このようにヨーロッパと「アメリカ」の関係をとらえるならば、アメリカ合州国の歴史はどのように整理すべきか。アメリカ合州国は、ヨーロッパからの植民者のみを主権者として出発した植民国家である。「アメリカ」は、「ヨーロッパが市民革命の血で贖った政治的・経済的〈近代〉を、ヨーロッパからの離脱によって手に入れた。いわば、「歴史なき近代」、漂白されたヨーロッパ」である（西谷修『世界史の臨界』）。

「アメリカ」は、「ヨーロッパが近代に入った時、歴史に汚れたその地を離れ、〈歴史〉を離脱して無垢から培養される〈近代〉として、移植によって生まれた。そのうえこの「無垢」の土壌、「新世界」は、他者（この地の先住民）の歴史と存在を抹消して「処女地」として切り開かれた」。アメリカ合州国が世界史の舞台に登場するのは、ヨーロッパが〈歴史〉の重圧にあえぎ、アメリカ合州国の力を求めるようになった時であり、「おもむろによそで成長した息子が、勘当を解かれて老いた親に援助の手を差し伸べるように」登場した。「最初はゲストとして、次いで疲弊した親に代わる二代目の主役を演じ、とうとうヨーロッパの事業を完成して〈歴史〉に終止符を打つという役回りをこなし、ついに世界を〈歴史〉の呪縛から解放した」と言いうる（西谷、前掲書）。

しかし、その過程で、ヨーロッパの〈世界史〉運動によって、その世界の否認と抹消の刻印として「アメリカ」と呼ばれたコロンブス到達以前の世界は、永遠に〈世界史〉の外部に封印されてしまった。封印が始まった契機は、ヨーロッパによる「アメリカ」先住民の「他者化」、「差別化」の過程であった。スペイン人らは先住民に〈敗者・未開・野蛮〉という表象を付与することによって「インディオ」を創造したが、キリスト教化や文明化が可能な「野蛮」と判断し、それに寄生しようとした。しかし、その寄生が新たな「野蛮」を生んだ。植民地初期に「アメリカ」を見聞した年代記者であるゴンサーロ・フェルナンデス・デ・オビエドは、一五一四年に刊行した『自然誌提要』において、先住民を動物や植物と同様に「自然」の一部として扱った（石原保徳『世界史への道』）。

これを教訓にした後発の植民地帝国は、文明化の対象から先住民を排除するようになり、〈非ヨーロッパ＝野蛮＝自然〉である先住民の徹底的な「浄化」へと進んだ。そして、次なる過程として、他者化、差別化の対象は非ヨーロッパにとどまらず、ヨーロッパ内部でも「内なる他者と内なる野蛮」探しが「国民的」という基準のもとに進められ、「国民国家」を基盤としたヨーロッパ近代が成立した。したがって、近代とは、自ら創造した「野蛮」に包囲された「文明」の自己閉塞と表象される。そして、この自己閉塞した「文明」を突破するために、グローバル権力化した〈帝国〉が越境して、「文明」を包囲する「野蛮」を壊滅させるべく自らを最大に「野蛮」化しつつある。すなわち、今や「文明」が本性を現して「野蛮」化しているのである。

2 先住民の対スペイン抵抗運動

しかし、他者化され、差別化された「アメリカ」先住民は、スペイン人による征服後も抵抗戦争を続けている。そのような抵抗戦争はペルーやメキシコで見られ、またチリでは長きにわたってアラウカーノ族が征服に対する抵抗戦争を持続した。

ペルーでは、一五三三年にインカ帝国の都クスコを陥落させた後、スペイン人はマンコ・インカを傀儡皇帝の座につかせたが、マンコ・インカはスペイン人による屈辱的な扱いに耐えかねて、一五三六年に反旗を翻して国土再征服戦争を開始した。インカ勢はクスコの町を包囲する一方で、部下の将軍を派遣してスペイン人の拠点であるリマの包囲戦を開始した。次男のティトゥ・クシ・ユパンギは『インカの反乱』の中で、父マンコ・インカがスペイン人を非難して、「実のところ、おまえたちは悪魔であり、ビラコチャ（インカの人々が西方海上に旅立ったと信じた神）ではない。なぜなら、理由もなく私をこのように扱うからである」、「私は、彼らが親切な人々で、テクシ・ビラコチャンと彼らが呼んでいる者から遣わされた人々であると信じていたが、事態はどうも私の信じていたところとは正反対に進行したようだ。というのも、私の国を奪って以来、彼らが残した証拠を見ると、ビラコチャの息子どころではなく、悪魔の息子であることを知らねばならないのだ」と述べたと記している。

しかし、インカ勢のリマ包囲の間、背後のアンデス山脈中央部に居住するワンカ族が裏切って、インカ勢をスペイン軍とともに挟撃する構えを見せたため、インカ勢はリマ包囲を中止して、本拠であるクスコ地方に帰還した。その後、クスコ地方においても態勢が不利となり、インカ勢はオリャンタイ砦の攻防戦に敗北した後、一五三七年にアマゾン河の源流の一つであるビルカノタ川の上流の奥地にあるビルカバンバに拠点を移した。ジャングル地帯の辺境地であるビルカバンバに拠点を移したとはいえ、再興インカの影響力はアンデス山脈の広い範囲にわたって維持された。

マンコ・インカはビルカバンバに迎え入れたピサロ兄弟と対立していたアルマグロ派によって暗殺されたが、その後は長男のサイリ・トゥパク、異母弟のティトゥ・クシ・ユパンギ、さらに異母弟のトゥパク・アマルによって抵抗戦争が継続され、一五七二年に最後の皇帝トゥパク・アマルがスペイン人に捕らえられ、クスコ市内で処刑されるまでインカ族の抵抗は続けられた。

ビルカバンバでインカ族が抵抗戦争を続けていた間の一五六〇年代に、現在のアヤクチョ地方であるワマンガを発祥の地としてタキ・オンゴイ(「狂気の踊り」の意)と呼ばれた宗教運動がアンデス山脈一帯に急激に広がった。東はクスコ周辺、西はリマ周辺までにもタキ・オンゴイが広がったといわれている。

タキ・オンゴイは土着の大衆の根深い信仰心から生まれた宗教運動である。タキ・オンゴイの指導者であるフアン・チョクネは、スペイン人による支配の終焉を告知したが、その背景にはキリスト教を拒絶し、アンデス社会の伝統的な宗教を覚醒させる運動があった。チョクネは、土着の神々はピサロがやってきた直後に破壊されたが、今や蘇生し、キリスト教の神に戦いを挑む準備を整えていると述べて大衆を煽った。この宗教運動においては、神性は聖地ワカの内側にあると考えられ、ワカが化身して人の姿になる、すなわち人間を恍惚状態に誘い込む憑依が起こったと考えられた。憑依に陥った者は神聖な存在となる。人々は恍惚状態になり、意識を失い、くるったように彷徨し、地面にころがり、歌い、踊りまわる。この時、チョクネが、スペイン人到来前の伝統的な宗教が戻ることを人々に予言する。人々は彼に供物を捧げ、二、三日間にわたり盛大な祭りを催し、踊り、歌い、人間と化した神に祈りを捧げた。タキ・オンゴイの指導者たちは、村落から村落へと移動し、キリスト教徒によって破壊された聖地ワカの信仰を復活させるように説いてまわった。彼らはワカの上にチチャ酒を献じて〈再生〉の儀礼を行ってワカを蘇らせた。タキ・オンゴイの宗教運動に加わった信者たちは、ワカ信仰に再び帰依し、数日間にわたって断食をすることで、伝統的な浄めの儀礼を義務づけられた。

タキ・オンゴイが広まっていた一五六五年に、ビルカバンバにこもっていたティトゥ・クシ・ユパンギが現在のフニン県内のハウハで先住民に武装反乱するように命じたが、それはスペイン人の知るところとなり、反乱は未然に鎮圧された。スペイン人はこのような国土再征服戦争を展開していたインカ族の動向と、タキ・オンゴイの間の連携関係を疑って、タキ・オンゴイ運動の鎮圧に向かい、一五七〇年代初めには終息していった。

しかし、タキ・オンゴイとインカの国土再征服戦争が連携していたことを示す証拠はない。むしろ、タキ・オンゴイはインカの太陽神だけでなく、汎アンデス的な多神性を重んじたことを考慮すれば、インカ族はタキ・オンゴイの拡大がもたらした反スペイン感情を利用しようとしたことは否定できないにせよ、タキ・オンゴイ側には、キリスト教を拒絶して、伝統的な宗教の復活を図ろうとすること以上の動きは見られなかった。キリスト教的な神学的価値観の強要に対する精神的な抵抗運動であったと評価すべきだろう。だが、興味深いことに、タキ・オンゴイにおいてチョクネの補佐役となった女性たちは「サンタ・マリア」というキリスト教の名を持っていたのである。ここに一二世紀のヨアキム（ホアキン）の終末論と表裏一体のメシア主義的な傾向を指摘する向きもあるが、いずれにせよキリスト教の影響下に反キリスト教、反スペインの宗教運動が発生したことは、征服された者たちがキリスト教を受け入れる一方で、それを抵抗のあり方に組み込み、その先にキリスト教とヨーロッパ的価値観の拒絶を企てたと言える。

他方、メキシコにおいては、一六世紀半ばから後半にかけて、ミシュトン戦争とチチメカ戦争という先住民チチメカ族の反乱が発生した。そこにもタキ・オンゴイと同様の千年王国的な傾向がみられた。まず、一五四一年にメキシコの太平洋岸のヌエバ・ガリシア地方の北部に住むカスカン族が、さらに北部のチチメカ族に属する部族が送った呪術師に扇動されて反乱を起こした。呪術師は、蘇った祖先をすべて率いて〈トラトル〉（チチメカ系諸部族の神話伝説上の指導者）が出現することを予言した。それは過去への回帰、征服以前の時代への回帰を告げるものであった。さらに呪術師はキリスト教が強制しようとする一夫一婦制を拒否し、従来の婚姻の慣習を守るよう説いた。救いを得るためには、スペイン文化を拒絶し、伝統的な宗教を再興する必要があり、これが実現されれば過去への回帰が新時代の到来をもたらすとの循環論的な精神性を説いた。呪術師はまた、〈トラトル〉がグアダラハラ、ハリスコ、メキシコ市などのスペイン人の拠点、キリスト教の拠点であればどこにでも行き、先住民がスペイン人を殺すのを手伝うであろうと告げた。

こうして反乱はキリスト教の信仰を捨てることから始まった。先住民は首長であるテナマシュトレに率いられて、トラテナンゴ周辺の山々に立てこもってスペイン軍を悩ませた。先住民はメンドサ副王が派遣したアルバラード軍を破ったが、一五四二年にメンドサ副王自身が率いた軍によって各個撃破されていった。副王軍はミシュトン山に立てこもった先住民の陣地を三週間にわたって包囲し、最大の抵抗拠点を陥れた。先住民の抵抗は、その後北方にあるスチラ地方へと移っていったが、決して途絶えることはなかった。

一五四六年にサカテカス地方で銀鉱脈が発見され、スペイン人がすぐさまこの地方に侵入し、鉱山を次々と開発してゆくにつれ、再び先住民反乱が拡大する契機となった。ミシュトン戦争を生き延びたテナマシュトレらの反乱はサカテカス南方で小規模ながら続いていたが、銀鉱脈の発見とスペイン人の侵入は北部辺境地帯一帯に居住するチチメカ族を決起に立ち上がらせることになる。その直接の原因となったのは、鉱山労働者を確保するために行われた先住民狩りであった。戦闘は一五五〇年から一六〇〇年頃まで断続的に続いた。チチメカ族は、メキシコ中部に住む部族とは異なって狩猟生活を基本とする人々であった。チチメカ族はスペイン人の北方進出によって馬や牛を知り、食糧確保のためにスペイン人の居住地や輸送隊を襲うようになり、その後は乗馬を習得して戦闘力を強めていった。スペイン人側も戦闘によって捕虜とした先住民を鉱山奴隷にする目的でチチメカ族と戦闘し、鉱山地帯の周辺は事実上の奴隷狩りの様相を帯びることになる。このために反乱の規模が拡大した。一五七〇年代にスペイン側は、先住民平定を目的として、戦略的要地に「プレシディオ」という防衛拠点を設営したが、駐屯部隊が周辺で奴隷狩りを行ったために、逆に戦争は長引くことになった。

チチメカ族の反乱に終止符を打ったのは、軍事的征服ではなく、交渉による決着であった。軍事作戦が長期間にわたって徒労に終わったために、ビジャマンリケ副王とその後継者であるベラスコ副王は、メキシコ市とサカテカスの高山地帯を結ぶ交通路の安全確保を重視し、チチメカ族を平定する方法としてチチメカ族の定住策をとることにした。スペイン人はキリスト教の伝道師に「ミシオン」と呼ばれる「集住村」をつくらせ、そこに先住民を集めて布教を行わせた。この布教活動にはメキシコ中部の親スペイン化したオトミ族らを動員して、彼らを移住させキリスト教化した定住生活の見本を示させた。この方法は、チチメカ族の地へ移住してきた先住民に特権を与えるとともに、チチメカ族の多くを定住生活に包摂することに成功した。こうして一六〇〇年頃にチチメカ族の地は平定されたが、その後もスペイン人は鉱山奴隷を確保するためにさらに北部の征服をめざした。一五九八年にはリオ・グランデ川を越え、後にニューメキシコ州となる地域に侵入し、プエブロ族やアパッチ族に攻撃を仕掛けている。すでに定住生活を営んでいたプエブロ族は服属したものの、狩猟生活を続けるアパッチ族は抵抗を続けた。アパッチ族が壊滅的な打撃を受けて悲惨な運命をたどるのは、一九世紀半ばにアリゾナやニューメキシコがアメリカ合州国に割譲されてからになる。

スペイン人による征服後も、インカ皇統に属する人々やチチメカ族らによって抵抗戦争が行われたが、彼らは自らが住む地がヨーロッパ人によって「アメリカ」と名づけられたことを知る由もなく、戦いに敗れて、ヨーロッパ人が「発明」した「アメリカ」から排除され、周縁化されていった。こうして、「アメリカ化」のプロセスが、その地に従来から住んでいた先住民を排除することによって進行してゆくことになる。

第2章

先住民の「浄化」

イロコイ「シックス・ネイションズ」(1870年代)

1　スペイン人の北米進出

コロンブスのカリブ海地域への到達を経て、スペイン人はエスパニョラ島（現在はハイチとドミニカ共和国が存在）に植民の拠点を設けたが、その後、周辺の島々にも遠征を開始した。一五〇八年にはポンセ・デ・レオンがプエルト・リコ島を探検し、奥地に金山が発見されたため先住民の徴発が行われ、先住民の人口減少が生じた。一五一一年には同島の族長連合が反乱を起こしたが、鎮圧された結果、先住民の奴隷化が始まり、人口減少に拍車をかけた。一五〇九年にはファン・デ・エスキベルがジャマイカ島に侵入して先住民を征服したが、ここでも酷使によって先住民が激減した。

コロンブスの船隊が始めて到達したバハマ諸島では悲惨な事態が生じた。スペイン人は一五〇九年から一五一二年の間に本格的に侵入し、先住民はエスパニョラ島などの島々に移され、おそらく一五一三年までに先住民は絶滅した。また、一五一一年にはディエゴ・デ・ベラスケスが労働力確保を目的としてキューバ島征服を開始し、一五一四年までに征服を完了して植民地を確立した。

こうしたエスパニョラ島を中心とした先住民労働力の確保を目的とした探検は、一五一三年にポンセ・デ・レオンによるフロリダ「発見」をもたらした。彼らはフロリダ半島の探検を行ったが、その時、半島の南部を島と考え、それにビミニと名づけた。そして、先住民からジャングルの奥に「不死の泉」があるという情報を得た。ポンセ・デ・レオンはこの情報に固執し、一五二一年に再びフロリダ探検を行ったが、先住民の毒矢に当たって死んだ。

ポンセ・デ・レオン以後、何人かの探検者がフロリダに上陸し、北アメリカ南部に侵入を開始した。一五二八年、カベサ・デ・バカらのスペイン人四〇〇名が、植民を目的としてフロリダ半島のタンパ湾に上陸したが、カベサ・デ・バカはさらに西進を続けてテキサスを横断し、八年後にメキシコ市に到達した。カベサ・デ・バカは、遠征の途中で北東のどこかに先住民の大都市があるという情報を先住民から聞いた。この情報が発端となり、一五三九年五月に、インカ征服にも参加したエルナンド・デ・ソトが六〇〇名の歩兵と二一三名の騎兵を率いてフロリダ半島に上陸、「幻の大都市」を探すと同時に太平洋へ抜ける道を探索した。カベサ・デ・バカが先住民から聞いた「大都市」の噂は、スペイン人の間で「シボラの七つの都」伝説と結びつけられるようになっていた。「シボラの七つの都」とは、七三四年のイスラム勢力のイベリア半島侵入直後に、現在のポルトガルのウポルトにいたとされる七人の司教が難を逃れて西方に船出し、アンティリャ諸島の七つの島に都をつくったという伝説である。この伝説はヨーロッパ人の間で信じられ、一五八七年に作成されたメルカトルの世界地図にも示されていた。このアンティリャ伝説がいつの間にかアメリカ大陸北部の上に移し替えられていった。フロリダに上陸したソトは、途中チェロキー族などの村落を通ってミシシッピー川流域に至ったが、一五四二年五月にレッドト川の河口で病死した。しかし、彼の部下たちはさらに西進を続けてメキシコに到達した。ソトの部下たちがメキシコ到着後に行った報告は、シボラが北アメリカ南西部にある可能性を暗示していた。

他方、メキシコ初代の副王アントニオ・メンドサは、早くからこの地方に関心を示し、一五三九年三月にはフランシスコ会のマルコス・デ・ニサを探検に派遣していた。ニサは、現在のニューメキシコのプエブロ族居住地帯に入り、山の頂きから遠くにシボラの都の一つを望見したと信じて帰還した。ニサの報告は副王メンドサを刺激し、一五四〇年二月にはバスケス・デ・コロナードが率いる三〇〇名の探検隊が派遣された。コロナードらは、リオ・グランデ川の流域を探索し、いくつものプエブロ族の村落を訪れながら「シボラの七つの都」を探し求めた。コロナードらが見たのは、一三世紀の最盛期を経て衰退期に入っていたアナサジ文化を保持していたプエブロ族の定住村落であったと推定される。

このようにスペイン人による現在のアメリカ合州国領内への侵入は、労働力確保や伝説の幻郷に金銀を求めることを目的としたが、キリスト教の布教以外は、植民地の基盤を残すには至らなかった。その後、一五四九年にフロリダ半島での平和的改宗による布教のためドミニコ会の伝道師ルイス・カンセルが四名の伝道師とともに上陸したが、先住民によって殺された。フロリダにおける植民活動は先住民の抵抗が強く、その後も布教を目的とした「集住村」が建設されたこともあったが、実質的な植民地経営に至ることはなかった。

特に、スペインによる植民地経営がメキシコ副王領とペルー副王領を重視したこともあり、フロリダをはじめとする北米大陸においては本格的な植民地経営は行われなかった。

2　イギリス人による「浄化」

イギリス人による、現在のアメリカ合州国の領域内に居住していた先住民に対する扱いは、「浄化」と「排除」の言葉で表現しうる。イギリス人は先住民と接触し、彼らの「浄化」の後に、あるいは強制的に立ち退かせて土地を略奪し、その上に「植民」することを基本とする征服プロセスを開始し、先住民を物理的に一掃するとともに文化的にも壊滅させていった。イギリスは、一六〇七年にヴァージニアにジョージ・タウン植民地を設立し、一六二〇年にはピルグリム・ファーザーズと称されたピューリタンの植民団がニューイングランドに入植した。

ヴァージニアでは、当初はポーハタン族連合の先住民が植民団に食糧を贈るなどの好意を示したが、植民者側は最初から武装して威嚇的姿勢で臨み、一六一〇年から一二年にはジェームズ川とヨーク川の間のポーハタン族の土地に侵入して占領し、逆に先住民に対して貢納を要求するなど忘恩的に対しただけでなく、戦争を仕掛け、三つの小部族を壊滅させた。ポーハタン族連合の首長の娘が、イギリス人ジョン・ロルフと結婚させられた伝説の女性ポカホンタスである。ポカホンタスは、メキシコのマリンツェと同様に、異民族による征服という状況の中で翻弄された先住民側の象徴的な女性である。

その後、一六二二年ポーハタン族はポカホンタスの従兄(または叔父)であるオペチャンカの下でイギリス人に対して武装蜂起した。先住民は一〇年前の報復のために三四七名の白人を殺害したものの、黒人奴隷は助けた。白人側はさらなる報復のため、先住民の「浄化」を始め、戦争は一六四四年まで続き、ついにポーハタン族は敗北した。

他方、イギリス人の到着当時、ニューイングランドには約二万五〇〇〇人のマサチューセット族やナラガンセット族などのアルゴンキン系部族が住んでいた。一六一六年にイギリス人漁民が上陸して感染させた伝染病が海岸地方に住む諸部族の間に広がり、二年間に先住民の半数近くを死に至らしめたと伝えられている。一六二〇年にピルグリム・ファーザーズが上陸したプリマスにおいてもパタクセント族が伝染病によってほぼ全滅していた。植民団は、「神が病原菌を遣わして、われわれの行く手を清め給うた」と感謝したという。これが神を信ずる者の言葉であろうか。彼らは先住民が居住していた土地を「処女地」と呼んだ。それにもかかわらず、植民団と接触したワムパイアグ族は鹿肉などの食糧を贈って植民団の危機を救った。そして、一六二一年に起こった先住民間の紛争に際して、植民団はワムパイアグ族を支援してマサチューセット族やナラガンセット族などの近隣諸部族を攻撃した。こうして、プリマス植民地とマサチューセット族との対立は始まり、しかもウェサグセットに入植した植民者が食糧を略奪したことから対立が激化し、植民者側はマサチューセット族の族長ウィトワメットらを謀殺した。

マサチューセッツ湾植民地の建設も、先住民が伝染病で壊滅した空地を略奪して行われた。プリマス植民地当局は、一六三三年にピークォート族から土地を購入したが、これはオランダ人がコネティカット川下流地域を支配していたピークォート族から土地を購入したのに対抗したものにすぎなかった。植民団による土地の取得は、「発見」した土地は国王のものという法的虚構に基づき、占有したり定住すれば所有権が生まれるという、イギリス人側の一方的な論理によって強行された。植民者の間に、土地を購入させられた相手であるピークォート族への憎しみが増し、結局、土地の略奪が行われた。ピークォート族は追いつめられて、一六三七年についに蜂起した。これがピークォート戦争である。しかし、ピークォート族はマサチューセッツ植民団の遠征軍によって壊滅され、生き残った婦女子六〇〇名は奴隷として西インド諸島に売られた。マザー一族の長老コトン・マザーは「異教徒を地獄に送った」と神に感謝したという。

3 オランダ人による「浄化」

他方、オランダ人は一六〇九年にイギリス人ハドソンを雇って探検させたハドソン川流域に進出し、現在のオルバニーに交易所を設けて、イロコイ族連合のモホーク族と毛皮交易を行い始めた。オランダ人植民者の大半はフランス語系ワロン地方からの避難民であった。オランダは当初、アルゴンキン系諸部族との交易を行ったが、一六一六年にアルゴンキン系のモヒカン族がイロコイ系のモホーク族との戦争に敗れると、カナダに進出したフランス人勢力や北東のニューイングランドに進出したイギリス人勢力と対抗するため、四〇〇〇人以上を擁する大部族であるモホーク族に交易相手を乗り換えた。これによってオランダ西インド会社はイロコイ系諸部族が内陸部から運ぶ毛皮を、モホーク族を介してすべてオルバニーのフォート・オレンジに集中させる独占的な交易圏を確立した。モホーク族も、フランス人勢力と結んだ同じイロコイ系のヒューロン族との対立からオランダ人勢力と提携した。モホーク族はオランダ人が与えた銃器をもってヒューロンを襲うなど、オランダ人の進出が先住民間の部族対立を激化させ、オランダ人側はモホーク族を通じて間接的に敵対する諸部族を「浄化」する結果となった。

オランダ人は、一六二四年にはハドソン川河口に、オランダが大西洋地域で活動するための前進基地となったニューアムステルダム植民地を建設した。そして、この地域においても先住諸部族と対立し、ハッケンサック族、タッパン族などの弱小部族の「浄化」を進めていった。一六四〇年にはラリタン族が豚を殺したとの口実でこれを攻撃し、一六四二年にはハッケンサック族が詐欺を働いたとの理由で攻撃した。翌一六四三年には他部族からの襲撃を逃れて庇護を求めてきたウェカスギーク族を攻撃し、一二〇名を虐殺した。この事件がきっかけとなり、諸部族が一斉蜂起したが、オランダ人側はニューイングランド植民地のイギリス人義勇軍の応援を得て反撃、以後二年間に及んだ両者間の戦争はロングアイランドからニューイングランドに拡大し、ワッピンガー族は人口三〇〇〇名のうち二〇〇〇名以上が殺害された。これが「キーフト総督戦争」である。

その後、一六五五年に、桃を盗んだと容疑がかけられた先住民女性の殺害をきっかけとして、モヒカン族をはじめとする先住民諸部族は再び蜂起した。しかし、再び敗北し多くの死者を出した。「桃の木戦争」である。その後も先住民とオランダ人植民者との間で、第一次イソパス戦争（一六五九〜六〇年）、第二次イソパス戦争（一六六三〜六四年）が続いた。イソパソ戦争で捕らえられた先住民はカリブ海のキュラソー島に奴隷として売られた。一六六四年に結ばれた和平条約でオランダは先住民に対して先祖伝来の土地の譲渡を約束させた。しかし、オランダ人側も甚大な打撃を受けたため、同年にイギリス艦隊がニューアムステルダムに現れた際にはオランダ側は無抵抗で降伏し、一六六七年のブレダ和約によって南米ギアナ植民地（現スリナム）と交換された。そして、イギリス領となった旧ニューアムステルダムはニューヨークに改称された。

4　部族間対立の助長と先住民奴隷狩り

イロコイ系五部族連合に加盟していたモホーク族は、オランダの撤退後、イギリスとフランスの二大勢力の間で翻弄されることになる。イロコイ系諸部族は、ニューイングランド西北部からセント・ローレンス川流域と五大湖地方にかけて強大な勢力を有していた。オランダがモホーク族との間で開始した銃器と毛皮の交易はイロコイ族社会を商品経済に巻き込むことになり、モホーク族は瞬く間に自領内のビーバーを獲り尽くしてしまい、近隣諸部族の領内に侵入するようになる。一六四〇年代から一七世紀末までの六〇年間に、モホーク族をはじめとするイロコイ系諸部族は毛皮交易の独占権を確保するために西方の諸部族と闘いを繰り返した。一六四〇年代にはヒューロン族やペタン族と交戦してヒューロン湖沿岸一帯を制圧し、一六五四年にはエリー族を破って、五大湖周辺の諸部族とフランス人植民者との毛皮交易路を遮断した。またモホーク族は、南はデラウェイ川やサスケハナ川の流域や、西はオハイオ川流域にまで進出した。

モホーク族は、一六六〇年代にはイギリスとの結びつきを強め、植民地拡大に向かっていたフランス勢力と衝突した。一六七〇年代から八〇年代にかけては、フランス軍の侵攻を何度か受けたが、報復戦を繰り返し、一六八九年にはモントリオール郊外のラシーヌを襲撃した。同年に始まった英仏間のウィリアム王戦争では、イロコイ系諸部族はイギリス側について闘ったが、部族戦士の三分の一を失うという損失をこうむった。

一七〇二年に始まった英仏間のアン女王戦争（〜一七一三年）においては、イギリスと連携することをやめ、フランス及びフランス系諸部族と協定を結んで中立を保った。同年以後、フレンチ・インディアン戦争（一七五四年〜）が終結した一七六三年までの間、イロコイ族連合は、アン女王戦争、ジョージ王戦争（一七四四年〜四八年）、フレンチ・インディアン戦争のいずれにおいても、モホーク族の一部がイギリス側につき、セネカ族がフランス側につくなど、足並みの乱れはあったものの、大半の諸部族は中立の立場を堅持した。イロコイ系諸部族はデラウェイ族などの近隣諸部族を従えたほか、数千名を擁する同じイロコイ系のタスカローラ族が部族連合に参加するなど、英仏の対立の間で勢力を拡大した。イギリスはイロコイ系諸部族を利用して敵対部族を一掃し、他部族を強制移住させて、イギリスが西方の領土権を主張するために利用した。イロコイ系諸部族の中立は、結果的にはイギリスの先住民に対する「浄化」の先兵の役割を果たした。

他方、先住民の「浄化」は、先住民奴隷狩りの形でも進められた。先住民奴隷狩りは、ピルグリム・ファーザーズによるプリマス植民地建設に先立って始まっていた。しかし、一七世紀後半から一八世紀前半には南東部で奴隷狩りが本格的に進行した。奴隷狩りは、アフリカ大陸で行われたのと同様に、銃と弾薬を友好部族に与えて部族間の対立を助長し、敵対部族を征服させ、戦争捕虜化して行われた。捕らわれた先住民は奴隷市場で売買され、主に西インド諸島のイギリス植民地やニューイングランド植民地に輸出された。まず犠牲とされたのは、南東部の海岸地域に居住していた少数部族であった。

一六八〇年にカロライナ地方でイギリス人の先兵となって対立部族を襲ったのはショーニー族である。ショーニー族に襲われたウェストー族は三年間でほぼ消滅した。多くのウェストー族先住民が奴隷化され、それ以後、植民者は公然と奴隷狩りを開始した。その後、奴隷狩りはスペインと提携した南方のアパラチー族、ゴール族、ティムークア族の諸部族に拡大され、クリーク族が植民者の先兵として奴隷狩りを行った。次の標的とされたのはノース・カロライナ地方に居住していたイロコイ系のタスカローラ族であった。タスカローラ族は、ドイツ系やスイス系の植民者が領土を蚕食《さんしょく》することに反発し、近隣のコリー族やパムリカ族などと連合して一七〇一年に一斉に蜂起した。これを奴隷狩りの好機と考えたノース・カロライナとサウス・カロライナの奴隷商人は、クリーク族やヤマシー族を動員してタスカローラ族を襲わせた。二回にわたったタスカローラ戦争を通じて、部族連合側は一〇〇〇名以上の死者を出し、七〇〇名近くが捕虜となり奴隷として売られた。

一七一五年、今度はヤマシー族が奴隷狩りの対象とされる。ヤマシー族は、近隣のカトーバ族やアパラチー族を糾合するとともに、内陸部のクリーク族やチョクトー族とも結んで広範な先住民蜂起の先頭に立った。「ヤマシー戦争」である。かつて植民地側に立った諸部族が反旗を翻したことにも、植民者側の横暴を感じさせる。この戦争で植民者側に荷担したのは四〇〇〇名の戦士を擁するアルゴンキン系の大部族であるチェロキー族であった。このため部族連合は敗退したが、クリーク族とチェロキー族の間で遺恨戦が開始され、この戦争は一二年間も続いた。

5 合州国「独立」と先住民の民族解放闘争

一七六三年のフレンチ・インディアン戦争の結果、フランスは北米から一掃され、スペインはミシシッピー川以西とフロリダに勢力後退、ミシシッピー川以東の全域がイギリスの支配下に置かれた。一七六三年、イギリス政府はアレガニー山脈に沿って国王宣言線を引き、その東側をイギリス植民者の居住地、西側を先住民保留地と定め、当分の間、植民者の西側への進出を禁止した。しかし、この境界線はチェロキー族とクリーク族の領土内を通っており、両部族は領土の東側を奪われ、チョクトー族もフロリダの一部を削りとられた。イギリスが先住民の領土を奪取した後、チェロキー族やクリーク族は彼らの土地と伝統文化を守るため防衛戦を継続した。なぜなら、ニューヨーク、ペンシルバニア、ヴァージニアの三植民地の植民者や商人が、イギリス本国の禁止措置にもかかわらず、アレガニー山脈西方の土地を投機売買し始めたからである。闘いはフレンチ・インディアン戦争が終結した一七六三年五月に始まった。オタワ族の族長ポンティアクの指揮下で行われたデトロイト襲撃を皮切りに西部諸部族連合による大規模な闘いが開始された。「ポンティアク戦争」である。

デトロイト攻撃に続いて、オタワ族とワイアンドット族はエリー湖南岸のサンダスキ砦を、ポタワトミ族はゼント・ジョセフ砦を奇襲し占領した。また、マイアミ族もオタワ族に合流してマイアミ砦を占領し、さらに西方のウィスコンシン諸部族とともにウィアンテノン砦も占領した。東方ではデラウェイ族とミンゴ族がモノガヘラ川流域を制圧し、ピット砦を包囲した。北方では、チッピワ族とソーク族がミキリマキナック砦を占領し、セネカ族はヴェナンゴ砦とル・ポート砦を占領した。さらに、セネカ族、オタワ族、ワイアンドット族、チッピワ族の連合軍が、エリー湖畔のプレスク・アイルス砦を占領、またショーニー族、デラウェイ族、ミンゴ族、セネカ族がそれぞれ白人入植地を襲撃した。こうして、諸部族連合は開戦二カ月後にはデトロイトとピット砦などを除いて、すべてのイギリス軍の砦を制圧した。諸部族連合は、自立と解放をめざした明確な思想的根拠に基づいてこの闘いを開始した。ヨーロッパ人の「アメリカ」到達以来、植民者から一方的な侵略をこうむってきた先住民が、初めて部族横断的に解放闘争を開始したのである。その指導者はデラウェイ族の預言者ネオリンであった。ネオリンは、次のような教えを述べたといわれる。

「白人はわれわれの国を取り上げただけでなく、われわれが死後行くべき美しい天国への道をも取り上げた。(中略)では、今はなにをなすべきか。(中略)白人の到来以来、汝らがとってきた習慣を完全に捨て去れ。白人どもがやってくる前に、平和と豊かさの中で暮らしていたあの昔の幸福な状態に戻らねばならない。(中略)偉大なる精霊は、われわれの腕に成功をお授けくださる。敵を征服し、この国から奴等を追い出し、われわれから取り上げた天国への道を取り戻す力をお授け下さる。」(富田虎男『アメリカ・インディアンの歴史』)

諸部族連合の蜂起は、このネオリンの言葉に鼓舞された。蜂起が伝統文化の再生をめざす明確な思想的基盤を有した民族解放闘争であったことがうかがわれる。しかし、植民者側が天然痘菌の付着した毛布を先住民に贈り物として送ったことで天然痘が猛威をふるい、多くの死者を出した。この結果、諸部族連合は一七六三年秋に、デトロイトとピット砦を陥落させられず、弾薬も尽きて動揺し始めた。チッピワ族、ポタワトミ族、ワイアンドット族は相次いで戦列を離れ始めた。またもや謀略による先住民社会の崩壊である。こうして、諸部族連合の闘いは挫折し、イギリス軍による村落の破壊を避けるため、戦力を残したまま「講和」という形の敗北を選んだ。

他方、カナワ川西岸に居住し親英的な姿勢をとってきたミンゴ族は、一七七三年にカナワ川西岸に侵入してきた開拓民によって多数の部族民が殺害された。ミンゴ族は開拓民に対して報復した。しかし、ヴァージニアの植民者や土地投機業者はこれを絶好の口実として、翌一七七四年九月にダンモア総督を動かし、民兵を動員しての先住民攻撃を開始した。ミンゴ族はショーニー族とも連携、先住民諸部族は結束して抵抗したが、ポイント・プレーザンドの戦いで敗れた。先住民の村落は焼かれ、ショーニー族はオハイオ川南岸の土地を放棄する条約に署名させられた。

しかし、同年六月二日にイギリス議会が制定したケベック法は、ケベックの境界をオハイオ川まで広げ、この戦争でヴァージニア植民者が行った土地奪取を無効とした。このことが、タバコの価格低下から西部の土地取得に活路を求めていたジョージ・ワシントンやパトリック・ヘンリらのヴァージニア植民者たちの欲望を閉ざすことになったため、イギリスから分離・独立する決意を固めさせることになった。アメリカ独立戦争は先住民の土地奪取に向けた戦争でもあったのである。トマス・ジェファーソンは独立宣言の前文で次のように述べている。

「すべての人は平等に創られている。すべての人は創造主によって、一定の譲ることのできない権利を与えられている。これらの権利のなかには、生命、自由、幸福の追求の権利が含まれている。」

そして、同じジェファーソンは一カ月後に私信の中で次のように書いていた。

「インディアンが戦争を開始したのは遺憾だ。（中略）こんな卑劣な奴等の力を早く弱めるには、奴等の国の中心部まで戦いを推し進めるしかない。いや、そこでやめるつもりはない。こいつらが一人でもミシシッピ川のこちら側に残っているかぎり、決して追求の手をゆるめたりはしない。（中略）もしイロコイ族連合がわれわれと開戦する道を選ぶならば、断固としてこう言ってやろう。お前らの家族がわが植民地から引き揚げるのは勝手だが、覚えておくがよい。決して二度と、もとの居住地に帰れないばかりか、一人でもこの地上に残っているかぎり、われわれは断じて最後まで追いつめて戦うであろう、と。」（富田、前掲書）

略奪者であった者たちが、正義は自分たちにあるかのように、そして犠牲者が戦争を仕掛けたかのように事実を歪曲する詭弁を弄したのである。アメリカ合州国は、このような偽善と詭弁の上に、先住民の犠牲の上に建設された。

一七七六年六月と九月、反撃のためヴァージニアとカロライナの植民地の辺境開拓地を襲撃したチェロキー族に対して、ヴァージニアとノース・カロライナの植民地連合軍は大規模な報復戦を開始した。さらに一七八二年にはアンドルー・ピケンズ将軍が率いる部隊がチェロキー領内に攻め入り、広大な土地譲渡を含む講和条約を押しつけた。

他方、イロコイ族連合や北西部の諸部族は、独立戦争の開戦当初は、この戦争をイギリス勢力の内戦とみて、中立の立場を堅持した。しかし、英米両勢力の強い勧誘と軍事的圧力を前に、イロコイ族連合は分裂し、オナイダ族とタスカローラ族は独立側に、残りの四部族は西部の諸部族とともにイギリス側についた。一七七八年、イギリスとイロコイ族の同盟軍はワイオミング渓谷とチェリー渓谷地方で開拓地を攻撃し破壊した。このため、翌七九年八月、総司令官ワシントンは報復を決意し、ジョン・サリヴァン将軍指揮下の数千名の部隊を派遣して、ワイオミング渓谷からニューヨーク北西部一帯の先住民掃討作戦を実行させた。しかし、サリヴァン将軍が指揮した部隊は、先住民側の巧みな撤退作戦にあって、もっぱら村落を焼き払う焦土作戦を行った。このため、同年冬に先住民に多数の餓死者と凍死者が生じた。その結果、多くの先住民部族の敵意を新たにかきたてることになった。

このようにアメリカ独立革命は、一面ではイギリスの重商主義的な抑圧に対する植民地人の独立と自由のための戦いであったが、一方で、その独立と自由の基礎となる土地の支配権を確立するため、そこに居住する先住民の領土を侵し、独立と自由を奪う征服戦争であった。独立宣言の中で謳われた「すべての人」とはヨーロッパ系の住民のみをさし、先住民は黒人奴隷とともにこれには含まれていなかった。先住民は「すべての人」の「生命、自由、幸福の追求の権利」を脅かす「残忍な蛮族」と位置づけられ、自らに独立と自由を防衛すればするほど、「浄化」と「排除」の対象として追求された。アメリカ合州国の建国は、このような抑圧された人々を「排除」してなされたという事実を看過すべきではない。

6　北西部先住民の領土防衛戦争

アメリカ合州国の独立戦争は、一七八二年にパリで催された講和予備条項の調印と、翌八三年のパリ講和条約の締結をもって終了したとされる。この講和条約によって、アレガニー山脈からミシシッピー川にいたる広大な地域がイギリスからアメリカ合州国に譲渡された。しかし、その「譲渡」された土地に居住し、領有権を持っていた先住民は、条約交渉から排除されていた。しかも、先住民の戦いはまだ終わってはいなかった。オハイオ川流域地方では、ワイアンドット族、デラウェイ族、ショーニー族、イロコイ系諸部族がなお戦闘中であり、むしろ合州国独立軍に対して軍事的優位に立っていた。

他方、合州国側で先住民問題に関する独占的権限をもっていた連合会議は、ミシシッピー川までの地域の領土をイギリスから譲渡されたことを受け、各地域の先住民諸部族と交渉を開始し、条約を結んで境界線を設定する方針を打ち出した。この基本方針に沿って、合州国使節団と先住民諸部族代表との間で講和条約の交渉が進められた。

まず、一七八四年一〇月にはイロコイ族連合との間で、翌八五年一月にはデラウェイ族、ワイアンドット族、チッピワ族、オタワ族、ショーニー族との間で、同年一一月にはチェロキー族、チョクトー族との間で、それぞれ講和条約が締結された。これらの条約交渉にあたった合州国使節団は、勝利者として先住民に一方的に境界線を設けて強制するという高圧的な態度で臨んだ。これに対して先住民側は、「この国は神がわれわれに与えたものだ。この国に境界線を設けるなどということは、理解できない。この国はすべてわれわれのものだ」と、激しく抗議して先住民の領有権を主張した。しかし、合州国使節団は、諸部族に戦争か平和かの選択を迫り、強制的に条約に署名させた。このため、イロコイ族連合の指導者ジョーゼフ・ブラントのように、領土征服には戦争をもって抵抗するという意思表示をする者も現れた。

こうして、境界線の設定が全面戦争の危機を招く結果となった。ショーニー族はフォート・フィニー条約を破棄して白人入植地への攻撃を開始し、これまで対立していたイロコイ系を中心とする北西部諸部族連合に加盟して連携を強化した。また、南部でもマギリヴレーの指導下でクリーク族連合が結成され、反撃を開始した。このような情勢を前に、ヘンリ・ノックス陸軍総監は一七八七年七月に連合会議に報告書を提出し、有償購入方式を提案、連合会議の先住民問題委員会もこの提案を受け入れた。先住民側の徹底抗戦の姿勢を前に、合州国は混乱の拡大を回避する目的で、先住民領土の強制的無償割譲方式から有償購入方式へと政策を転換した。しかし、これによって、先住民領土の略奪が終わったわけではない。有償購入とは名目的な方式にすぎず、実際には低価格による割譲が強制され、また白人側の不当な先住民領土の侵害が断たれることはなかった。

その後も、なしくずし的な土地の略奪が進んだ。地方入植者による不法侵入があとを絶たなかった。

例えば、一七八五年のホープヴェル条約の境界線を無視した領内侵入を受けたチェロキー族は報復に立ち上がり、各地で交戦状態に入った。合州国政府も白人侵入者の不法性を認め、陸軍を派遣して不法侵入者を追い出す構えを見せたため、一七八九年に対立が解消したかにみえた。合州国政府は一七九一年のホルストン条約で、クリンチ川東南の二六六万エーカーのチェロキー族領を一〇〇〇ドルの年金支払いと引き換えに譲渡させたが、白人入植者がその境界線を越えてしまった。このため、チェロキー族が不法侵入者の追放を求めたのに対し、合州国政府は違反者を処罰も追放もしなかった。これをきっかけとして、チェロキー族が騒ぎ出し、不法侵入者を殺害した。この事件を口実にテネシー民兵部隊がチェロキー族領内に侵入し、チェロキー族が再起不能となるほどに殺害と破壊を徹底した。合州国政府はこの行為を「不法」としながらも、不法侵入者を退去させることも、処罰もしなかったばかりか、チェロキー族に対して、一七九五年の条約で年五〇〇〇ドルの物資供給を条件として、ホルストン条約で設定された境界線を再確認させた。

このように、チェロキー領に関して、合州国政府は現地入植者や民兵による領土侵略を、あたかも調停者のような形で現れて追認することにより、現地主導のなしくずし的な土地の略奪を行った。このような既成事実の追認による土地の略奪はチェロキー族のみでなく、広く一般化することとなる。

オハイオ川北部に住む先住民諸部族の領土においては、武力によって先住民の抵抗が壊滅させられた。一七八七年に制定された北西部領地条令では、「先住民に対しては、常に最高の信義が守られねばならない。先住民の土地及び財産は彼らの同意なしに奪われてはならない」と規定されていた。しかし、法律は守られなかったばかりか、合州国政府は陸軍を動員して先住民の武力掃討を推し進めた。一七九〇年、合州国政府は北西部モーミー渓谷地方の掃討にハーマー将軍を派遣したが、ハーマー部隊はマイアミ族とショーニー族を中心とする諸部族連合軍に惨敗を喫した。また、翌九一年にはセント・クレア将軍率いる遠征軍が壊滅的な敗北を喫した。このため、一七九二年に北西部諸部族との講和交渉が開始されたが、先住民側はオハイオ川を境界線とする主張を譲らず、翌九三年七月、北はカナダから南はジョージアまでのワイアンドット族、カナダの七部族、デラウェイ族、クリーク族、チェロキー族などの二一部族は、オハイオ川を生命線とするとの強い姿勢をもって合州国使節に対峙した。彼らは、「われわれはもう一歩も退くことはできない。われわれは今や押し込められているこの小さな場所に、骨を埋めようと決意した」と共同声明文で述べ、生命線を死守する意思を固めて交渉を拒否した。

合州国政府は、進捗しない講和交渉を打破するため武力行使に訴えるべく、アンソニー・ウェイン将軍指揮下の遠征軍を再度派遣する準備を進めた。翌九四年八月に遠征軍はフォールン・ティンバーズの戦いで諸部族連合を破り、先住民を追撃して村落を破壊、徹底的な焦土作戦を展開した。このため、先住民側は交渉の席につき、一七九五年八月、グリーンヴィル条約が結ばれた。その結果、境界線がオハイオ川からさらに北方と西方に確定され、境界線内側の広大な地域が合州国に譲渡されることになった。しかも、同年一一月にはイギリスとの間にジェイ条約が締結され、北西部に残っていたイギリス軍基地が最終的に撤去されることになった。

こうして、イギリスと先住民を敵としたアメリカ独立戦争はようやく終結したが、これは北西部先住民の土地と自立を防衛する「独立戦争」の終焉を意味するものでもあった。ヨーロッパ系アメリカ人の独立と解放は、先住民の土地を奪い、先住民の民族的な自立を犠牲にすることによって実現された。しかし、彼らの必死の抵抗は無駄ではなかった。グリーンヴィル条約によって、合州国政府は、究極的には主権を合州国に留保しつつも、先住民を条約の当事者、つまり政治的主体と認めうる「ネイション」として扱い、彼らの占有地に対する所有権を認めざるをえなかった。この扱いは、一八七一年に廃止されるまで続いた。しかし、やがてこの「ネイション」としての扱いも破棄される。

7　テクムシとクリーク族の戦い

一八一一年、ショーニー族の族長であったテクムシは、土地を防衛するためには先住民全体が大同団結することが必要であるとの認識に達して、北は五大湖地方から南はメキシコ湾の諸部族を歴訪して説得にまわった。

テクムシは一七六八年三月にオハイオ州内のマッド川近くのピクワという村落で、キスポコサ・ショーニー族の酋長パケシンワの息子として生まれた。母親メソアタスはショーニー族とも、東部アラバマのクリーク族の出ともいわれる。

父親はオハイオ川の南にあるショーニー族の土地に侵入してきた白人の植民者と戦った、いわゆるショーニー戦争の戦時酋長であったが、テクムシが六歳の時に白人に殺害された。ショーニー戦争の終結時に、ショーニー族の酋長コーンストークはむりやりに和平条約に署名させられた。この条約はショーニー族にオハイオ川の南のすべての土地を引き渡すことを強いた。やがて白人植民者が侵入してきたため、ショーニー族はオハイオ川の北へと後退した。だが、条約はすぐに破られてしまった。植民者はさらにオハイオ川の北にも侵入し、ショーニー族の土地を奪った。

ピクワの村の近くにブラックフィッシュ酋長の治めるチリコース村があったが、テクムシはブラックフィッシュ酋長に引き取られて、将来的にショーニー族の指導者となるべく育てられた。

一七七六年、テクムシが八歳の時に独立戦争が始まった。大多数の先住民はイギリス側で戦ったが、ショーニー族も独立派の軍隊と戦った。一七八〇年にはピクワ村に独立派軍が攻め込み、翌年テクムシは一三歳でこの撃退戦に初めて参加した。独立後、白人植民者は続々とショーニー族の土地に侵入してきたため、彼らは土地を守るために戦い続けた。テクムシはショーニー族を率いて、酋長であった兄のチクシカとともに狩りをする土地を守るために戦った。一七八八年、チクシカはチェロキー族を支援するために南に向かったが戦死したので、テクムシが後を継いだ。

一七九一年にテクムシは、クレーヤー将軍指揮下の八〇〇〇名の合州国軍がウィーガッシ川方面に進軍してきた時、これを打ち破った。その後、テネシー、ミシシッピー、アラバマ、ジョージア、フロリダを転戦し、各地の先住民を支援して戦い抜いた。

一七九四年、ウェイン将軍指揮下の大軍がショーニー族の居住地域に進出し、多くの村を焼き払って侵攻してきた。ウェイン将軍はオハイオ州のグリーンビルで組織した休戦会議に先住民を呼び寄せた。この休戦会議には一二の部族から四〇〇〇名の先住民が集まり、オハイオ州の三分の二の土地を明け渡すことを強いる条約に署名させられた。テクムシはこの会議に参加することを拒否し、土地の明け渡しを拒絶した。彼は二七歳であったが、抵抗派の酋長として指導力を発揮しつつあった。

若き日のテクムシは白人植民者ガロウェイ家とも交際し、同家の娘レベッカに学んだが、やがてレベッカに求婚した。これに対してレベッカは、結婚に条件をつけ、白人として一生を送ることを求めたが、テクムシは先住民であることを捨てることはできないと答えたといわれる。

テクムシにはロワルワシカという弟がいたが、弟は預言者としていにしえの生活様式への復帰を通じた先住民の救済を説いて信仰者を集め、兄テクムシを助け、全民族の統一というテクムシの夢の実現のために大いに協力した。

テクムシは一七九八年、デラウェイ族から指導者として迎えたいとの申し出を受け、これに応えてロワルワシカとともに配下を引き連れてデラウェイ族の土地に移り住んだ。

その後、ロワルワシカはグリーンビルに多くの信仰者を集めようとしたが、一八〇一年に北西領土の知事として赴任してきたハリソン将軍（後に第九代大統領となる）がこの事態を懸念して、ロワルワシカに挑戦状をつきつけ、太陽を止めることができるかと信仰者を挑発した。しかし、ロワルワシカはこの挑戦を民族の統一のために利用することを思いつき、一八〇〇年六月一六日に日食が起きることを予期して、太陽を止める儀式を行い、このためロワルワシカの信仰者はさらにグリーンビルに集まり、民族統一の機会が近づいた感を抱かせた。そして、グリーンビルに代わる「預言者の村」がウォーバッシ川とティペカヌー川の合流点付近に建設されて聖地と化した。テクムシは全民族の統一実現をめざして南北を旅した。北はウィスコンシン族から南はチョクトー族、クリーク族、チェロキー族、セミノール族を、西部ではスー族、シャイアン族を、中部ではオセジ族を、東部ではイロコイ部族連合の諸部族を訪ねて旅をした。

しかし、一八〇九年の夏、テクムシが遠方に行っている間に、ハリソン知事が数人の酋長に新しい条約に署名することを強いた。彼らは一万ドル程度の金額で二五〇万エーカーの土地を売ってしまった。これを知ったテクムシは、各バンド（移動生活を共にする狩猟民族の社会集団で、その中に各家系であるクランが属する）の酋長にはショーニーの土地を一部分なりとも売る権利はないと条約の有効性を否定し、条約の履行を拒否するように説得してまわった。一八一〇年の春までに多くの戦士が「預言者の村」に集まった。八月一一日、テクムシは弟と三〇〇人の戦士を率いてハリソン知事がいるビンセントに赴き、さらに弟と選り抜きの三〇人を同伴させてハリソン知事と対話した。そして、次のように述べた。

「この国土にはその昔、一人の白人もいなかった。土地は同じ両親から生まれた赤い皮膚の民のものであり、偉大な精霊は、この大陸の所有、往来、生産物の享受を彼らに許したまい、同じ民、かつては幸せだったこの大陸を満たすよう命じたもうたのだ。しかし白人の到来以来、彼らは惨めな境遇に落とされた。白人はあくことなく侵入を続けている。この悪を抑え、阻む手だて、唯一の手だては、すべての赤い皮膚の民が団結して、最初にそうであったように、土地に対する共通かつ平等な権利を主張することである。この土地は、決して分割されることはなく、誰もが使える、すべての人びとのものだった。われわれの間では、だれも土地を売買する権利をもたず、いわんや、よそ者に売る権利などだれにもないのだ。白人は先住民から土地を取り上げる権利をもっていない。われわれ先住民は最初からの土地所有者だった。しかもいまでも、この土地は先住民のものである。先住民が土地を売ることがあるかもしれない。しかしそれを決めるには、全員が参加しなければならない。全員参加できない場合は、どんな取引も有効ではない。最近の取引は無効である。取引には全員参加が不可欠なのだ。非占有地にはすべての選民が平等の権利をもっている。占有権はどの土地にも有効である。」(マクガバーン『三人の偉大なインディアン』)

テクムシの主張は、土地の使い方、土地に対する考え方が、白人とは根本的に異なっていることを示している。これこそが、テクムシが諸部族の連携を強めようとした大義であったと言える。それは先住民の価値観と文化を防衛するための戦いであった。土地はすべての人々のものであり、分割してはならず、売買してはならないものだった。会合は物別れに終わった。ハリソン将軍は後にテクムシに関して次のように語っていた。

「テクムシを慕う人々の、彼に対する服従と尊敬は驚くべきものがあり、それは何にもまして、テクムシが既成の秩序を転覆する能力をもつ稀有の天才的指導者の一人であることを示している。合州国との摩擦がないような状態であったなら、おそらく彼はメキシコやペルーで栄えた帝国に匹敵する国家の創始者となったかもしれない。」(マクガバーン、前掲書)

その後、テクムシはイギリスが先住民の合州国との戦いを支持してくれることを期待し、カナダにあるイギリス前哨拠点のモルデン砦に赴いてティラー大佐と面会し、米英戦争が勃発した際には、武器を援助してくれるよう要請した。カナダからの帰還後、一八一一年八月から半年をかけて、チョクトー族、クリーク族、チカソウ族などの諸部族に説得するため、テネシー、ミシシッピー、アラバマ、ジョージア、フロリダ、カロライナを旅し、翌年二月に「預言者の村」に帰還した。しかし、「開花部族」であるクリーク族、チェロキー族、チカソー族、チョクトー族、セミノール族の五部族は、ある程度の土地譲渡の後は合州国との平和的共存の余地はあるものと考えがちであり、白人文化への傾倒も進んでいたので、全部族の大同団結は容易には進まなかった。

一八一一年九月、テクムシはチョクトー族との会合で次のように述べている。

「われわれには、わが祖国を、わが古来の独立を守るだけの勇気もないのか。過去は自問し自答する。ピークォート族はいまどこにいるのか。ナラガンセット族は、モヒカン族は、ポカノケット族は。またかつて強力だったわが民族のほかの諸部族は、今どこにいるのか。彼らは白人の貪欲と弾圧の前に消えうせた。さながら夏の太陽に照らされた雪のように。チョクトー族、チカソー族の未来はこうなろう。われわれが共通の敵に対して共通の一つの大義のために団結しないならば、わが民族の絶滅は近い。さあ、一心一体となって、最後の一兵まで、わが祖国を、わが自由を、わが祖先の墓を守ろうではないか。」(マクガバーン、前掲書)

ところが、同年九月末、テクムシが旅をしている間に、「預言者の村」はハリソン知事指揮下の部隊によって破壊されていた。テクムシは合州国軍の挑発に乗って戦闘を仕掛けて惨敗し、「預言者の村」を破壊されてしまった責任を、弟のロワルワシカに負わせて追放した。抵抗の拠点は破壊され、人々は拠り所を失くして散っていった。

テクムシが退勢挽回を期してカナダに赴き、イギリスの援助を要請していた時、一八一二年六月一八日に米英戦争が勃発、テクムシはこれを好機とみて、北米先住民が連合して奪われた土地を回復するためにイギリス側に立って参戦するよう諸部族に呼びかけた。テクムシの下には数千人の戦士が集まった。彼は先住民連合軍が合州国を破れば、諸部族連合の独立国家建設が可能になるかもしれないと望んだ。八月一三日、テクムシはマルデン砦でイギリス軍のブルック将軍と合流し、作戦を練った。テクムシにはイギリス軍准将の地位が与えられた。テクムシは合州国軍のハル将軍が三〇〇〇名の兵士を率いて立てこもり、カナダ侵攻の機会をうかがっているデトロイト砦の攻撃を提案した。ブルック将軍はテクムシの意見を受け入れ、同将軍が率いるイギリス軍とテクムシが率いる先住民の戦士団はデトロイトに向かった。翌日、彼らはデトロイトを包囲し、策略を用いてハル将軍を降伏させた。ブルック将軍は拠点をデトロイトに移転、テクムシもそれに従った。しかし、この間にテクムシとブルック将軍指揮下のプロクター大佐との間に確執が起こり、これがその後のテクムシの人生に影響を与える。

デトロイトでの勝利は、各地の先住民がテクムシに呼応して立ち上がり、テクムシの戦列に加わる形勢を強めた。同年九月、テクムシは先住民による第二戦線の構築をめざしてクリーク族を立ち上がらせるべく南に向かい、クリーク族はその内部が親米派と反米派に分かれていたが、混血の若き指導者ウェザーフォードが率いる徹底抗戦派（レッド・スティックス）がこれに応じ、クリーク戦争を開始した。クリーク戦争では徹底抗戦派と親米協力派が族内で内戦を開始し、それにテネシー州知事ジャクソンが率いる民兵軍、合州国正規軍のほか、チェロキー族とチョクトー族の親米協力派がジャクソン軍に加わった。このようにクリーク戦争では、先住民の各部族内部を統一することも、また諸部族を大同団結させることも、一九世紀の初頭においてすでに困難となっており、テクムシがめざした先住民の連合国家建設の構想は、最後の悲痛な希望であったと言えよう。抗争はすでに、先住民内部の文化闘争の段階に達していた。

翌一八一三年四月にテクムシが三〇〇〇名の戦士団を率いてモルデン砦に帰った時、信頼しあっていたブルック将軍がナイアガラ周辺の戦闘で戦死したことと、後任に小心者のプロクター大佐が将軍に昇進したことを知った。

デトロイトでの敗北後、合州国は「預言者の村」を掃討したハリソン将軍を繰り出して戦局の挽回を試みた。ハリソン軍はデトロイトへの進攻途次にメイグ砦を構築して対陣、これに対して四月末にイギリス軍とテクムシの戦士団は合州国のハリソン将軍との決戦を挑んだ。テクムシはメイグ砦を包囲攻撃し、優勢裡に戦闘を進めた。

戦士団の一部が合州国軍の捕虜を連れてプロクター将軍の司令部が置かれていたマイアミ砦に戻った時、そこで一部の先住民が捕虜の虐殺を始めたが、プロクター将軍はそれを制止しようとしなかった。通報を受けたテクムシは急遽その現場に駆けつけ、すでに二〇名ほどの捕虜を虐殺していた先住民たちを殴り倒し、プロクター将軍になぜ制止しなかったのかと詰め寄り、「あなたは司令官として失格だ。軍人をやめてペチコートでも着たらよい」と軽蔑をこめて言い放ったと伝えられる。

それからまもなく、プロクター将軍はテクムシの反対を押し切って、陥落寸前であったメイグ砦の包囲を解いた。プロクター将軍はエリー湖畔での戦いに敗北したため、カナダからの補給路が断たれることを恐れて、イギリス軍だけを密かに退却させようとした。テクムシはプロクター将軍を難詰したが、軍団の分裂を防ぐためには、カナダ領内の適当な地点で決戦するという約束だけを取り付けて、退却に同行するほかはなかった。これに対してハリソン軍は、九月二七日エリー湖を北に渡って退却するイギリス軍を追撃、プロクター将軍はテムズ川に抵抗線を引いて三五〇〇名のハリソン軍との決戦を決意した。一〇月四日、ハリソン軍がテムズ川に接近し、翌五日に両軍が交戦、テクムシは決戦に挑んだが、プロクター将軍は敵の突撃を前に馬車で逃亡、テクムシは絶望的な戦局の中で最後まで戦って敵弾に倒れた。四五歳だった。遺体は確認されることがなかったといわれる。合州国軍兵士によって遺体を切り刻まれることを防ぐため、先住民戦士たちが闇夜にまぎれて運び去ったと伝えられる。

先住民の諸部族連合国家という幻の「ネイション・ステーツ」建設を夢見た、先住民の歴史の中でもひときわ輝いた戦略家の夢は潰え去った。

テクムシが主張した先住民全体の大同団結の精神はクリーク族の抗戦派に受け継がれた。現在のジョージア州からアラバマ州に広大な領土を有していたクリーク族は、開拓農民や土地投機業者、ジョージア州政府、テネシー州住民等による四方八方からの圧力を受けて、部族内が抗戦派と協力派に分裂し、抗戦派はレッド・スティックスと呼ばれた。クリーク族の両派は一八一三年三月から対立を深めたが、同年八月末レッド・スティックスは協力派のいるフォート・ミムズを襲い、軍事介入の好機を狙っていたジョージア州のアンドルー・ジャクソン将軍に口実を与えることになった。周辺のテネシー州、ジョージア州、ミシシッピー准州から五〇〇〇名近い民兵が招集され、三方からクリーク領への侵入が開始された。ジャクソン軍にはチェロキー族、チョクトー族の一部や同族であるクリーク族の協力派が参加した。こうして闘いは「白人対先住民」という人種間戦争ではなく、先住民文化を守ろうとする人々と、白人文化を受容しようとする人々との間の文化闘争の様相を呈した。クリーク戦争は先住民文化の防衛戦争として展開されたのである。しかし、一八一四年八月末に講和条約が結ばれるまでの一年間に、二〇〇〇名以上のレッド・スティックスの戦士が殺害され、講和条約は一方的に二三〇〇万エーカーの領地の譲渡を強要した。その土地の大半は協力派の土地であり、さらにはチェロキー族やチョクトー族の土地も含まれていた。要するに、合州国は文明化政策の名の下に、先住民の中に協力派を形成して、彼らを通じて先住民の土地を略取したのである。

8 オセオラとセミノール族の戦い

クリーク族のレッド・スティックスの戦いはスペイン領のフロリダ州で継続された。フロリダ州には一七世紀半ばまで二万五〇〇〇名と推定される先住民諸部族がいたが、奴隷狩りによって一八世紀前半までにほぼ全滅した。この真空地帯に合州国との戦いに敗れたクリーク族やアルチュア族などの小部族が村落を形成していた。彼らはセミノール族（マスコウギ語で「逃亡者」）と呼ばれるようになり、これにレッド・スティックスが合流し、約五〇〇〇名からなる部族連合を形成していた。また、これらの先住民とともに黒人逃亡奴隷が住んでいた。彼らは一八世紀からフロリダ州に逃亡奴隷として避難してきたが、同世紀末までにセミノール族の保護下に入り、セミノール族との間で一種の分益小作関係的な相互扶助社会を設立していた。フロリダ州における協同社会に関する噂は合州国南部の黒人奴隷の間で知られるようになり、逃亡者が続出し始めた。

これに対して、合州国南部の白人奴隷主は、逃亡奴隷が増加する事態は黒人奴隷制度の崩壊を招きかねないとの危機意識を持ち、セミノール領に侵攻して武力討伐を企てた。他方、合州国政府はスペイン領フロリダの併合をめざしていた。一八一二年九月にジョージア民兵軍の侵攻によってセミノール領への侵略が開始され、一八一七年秋のファウル・タウン攻撃から翌一八年四月のスワニー川の戦いを経て、五月のペンサコラ占領までが第一次セミノール戦争と呼ばれる。セミノール族と黒人の同盟軍は果敢な抵抗戦を展開したものの、スワニー川の戦いに敗れた先住民と黒人はフロリダ半島の奥深くに逃げのびた。

一八一九年、合州国政府はスペインよりフロリダを取得、一八二三年に先住民と黒人はムルトリー条約によって連邦政府指定の小さな保留地に押し込められ、さらに一八三〇年五月には先住民強制移住法の一環としてミシシッピー川西方の先住民保留地への移住とクリーク族との再統合が提案されると、セミノール族と黒人は再度結束して先住民強制移住政策に徹底抗戦する姿勢をとるに至る。こうして、一八三五年にセミノール族の指導者オセオラの投獄をきっかけとして第二次セミノール戦争が開始された。

一八三〇年代にフロリダ半島にて発生した第二次セミノール戦争において、オセオラはアメリカ合州国に反抗して戦った自由の戦士である。白人中心の国民国家建設の過程で少数民族の尊厳を生命を賭して戦い抜いた。セミノールによる反米闘争の指導者となったオセオラは、一八〇四年にジョージア州にてクリーク族として生まれた。父親がパウエルという名のスコットランド人であったとの説もあるが、本人は否定している。オセオラはクリーク戦争の際に一族とともにジョージアから逃れて、母親とともにセミノール社会に庇護を求めた。セミノール社会の開放性のお陰で、セミノールの指導者となった。

セミノール族の生活が乱され始めたのは、フロリダ半島の北に位置するジョージア州において白人人口が急激に増加し、黒人奴隷を使用する大きな農園が開拓されたことに由来する。セミノール族の中には、黒人奴隷を手に入れて、労働力を高める者も現れるようになった。しかし、セミノール族における奴隷制は白人社会における奴隷制とは異なって、いわば「分益小作」に近いものであった。したがって、ジョージア州などにおいて奴隷制の下に拘束されていた黒人たちにとってはセミノール社会は白人社会とは異なって楽天地に見えた。たとえセミノール社会に入っても、彼ら自身が家畜を持ち、自分の畑を耕して、それを生活の糧にあてがって生きてゆくことができた。また、セミノールとの婚姻も可能であり、それらを通じてセミノールとの社会的な絆も深まっていった。そのため、北方からスペイン領との境界線を越えてセミノールの土地に逃げ込む黒人奴隷が次第に数を増した。そこでは、黒人たちも「分益小作」に似た形態で生活し、人間的な生活を享受することができた。

しかし、ジョージア州の黒人奴隷所有者にとっては、黒人の逃亡は彼らの財産の喪失を意味した。一九世紀に入って、ジョージア州の白人たちによる逃亡奴隷狩りは次第に組織化され、大規模になっていった。黒人狩りを目的とした武装集団が、平然と国境線を越えてフロリダ半島に侵入し、黒人を見つけ次第、見境なく北に連れ去った。セミノール社会で暮らしていた黒人がすべて白人経営の農園から逃亡した奴隷であったわけではない。セミノール自身が購った黒人奴隷もいたし、婚姻を通じてセミノール社会に溶け入ったもの、セミノールの家族として生まれた混血も多数存在した。一八一九年に合州国がスペインからフロリダ州を五〇〇〇万ドルで購入したのも、逃亡黒人奴隷を取り戻すための黒人狩りに端を発していた。

一八一四年七月、アンドルー・ジャクソンはクリーク族の酋長たちをホースシュー・ベントに集め、クリーク族の所有地の約半分にあたる二三〇〇万エーカーの土地を譲渡するよう要求した。ホースシュー・ベントはその前年三月にジャクソンがチェロキー族と親米派のクリーク族の協力を得て、反米派のレッド・スティックスを殲滅した場所であった。ジャクソンはその際の協力者からも容赦なく土地を取り上げようとしていたのである。そのため、クリーク族の間で白人に対する憎悪が激しくなり、そのかなりの部分が白人との接触を嫌って南に下り、フロリダ半島に入ってセミノール族に合流した。その中に、後にセミノールの戦闘指導者として登場するオセオラの一族もいた。

一八一六年に黒人奴隷の逃亡についての南部白人の不満に圧力を受け、連邦政府軍が国境線を越えてスペイン領内に侵攻してセミノール族を攻撃した。しかし、スペインはこのような越境して行われた侵略行為に対して反撃ができなかった。そして、さらに一八一八年にはジャクソンが正規兵と民兵あわせて約三〇〇〇人を率いてフロリダ半島に侵攻し、セミノール族の村落を破壊し、多数の黒人を捕らえたのみでなく、ペンサコーラとセント・マルコの町を占領し、そこでセミノールや逃亡黒人相手の商売に従事していたイギリス人二人を捕らえ、セミノール族の反米感情扇動の廉《かど》で銃殺刑に処した。この事件に対してもスペインは何らの反応を示すことができなかった。こうしたフロリダ半島におけるスペインの完全な統治無能さの露呈は、逆に合州国政府とスペイン政府の間の土地割譲交渉の進展を促すことになり、一八一九年二月に合州国政府は五〇〇万ドルでフロリダ半島をスペインから買収することになる。

こうしてフロリダ半島が正式に合州国領となると、たちまち多数の白人入植者がフロリダ半島に殺到した。白人からの「条約」締結の試みは、一八二三年九月、ジェイムス・ガズデンによって始められた。ガズデンはキャンプ・ムルトリーにセミノールの主立った酋長数人を集め、武力による制圧の可能性で威嚇しつつ、半島北部の肥沃な土地の放棄を迫り、すべてのセミノール族は半島の中央部に指定された保留地に移住すべきであるとした。オキチョビー湖の北に位置するその地域は、湖沼や水はけの悪い湿地が大部分を占める農地としての生産性の低い内陸の荒地であった。初めに六〇〇〇ドル相当の農機具等を供与すること、今後二〇年間にわたって年五〇〇〇ドルを支払うことなどが約束されたが、この約束は反故にされた。セミノール族が放棄を強いられた土地は二八〇〇万エーカー、一エーカーあたりの代償は一セント以下であった。酋長たちは粘りに粘って条件を少しでも改善しようとしたが、合州国政府側が、交渉の現場に臨んだ酋長たちはその土地の放棄を免除されるとの新たな条件を提示したため、酋長たちも妥協し交渉は終了した。

しかし、ムルトリー条約も白人とセミノールの間の紛争を解決しはしなかった。保留地に移住したセミノールたちは食糧の欠乏に苦しみ、そのため保留地を出て周囲の白人農家の家畜を殺して食べた。また、黒人奴隷たちは、依然として自由を求めてその悲惨なセミノールの保留地に逃げ込むのをやめなかった。白人入植者とセミノールの紛争は続いた。

一八三二年五月九日、ガズデンはペインズ・ランディングで一部のセミノール族酋長を集めて、ミシシッピー川以西の土地への移住を強要した。合州国政府は、このペインズ・ランディング条約によってセミノール族全体の西方移住の約束が行われたとしたが、セミノール側の了解は、彼らがまず西の移住地を視察することに同意したにすぎないということであった。ガズデンが会議の議事録を残さなかったため、実際に何が行われたかを知ることはできない。議事録が残されていないこと自体が、欺瞞行為がなされたことの証左と言えるだろう。セミノール語を解さない政府側と、英語の知識のほとんどないセミノール族との間で通訳を務めたのはアブラハムと呼ばれる黒人であった。アブラハムが合州国政府の意を受けて、条約文の内容をセミノールに説明する際に適当にごまかし、真の内容を伝えなかったことが十分考えられる。アブラハムに二〇〇ドルが支払われていたとする証拠も存在する。おそらく、この通訳を介して、欺瞞行為がなされたのであろう。このペインズ・ランディング条約によれば、セミノールたちは九年前のムルトリー条約によって与えられた四〇〇万エーカーの土地をわずか八万ドルで放棄し、ミシシッピー川の西方に移住させられることになっていた。その条約にはセミノールの最も有力な酋長の一人であったミカノピイをはじめとする一五人の酋長たちの署名があるが、ミカノピイ自身は署名などした覚えはないと主張した。通訳以外にも、何らかの欺瞞行為がなされたのであろう。

一八三三年一二月に、セミノール担当の政府役人としてウィリアム・トムソンが赴任し、セミノール族の西方移住を強制する。翌一八三四年一〇月二一日、トムソンはセミノールの有力者を集めてムルトリー条約で二〇年間にわたって約束された五〇〇〇ドルの年金を手渡し、これがフロリダでの最後の給付であることを申し渡して、西方移住の実行を迫った。この時、セミノールの内部で西方移住に反対する強硬派として登場したのがオセオラであった。

数日にわたったトムソンとセミノールたちとの折衝の間、オセオラは一貫して条約に反対し、つねに酋長ミカノピイの傍らにいて、ミカノピイが弱気にならぬよう励ましていた。

トムソンの威嚇的な態度にもかかわらず、ミカノピイをはじめとする指導者たちはペインズ・ランディングの条約は欺瞞であって認め難いこと、ムルトリー条約によって少なくとも二〇年間はフロリダの土地が保証されているはずであるとして移住を拒絶した。オセオラは発言を求め、「これ以上の問答は無用だ。雹《ひょう》が降り、風が怒り、野の花が打ちひしがれようと、森の柏の大木は昂然と嵐の中に立ち続けるだろう」と言い放った（藤永茂『アメリカ・インディアン悲史』）。

会議が物別れとなった後も、白人とセミノールとの間のいざこざは絶えなかった。その主な理由は、依然として続く逃亡黒人の流入と、保留地の食糧不足であった。当時フロリダ半島の治安維持のための駐屯部隊の司令官であったクリンチ将軍は、ワシントンに事態の悪化を報告し、兵力の増強を求めた。

一八三五年六月、フォート・キングに現れたオセオラがトムソンに逮捕され、鎖に繋がれて投獄されるという事件が起きた。原因については二説ある。一説によれば、トムソンが再びセミノールの指導者たちを集めて、ペインズ・ランディング条約の正当性を確認する文書に署名を迫った時、オセオラは前に進み出て、「これが白人に与える俺の署名だ」と叫んで、抜き放ったナイフをテーブルの上にあったその文書に突き立てたため、トムソンがその場でオセオラを捕らえたとされる。もう一つの説は、セミノールは二人の妻を持つことができたが、オセオラには「朝露」という黒人と先住民の間の混血である若い二番目の妻がいて、彼女が白人の黒人狩りの一団に捕らえられ連れ去られたことが原因となったとする。オセオラはフォート・キングに赴いてトムソンに妻の救出を求めたが、トムソンが誠意ある返答をしなかったため、激昂したオセオラがトムソンを罵倒したことからその場で取り押さえられたという。

投獄され鎖に繋がれたオセオラは憤激したという。やがて平静さを取り戻したオセオラは、ペインズ・ランディング条約の正当性を認める文書に偽って署名し、さらに移住に賛成するセミノールの一団を連れてくることを条件として釈放された。オセオラは文書に署名し、約束をたがえず六九人の移住希望者をトムソンのもとに届けた。

オセオラの釈放後、セミノールたちは不穏な動きを示し始めた。交易所でウィスキーを買う代わりに銃や弾薬を買う傾向が目立った。また、多数の女性と子供たちが保留地を出てエバギレイズの密林に入っていった。

一八三五年一二月二八日午前八時頃、タンパからフォート・キングに向かっていたフランシス・デイド大佐の率いる一一〇名の部隊が、フォート・キング南方一二〇キロ付近でセミノールの奇襲を受けてほぼ全滅、また同日午後三時頃トムソンは屋外を散策中に少数のセミノールの一団に襲われ、一四発の銃弾を浴びて死んだ。トムソンが襲われたとの情報に接したフォート・キングのクリンチ将軍は、デイド部隊全滅の報が届く前に、三一日に手兵を率いてオセオラを逮捕すべく南下したが、ウィスラクチー川を渡河中にオセオラが率いるセミノールから激しい銃撃を受けて、死者四名、負傷者五名を出して後退を余儀なくされた。この戦闘でオセオラも腕を負傷した。こうして第二次セミノール戦争が始まった。

セミノールたちは初めから組織的なゲリラ戦を展開した。内陸部に湿地帯のジャングルが多く存在するフロリダ半島はゲリラ戦に向いていた。フロリダ半島にはすでに三万五〇〇〇人の白人が流れ込み、東西の海岸線に沿って半島の南端部にまで達していた。セミノールたちは、内陸部の湿地帯のジャングルから、断続的に白人の農園や住宅地帯を襲った。肥沃な土地をすべて白人の侵入者に奪われ、ジャングルの中で野獣にも等しい生活を強要されたセミノールにとっては、怒りの噴出であった。セミノールとともに行動していた黒人たちも武器を取り、再び奴隷状態におとしいれられることを拒否して、セミノールとともに戦った。

一八三六年一月中にフロリダ半島各地の一六の農園がセミノールたちに襲撃された。ジャクソン大統領は武力弾圧のために、二月にエドモンド・ゲインズ准将を派遣した。ゲインズ准将は一〇〇〇名の部隊を伴って、ニューオルリンズから海路タンパに上陸し、フォート・キングに向かった。しかし、数十キロ北上した地点でセミノールの襲撃を受けて立ち往生し、約一〇日間にわたってセミノールの包囲を受けたが、オセオラ側から休戦の申し入れが行われ、「われわれを放っておいてくれ」という休戦条件を受け入れて撤退した。

その後、フロリダ方面司令官としてウィンフィールド・スコット将軍が現地に赴任したが、ゲリラ戦に慣れていないスコット将軍の指揮は、巧みなゲリラ戦を展開するセミノールを相手には効果をあげることができなかった。

一八三七年一月、大統領任期が終わる前にセミノール問題の解決を図りたいとのジャクソン大統領の意向を背景として、トマス・ジェサップ将軍が連邦軍五〇〇〇名、義勇兵四〇〇〇名、主にクリーク族からなる補助部隊一〇〇〇名の大部隊を率いて着任し、大々的な討伐戦を開始した。しかし、セミノールのゲリラ戦を前に軍事的勝利が困難とさとったジェサップ将軍は、一転して和平交渉を呼びかけた。だが、セミノールからの反応は当初はきわめて慎重だった。和平提案は戦闘行為の停止とミシシッピー以西への移住を求めたものではあったが、生命と財産の保証と、黒人たちの西方移住を認めるものであったため、次第に和平提案を受諾しようとする酋長の数が増え、タンパの近くの収容所に集まってきた。一八三七年五月末にはその数は一〇〇〇名にも及び、ミカノピイをはじめ名だたる酋長もいた。

六月二日夜、オセオラは仲間二〇〇名とともに収容所に忍び入り、ミカノピイに移住を思いなおすことを強要した。ミカノピイは初めはためらったが、やがてオセオラの意見に従って収容所のセミノールたちに逃亡の指示を与えたため、セミノールたちは収容所から逃亡した。

ジェサップ将軍はこれに反撃して、クリーク族義勇兵を利用して、ジャングルに彼らを送り込んで黒人奴隷を連れ出させようとした。黒人連れ出しはある程度の効果をあげたものの、セミノール説得は失敗した。クリーク族によるセミノール説得があまり効果を奏さないことが判明した後はショーニー族やデラウェイ族も動員したが、結果は同じであった。

同年九月初め、ジャングルの中でセミノールの一団が捕捉された。それを契機として、一〇月一八日にオセオラがジェサップ将軍に和平交渉の意向があると伝えてきた。同二一日にフォート・ベイトンで双方の話し合いが行われ、会話は始められたが、やがてオセオラたちは捕らわれ、その日の夕方にはセント・オーガスティンに移送された。その後オセオラはサウス・カロライナのフォート・ムルトリーにある監獄に移され、一八三八年一月三〇日に獄中で衰弱死した。

一八三七年一一月二九日夜、セント・オーガスティンの監獄に収監されていたコアクチーたちは脱獄し、ジャングルに残っていたセミノールたちとともにゲリラ戦を再開した。合州国軍司令官はその後、テイラー将軍からウァース将軍に代わり、ウァース将軍はジャングル内のセミノール居住地を徹底的に捜索して見つけ次第に破壊する戦術をとるようになり、この殲滅戦に耐えかねて家族ぐるみで投降する者が増えていった。最終的には一八四二年に和平条約が調印され、セミノールたちはタンパから船で西方に送られ、さらに黒人も送られた。しかし、降伏を拒んだ約三〇〇名のセミノールがフロリダのジャングルに残ったといわれる。一八五五年には第三次セミノール戦争が仕掛けられる。

9　先住民強制移住法

一八三〇年五月二八日、連邦議会下院で先住民強制移住法が可決された。この法律は、ミシシッピー川以東に居住していた先住民諸部族にその領土を明け渡させ、彼らをミシシッピー川西方の土地に移住させる権限を大統領に与えるものであった。その背景には、一七九三年にイーライ・ホイットニーによって綿繰機が発明され、綿生産に多大な効率化をもたらし、次の二〇年間に生産高が一〇倍に跳ね上がったことがある。綿花栽培はサウス・カロライナ、ジョージアからミシシッピー川流域、さらにテキサスへと拡がっていった。また、綿花栽培の増大は、大農園主たちが避けた痩せた土地で思わしい収穫を上げることができなかった小規模農園を経営する自営農民たちに、借金をして購入した黒人奴隷を連れて、アラバマやミシシッピー等に移動させることになった。このため、中東部における土地需要が増加したので、政府が先住民諸部族にその領土を明け渡させることとなり、それらの土地は綿花プランテーションへと変容していった。

ジャクソン政権は、一八三七年までの間に、東部諸部族と七〇本もの移住条約を結び、西部の土地約三二万エーカー及び六七〇〇万ドルと引き換えに、ミシシッピー川以東の彼らの土地一億エーカーを獲得し、数万名の先住民をミシシッピー川以西に強制移住させた。この先住民強制移住構想は、一八〇三年にフランスよりルイジアナを購入した際、当時のジェファーソン大統領によって提案されていたものである。ジェファーソンは先住民の「文明化＝農民化」政策の熱心な推進者であったが、先住民の「文明化＝農民化」政策とは、白人の自営農民を育成するために、先住民の土地を奪い、彼らを狭い土地に閉じ込めるための名目にすぎなかった。

強制移住法の成立には合州国市民社会や文化の価値観が絶対視され、先住民の意志が問われることはなかった。先住民がその価値観を受容して同化するか、さもなければ合州国社会の外に退去するかが迫られた。

この先住民強制移住法は即座に強制力を持つものではなく、諸部族と個別に交渉して強制移住を具体的に推進する権限を大統領に与えていた。前述のセミノール族のように果敢に抵抗した部族もいた。サック・フォックス族の場合には、一八三二年に三カ月半にわたった戦いの後に族長ブラック・ホーク以下全滅した。ウィニペグ族の場合には、一八二九年から六六年の三七年間に六回も居住地の変更を強いられ、ウィスコンシン、ミネソタ、アイオワ、ミシガンの諸州を放浪させられ、この間に人口が半減した。

強制的移住の試験的なケースとなったチョクトー族の場合には、全部族指導者会議に工作して移住絶対反対から条件闘争に転換させ、他方で合州国政府はチョクトー族から出された提案条件の切り下げを行い、最終的には武力で脅迫して一方的条件をのませるという方法がとられた。同年九月二七日にダンシング・ラビット・クリーク条約が調印され、チョクトー族は一八三一年から三三年までに移住を終了させることが義務づけられた。残留を希望する家族や個人は、条約承認後六カ月以内に登録することが規定されていたが、現実には先住民監督官の意識的な妨害によって登録できなかった者が多かった。一八三一年秋に移住団が出発したが、旅路は難渋をきわめ多くの死者を出した。

他の諸部族の場合も悲惨な例に事欠かない。クリーク族の場合、移住前から近隣の白人開拓者による暴行・放火・強奪に遭い、移住途上でも強奪を受け、移住途上と移住後一年間の苦難で人口が半減した。チェロキー族の場合にもクリーク族と同様に、辛酸をなめつつ長い旅路をたどり、路傍で四〇〇〇名が死亡したと伝えられる。

このような強制移住政策は、移住させられた東部の先住民のみならず、移住先の西部の平原諸部族の生活にも余波を及ぼし、先住民同士の対立を助長することになる。数万名にのぼる東部先住民の移住は西部の自然と人口の調和を乱し、バッファローの移動をもたらすなど生態系にまで大きな影響を残した。また、移住地では同一部族内での対立が複雑化するなど、部族の政治的、社会的統一と発展を阻害し、ひいては先住民の大同団結の理想も遠のいた。

第3章

先住民の「排除」

ゴヤスレイ（ジェロニモ）とアパッチ族の兵士

1　「マニフェスト・デスティニー」（明白な運命）

一八四〇年代、合州国は「通商帝国」の建設をめざして、南はカリブ海域へ、西は太平洋・東アジアへと進出してゆく。一八四八年のカリフォルニア金鉱の発見を契機に太平洋への陸路と海路の開発の必要性が強く認識され、太平洋及び東アジアに達する海路としてカリブ海地域やパナマ地峡への関心が高まってゆく。他方、アメリカ大陸では西漸運動が一八三〇年代にピークに達したが、勢いはその後も衰えず、四〇年代にはフロンティア・ラインはミシシッピー川を越え北はミズーリ西部、南はテキサス東部にまで達した。四〇年代の合州国の領土的膨張は「マニフェスト・デスティニー」（明白な運命）という膨張主義イデオロギーに支えられていた。

「マニフェスト・デスティニー」とは、雑誌『デモクラティック・レヴュー』の編集長ジョン・オサリヴァンが一八四五年七月に、「年々増加してゆく幾百万のわが国民の自由な発展のために、神によって与えられたこの大陸にわれわれが拡大するという明白な運命の偉大さ」（富田虎男『アメリカ・インディアンの歴史』）と表現したことに由来し、領土膨張に文明とキリスト教の普及のためという道徳的粉飾を施し、それを神によって与えられた使命として正当化したものである。

このような領土膨張の背景には、北東部における産業革命の進展、北西部における主穀農業の発展、南部における黒人奴隷制度に基づく綿花生産の発展があった。これらの地域は、一八四〇年代に入ると、運河と鉄道の発達により、北西部は南部との結びつきよりも、北東部との結びつきを強めていた。こうした経済的発展と交通体系の整備により、ヨーロッパから多数の移民が到来したこともあって著しい人口増加が生じ、西方への膨張はその速度を早めた。

合州国の一八四〇年代の領土拡張は主にメキシコから領土を奪うことによって達成された。一八〇三年に合州国がフランスからルイジアナを購入した際、ジェファーソンはルイジアナの南限はリオグランデ川であると主張していた。一八二四年にアダムズ大統領はルイジアナとテキサス間の国境を西方に移動することをメキシコに認めさせようと試み始め、一八二六年にはテキサスを一〇〇万ドルで売却するようにメキシコに働きかけている。また、ジャクソン大統領の時代になると、購入金額を五〇〇万ドルに引き上げて売却をメキシコに迫った。

テキサスは、スペインや一八二一年に独立したメキシコ新政府によって合州国の膨張の緩衝地帯と位置づけられ、寛大な土地政策を通して移民が奨励されていた。一八二一年時点におけるヌエセス川以北のテキサスの人口は二千数百名にすぎず、メキシコ人の入植が急務であった。しかし、当時人口八〇〇万であったメキシコは北方領土に送れるだけの人口を擁していなかった。このような情勢下でテキサスへの合州国人の入植が認められた。あろうことか、合州国による侵食が危惧される土地に合州国人を移民させたのである。この奨励策を受けて、モーゼズ・オースティンを指導者とする合州国人家族三〇〇名の入植を皮切りとして多くの合州国人の入植が続き、三〇年代半ばには入植者数は奴隷を含めて二万五〇〇〇名に達していた。他方、テキサス在住メキシコ人は四〇〇〇名にすぎなかった。

合州国人の移住ペースの速さに驚いたメキシコ政府は、一八三〇年に合州国人のテキサスへの入植を全面的に禁止する措置を講じ、軍隊を派遣して合州国人の流入を阻止しようとした。三三年にメキシコ大統領となったサンタ・アナはテキサスの完全支配をめざして、一八三五年にテキサス州議会を含め連邦制を廃止して中央集権化を進めた。サンタ・アナによって自治権を大幅に制限されたテキサス住民は独立戦争を開始した。その背景に合州国の扇動があったことは当然である。テキサス独立勢力は「アラモの砦」での戦いには敗れたものの、その後サンハシントの戦いに勝利して、一八三六年にテキサス共和国として独立した。映画『アラモの砦』(フランク・ロイド監督、一九五五年)には、デービッド・クロケットなどの開拓民やサンタ・アナ将軍に率いられたメキシコ軍が登場するが、テキサスに居住していたといわれるコマンチ族など約二万五〇〇〇名の先住民は、主役として排除されていた。独立後、テキサス当局は先住民に対する土地の権利を一切認めず、強制移住か絶滅かを迫ったため、先住民は武力抵抗を行った。

独立後、合州国系のテキサス住民は合州国への併合を望んだが、合州国は当時、一八三七年恐慌の対策に忙殺されていたため、テキサス併合を積極的に進めようとはしなかった。しかし、一八四四年の大統領選挙で「テキサス併合、オレゴン再併合」を訴えた膨張主義者である民主党候補ジェームズ・ポークが勝利した後、イギリスによるテキサス浸透工作が表面化するに及んで、テキサス併合は一気に加速化された。一八四五年、ポーク大統領は議会の過半数の賛成でテキサス併合を実現した。合州国併合後の一八四九年に先住民の武装抵抗は連邦軍に鎮圧され、先住民は州内に設置された保留地に移されたが、開拓民は保留地にまで侵入するに至った。

その後、ポーク大統領は、メキシコの弱みに乗じて領土拡大を目的とした戦争(米墨戦争)を仕掛けて、その結果メキシコから全国土の半ば近く、現在のカリフォルニア州、ネヴァダ州、アリゾナ州、ニニューメキシコ州、コロラド州、ユタ州の合計三一二万平方キロを奪い、領土を一挙に太平洋岸まで拡張した。

米墨戦争の直接の原因は合州国のテキサス併合に端を発するメキシコとの国境紛争にあったが、根本的な原因はポーク大統領のカリフォルニアとニューメキシコ獲得に対する強い欲望と、合州国国民の絶え間ない膨張への衝動にあった。ポーク大統領は対アジア貿易のためにサンフランシスコとサンディエゴの両港に目をつけていたが、同時にイギリスがメキシコの負債に乗じてカリフォルニアを購入してしまうのではないかと懸念していた。ポーク大統領は一八四五年の年次教書の中で、「北米大陸のいかなる部分も第三国に譲渡されることに反対する」と表明していた。同年一二月、メキシコ政府に対して、リオグランデ川を国境とすることを認めることと、カリフォルニアとニューメキシコを二五〇〇万ドルで譲渡することを提案したが、メキシコ側がこの提案を侮辱であるとして拒否すると、先にメキシコ側に攻撃させるという戦術をとった。翌四六年六月、メキシコ軍が係争中のリオグランデ河畔に野営していた合州国軍を攻撃したことを口実としてメキシコ領土に侵入、メキシコ軍を圧倒して首都を占拠した。四八年二月メキシコ側が降伏して、グアダルーペ＝イダルゴ条約によって合州国はカリフォルニアとニューメキシコを獲得するに至る。

ポーク大統領のメキシコに対する姿勢の背景には、メキシコ人への人種差別主義が見え隠れしていた。当時の合州国国民の大半は、メキシコ人を先住民と同じく劣等人種とみなしていた。テキサス併合や、カリフォルニアとニューメキシコ割譲によって合州国国民となった旧メキシコ系住民も、先住民や黒人と同様の社会的地位しか認められなかった。彼らは、土地を取り上げるために「排除」され、文明化される対象としてしか扱われなかった。

ニューメキシコにおいては一八四六年の米墨戦争の開始後、合州国軍が侵入してナヴァホ、アパッチ、コマンチの諸部族に包囲されていた定住部族プエブロ族を助けた。翌四七年、これらの諸部族は「タオスの反乱」を起こしたが、一八四九年秋に合州国軍がナヴァホ領に侵攻して降伏させた。しかし、先住民諸部族の抵抗は続けられた。

2 タシュンカ・ウィトコとタタンカ・ヨタンカの戦い

他方、平原部のプラット川上流とアーカンソー川の間には約二五〇〇名のシャイアン族、ほぼ同数のアラパホ族、テトン・スー族などが居住していたが、オグララ・スー族約七〇〇〇名が南下して合流。これら諸部族はバッファローを糧としつつ毛皮交易に従事していたが、次第に増加する白人入植者や、オレゴン道やサンタ・フェ道を通って太平洋岸に向かう移住者の群れによって狩猟地を荒らされ、減ってゆく獲物をめぐって入植者と抗争を繰り返し始めた。こうして、バッファローを生活の糧としていた平原部先住民の諸部族は「マニフェスト・デスティニー」の犠牲とされた。スー族は領地内を通る移住者団から貢物をとりたてて対抗した。これに対して合州国騎兵隊が派遣され、街道沿いに砦を築いて監視した。さらに、長期的対策として先住民保留地の設立も提案された。

南北戦争の中で、先住民諸部族は当初は局外中立の立場をとり従来からの権利を維持しようとしたが、敵対した合州国と南部連合国の双方からの圧力の下で、バラバラに引き裂かれ、部族間で、また部族内で敵味方に分かれて戦う悲劇を演じた。しかも、強制移住後にせっかく築き上げた移住地での生活も、戦争で壊滅的打撃を受けた。その上、戦争の結果として条約上の諸権利と特権も奪われた。

南北戦争中も白人入植者の西漸運動は続き、大平原諸部族の領土への侵犯は一向にやまなかった。一八六二年、ミネソタのサンティ・スー族は白人入植者による保留地への侵犯行為と商人と結託した先住民監督官の不正行為に怒って数千名が蜂起し、入植者を襲った。この時、北西部軍管区司令官に就任したポープ将軍はミネソタ民兵軍司令官のシブリ大佐に対し、「スー族は狂人か野獣として扱わねばならない。決して条約を結んだり、妥協ができる人間として扱ってはならない」との訓令を与えたといわれる(ブラウン『わが魂を聖地に埋めよ』)。シブリ部隊はサンティ・スー族を破り、一八〇〇名を捕虜にした。このうち三〇三名に死刑が宣告されたが、リンカーン大統領の介入により実際には三八名が死刑に処せられた。その後一八九一年までスー族に対して断続的な攻撃が加えられたが、スー族は三〇年間果敢に抵抗し続けた。

一八五一年、合州国の代表がスー、シャイアン、アラパホ、クローなどの諸部族の酋長をララミー砦に招致し、彼らの土地に道路を通し、その要所に軍の駐屯地を設置する条約を結ばせた。条約には、「お互いの交渉にあたって信頼と友情を保ち、有効かつ永遠の平和を維持する」と記されていた。しかし、この約束は白人側によって一方的に破られた。

しかし、一八五八年にパイクス・ピークで起こったゴールド・ラッシュは数千人の白人鉱山師を招き寄せ、一八五九年にはデンバー市が建設され、一八六一年にはコロラド准州がつくられた。

一八六五年にはこれら諸部族の土地を貫通する鉄道や道路が建設され、道路はララミー砦からモンタナ州に向けて建設され、また鉄道は一八六六年にはネブラスカ州西部に達していた。前記の条約においては、先住民は彼らの土地に対する権利を放棄していなかったし、狩猟のために土地を自由に通行する権利も放棄していなかった。

一八六四年一一月二九日、サンド・クリークにおいて戦士団が狩猟に出て老人と婦女子が留守をしていたサザーン・シャイアン族に対して無差別攻撃が行われ、無抵抗の婦女子一〇五名など計一三三名が虐殺された。映画『ソルジャー・ブルー』(ラルフ・ネルソン監督、一九七〇年)で取り上げられた「サンド・クリークの虐殺」である。この虐殺に対する報復のため、一八六五年一月、シャイアン族、アラバホ族、スー族の連合軍は、サウス・プラット周辺を襲撃し、幌馬車隊を襲い、駅馬車の宿駅等を攻撃するなど、大平原全域が戦場と化した。スー族らの先住民は、さらにジュールスパーク町を焼き討ちし、数マイルにわたって電信線を引きちぎって通信と補給を全面的に途絶させた。このため、デンバー市は食糧不足が深刻化し、恐慌状態に陥った。三部族の合同集団はリパブリカン川のほとりにあるビック・テンバーズの野営地に戻り、勝利の踊りを踊ると同時に、合州国軍の追及を逃れるためにどの方向に向かおうかと議論した結果、サザーン・シャイアン族のモタヴァト(ブラック・ケトル)が率いるバンドはアーカンソー川を下ってサザーン・アラバホ族、カイオワ族、コマンチ族と合流すると主張したが、他の酋長の多くは北に進んでプラット川を越え、パウダー・リバー地方にいるテトン・スー族やノーザン・シャイアン族と合流することを主張した。北に向かった三部族の約三〇〇〇名はララミー砦から進出した部隊と戦いながらパウダー・リバー地方に到着し、テトン・スー族やノーザン・シャイアン族に合流した。彼らはさらに同年春には、トングー川流域にいたマフピワ・ルタ(レッド・クラウド)が率いるオグララ・スー族の野営地の近くに移動した。そのため、同地方には一万人近くの先住民が集まることになった。しかし、その後もダコタ地方に白人が侵出し、兵隊がパウダー・リバー地方を通ってボズマン街道を北進してきたため、七月二四日、三部族の戦士約三〇〇〇名がこの部隊を撃破することを決定した。彼らはプラット・ブリッジの駐屯地を攻撃し、その駐屯所に近づいてきた軍の幌馬車隊を援護するために出撃した部隊を攻撃するとともに、幌馬車隊を襲った。戦闘後、三部族はパウダー・リバー地方への帰途についた。

三部族はパウダー川の支流に野営地を設けるや夏の太陽踊りの準備にとりかかり、さらに北の地に野営していたテトン・スー族とタタンカ・ヨタンカ（シッティング・ブル）が率いるフンクパパ・スー族を招いた。祭典が終わると、各部族は各地に散らばっていった。そこに同年八月初め、コナー将軍がパウダー・リバー地方に三方面から侵攻しつつあった。一方で、東からはコナー部隊との合流をめざして道路建設のための幌馬車隊が侵入してきた。八月一四日、幌馬車隊の接近に気づいたオグララ・スー族とシャイアン族はマフピワ・ルタに率いられて幌馬車隊を攻撃した。

他方八月一八日、コナー部隊の二支隊約二〇〇〇名がブラック・ヒルズ（「聖地パハ・サパ」）付近で合流し、さらにコナー本隊との合流をめざしたが、九月一日、彼らを追尾してきたタタンカ・ヨタンカが率いるフンクパパ・スー族とミネコンジュウ・スー族が合同部隊の一部を攻撃した。食糧不足のために馬をも失っていた合同部隊は徒歩で逃避行を開始、それにフンクパパ・スー族とミネコンジュウ・スー族と、彼らに合流したオグララ・スー族とシャイアン族の部隊が待ち伏せ攻撃を仕掛けた。待ち伏せ攻撃後も逃避行を続ける部隊との間で戦闘は長期戦となったが、（八月二八日に）ノーザン・アラパホ族の野営地を襲撃して五〇名以上の先住民を虐殺したコナー本隊が九月末に救出に駆けつけるまで続いた。
その後、合州国政府はコナー部隊の侵攻のような強硬路線と並行して交渉路線も進めていた。しかし、コナー部隊の侵攻に憤っていた諸部族は、政府が派遣したダコタ准州知事エドマンズを主な交渉者とする平和交渉委員会に応じず、署名したのはシンテ・ガレシカ（スポッテド・テイル）が代表したブリュレ・スー族の一部にすぎなかった。一八六六年一月一六日、ブリュレ族の二バンドが、委員会が待つララミー砦に現れたものの、オグララ・スー族の大酋長であるマフピワ・ルタやシャイアン族は現れなかった。同年三月の初め、ララミー砦の近くに娘の遺体を埋葬したいと言ってシンテ・ガレシカが砦に到着、その五日後にマフピワ・ルタとオグララ・スー族の大集団が突然ララミー砦近くに現れた。しかし、マフピワ・ルタは平和交渉委員会が到着するまでに数週間待たねばならないと知って怒りをあらわにした。

そこで砦の責任者メイナディィール大佐がオマハにいる平和交渉委員会のテイラー委員に電信で連絡し、同委員の返事をマフピワ・ルタに伝えた。テイラー委員は「大統領は、平和条約を結べば、友情の印として贈り物を贈る。荷馬車いっぱいの食糧と贈物が六月の初めにはララミー砦に届くだろうが、その頃に会談して条約を結ぶことにしたい」と言ってきた。マフピワ・ルタはこの返事に誠意を見て、平和交渉委員会との会合に向けてスー族、シャイアン族、アラバホ族のすべてのバンドに使者を送ることにして、ララミー砦から立ち去った。この際、メイナディィール大佐はボズマン街道の封鎖を解除することには何も語らず、他方マフピワ・ルタもパウダー・リバー地方で包囲を続けているリーノウ砦の包囲の解除について何も語らなかった。

同年五月、マフピワ・ルタはオグララ・スー族の大集団、ブリュネ・スー族の一部やシャイアン族を率いてララミー砦を再訪、プラット川のほとりに大野営地を設営した。数日して平和交渉委員会が到着し、六月五日に会議が始まろうとしたが、マフピワ・ルタが他のスー族の到着を待ちたいとして六月一三日まで会議の延期を主張した。ところが、同じ六月一三日にボズマン街道沿いの数カ所に砦を築く命令を受けてネブラスカ州のカーネイ砦から来た幌馬車二〇〇両以上を伴ったキャリントン大佐が率いる七〇〇名の部隊がララミー砦の近くに到着、部隊は先住民を刺激しないために砦の数キロ東に野営した。これを見咎めたブリュレ・スー族の〝立った狼〟が、キャリントン大佐に部隊の目的を質したところ、キャリントン大佐は「モンタナに通じる道路の警備である」と返答したため、ボズマン街道を北上すればスー族との戦争になろうと警告、「彼らは狩猟地を白人には売らないし、道路もつくらせないだろう」と言い放った。〝立った狼〟はただちに事態をララミー砦の近くに野営する大集団に知らせた。そのため、平和交渉委員会との会議では冒頭から先住民が強硬姿勢で臨み、マフピワ・ルタは「今やわれわれはプラット川の北の狭い土地に住むことを強いられている。われわれの最後の狩猟地と居住地が取り上げられようとしている。白人はわれわれが是非の答えも言わぬうちに、道路を盗み取ろうとしている」と怒り、オグララ・スー族を率いてララミー砦から去っていった（ブラウン、前掲書）。

続く数週間、キャリントン大佐の幌馬車隊はボズマン街道を北上し、六月二八日には包囲下にあったリーノウ砦に到着し、孤立していた二個中隊を救出、さらに北上して七月一三日にはフィル・カーネイ砦の建設にとりかかり、八月の初めにはこの砦から北東百数十キロの地点に分遣隊を派遣してスミス砦を建設した。このような白人によるパウダー・リバー地方への侵入に対して憤った諸部族は、オグララ・スー族を中心にノーザン・シャイアン族、アラパホ族、フンクパパ・スー族、ミネコンジュウ・スー族、ブリュレ・スー族、さらにはスー族とは宿敵であったクロー族の一部も加わった大戦士団を結成してキャリントン部隊に対する攻撃を準備し、断続的なゲリラ戦を仕掛けた。

一二月一六日、夏の間に行われた戦闘で名をあげたオグララ・スー族の〝高い背骨〟と〝黄色い鷲〟が戦士一〇〇名を率いてカーネイ砦に対して「囮作戦」を展開、この戦いでタシュンカ・ウィトコ（クレージー・ホース）が活躍した。この「囮作戦」によって、マフピワ・ルタは、大勢の兵隊を砦からおびき出せば、弓と矢でしか武装していない一〇〇〇名の先住民でも相手を絶滅できるとの確信を得た。翌週、約二〇〇〇名の合同戦士団が行動を開始、フィル・カーネイ砦に対する「囮作戦」を仕掛け、偽装攻撃グループが攻撃を開始するとフェダーマン大尉が率いる中隊八一名が砦から打って出て罠にかかり、マフピワ・ルタの率いる本隊の包囲攻撃を受けて全滅した。他方、諸部族側も二〇〇名の死傷者を出した。オグララ・スー族の部隊にいたタシュンカ・ウィトコも活躍して名をあげた。

この戦いは、アメリカ合州国にとって対先住民戦争でこれまでこうむった最悪の敗北であった。キャリントン大佐は司令官を解任され、パウダー・リバー地方の砦は補強され、新しい平和交渉委員会がララミー砦に派遣されることになる。一八六七年四月、サンボーンが統轄する交渉委員会がララミー砦に到着した。この時もシンテ・ガレシカからのブリュレ・スー族の一部が砦に来たが、他方マフピワ・ルタの使者として〝馬を恐れる男〟が砦に着き、マフピワ・ルタは軍隊がパウダー・リバー地方から撤退するまで平和交渉には応じないと伝えた。こうして、サンボーン委員会は成果をあげることができずに東部に帰還した。スー族やシャイアン族を中心とする諸部族は、鉄道が建設されたネブラスカ州西部においても活動し、汽車に対する攻撃を行ったりした。このため、合州国政府は、ユニオン・パシフィック鉄道の路線の保護を重視し、シャーマン将軍を派遣することを決定した。

他方、同年七月末、スー族やシャイアン族はボズマン街道に築かれた砦を排除する決意を固め、スー族がフィル・カーネイ砦、シャイアン族はスミス砦を攻撃することを決めた。八月一日、まずシャイアン族の数千名の戦士団がスミス砦に向かい、途中で砦から数キロ離れた地点にいた小隊規模の部隊と交戦したものの、連発銃の威力を前に決定的な勝利を得ることはできなかった。他方、スー族はフィル・カーネイ砦に再び「囮作戦」を仕掛けようとしたものの、偽装攻撃部隊と待ち伏せ部隊の連携に齟齬が生じたため、砦の攻略に失敗した。

このような事態を前に、合州国政府はシャーマン将軍の派遣を急ぎ、平和交渉委員会は今回もブリュレ・スー族のシンテ・ガレシカに友好的な先住民に交渉委員会の来訪を伝えるように依頼した。しかし、大酋長マフピワ・ルタはまたもや出席を拒否し、〝馬を恐れる男〟を代理として派遣した。招きに応じたのは主にブリュレ・スー族の酋長たちであった。九月一九日、シャーマン将軍ら交渉委員会のメンバーがネブラスカ州西部のプラット・シティ駅に到着して会合が開かれた。この会合では、シンテ・ガレシカのような穏健派の酋長でさえ、白人が建設した道路や鉄道が紛争の原因であり、彼らの土地は白人によって蹂躙され、先住民は狩猟することもできなくなったと抗議した。彼らの誰もがパウダー・リバー地方を本拠と考えてはいなかったが、最後の狩猟場を侵されまいとの大酋長マフピワ・ルタの決意を軸に結束していた。会合では両者の主張が対立し、翌日になっても決着がつかなかったが、シャーマンは一一月にララミー砦で再交渉する意向を伝えるとともに、先住民が野生の獲物に依存する生活をやめるよう勧告し、さらにスー族がミズーリ川上流に土地を選ぶよう発言した。シャーマン将軍がスー族を移住させ、特定の地に封じ込めようとの意図を示したことは先住民に大きな危機感を与えた。マフピワ・ルタの代理として出席していた〝馬を恐れる男〟は、ただちにパウダー川のほとりにいたマフピワ・ルタの野営地に戻って事態を知らせた。

一一月九日、交渉委員会がララミー砦に到着したが、集まったのはクロー族の一部にすぎなかった。しかもクロー族の酋長たちも白人の侵略行為を非難した。二、三日後にマフピワ・ルタの使者が到着し、ララミー砦に行くつもりはあるが、パウダー・リバー地方におかれた砦から軍隊を撤退させることが先決である、そして自分の部族に残された唯一の猟場であるパウダー・リバー地方を白人の侵入から守るために戦うとの姿勢を伝えた。これに対して、交渉委員会はマフピワ・ルタに対して翌年春にララミー砦に来るよう要請して引き揚げた。

一八六八年春、シャーマン将軍らの交渉委員会が再びララミー砦に到着、彼らはパウダー・リバー地方のボズマン街道沿いの砦を放棄して、マフピワ・ルタと平和条約を結ぶべしとの指示を受けていた。二、三日後にマフピワ・ルタの使者が到着し、「砦が放棄されたことを見届けてから、自分は話し合いに応じる」と伝えた。こうしてようやく陸軍省がパウダー・リバー地方を放棄する命令を出した。七月二九日には最北のスミス砦守備隊が撤退、一カ月後にはフィル・カーネイ砦の守備隊が去り、その後リーノウ砦が放棄された。モンタナに向かうボズマン街道は公式に閉鎖されることになった。一一月六日、マフピワ・ルタがララミー砦を訪れて平和条約に署名した。条約には、「本日以降、この条約の当事者間のすべての戦闘行為は永遠に終りを告げる。合州国政府は平和を望み、その名誉にかけてここに平和を維持することを誓うものである」と書かれていた。また、「聖地パハ・サパ」には手を出さないことが記されていた。スー族、シャイアン族、アラバホ族によって戦い抜かれた頑強な抵抗戦の結果、一時的にせよパウダー・リバー地方への白人の侵入が阻止された。そして、マフピワ・ルタの率いるオグララ・スー族と、シンテ・ガレシカ率いるブリュネ・スー族はネブラスカ州北西部に設置された保留地に移った。

しかし、四年後の一八七二年、「聖地パハ・サパ」に金鉱脈があるとの噂が流れた結果、白人の鉱山師たちが条約を無視して、聖地に侵入し始めた。先住民たちは鉱山師たちを見つけると彼らを追い出し、あるいは殺した。二年後、金鉱脈をめぐる騒ぎがさらに拡大し、条約では先住民の許可なしに軍隊であろうと立ち入ることが禁止されていたにもかかわらず、軍の偵察隊が入り込み始めた。やがてカスター将軍が率いる第七騎兵連隊の約一〇〇〇名がノース・ダコタ州のリンカーン砦から侵攻してきた。

第七騎兵連隊の侵攻に対して、マフピワ・ルタが「パハ・サパはスー族の土地である」と抗議した。「聖地パハ・サパ」はスー族だけでなく、シャイアン族やアラバホ族の聖地でもあった。このような抗議を前に、カスター将軍は「条約によってこの土地が先住民のものである以上、そこに侵入する企てを阻止する」と述べたものの、パハ・サパには「草の根元から下に」金がつまっていると報告すると、白人鉱山師の侵入は増加し、カスター将軍も補給用の荷馬車を通すため、パハ・サパの中心部に道を切り開いた。

しかし、大酋長マフピワ・ルタは食糧や保留地で支給される補給品の質の粗悪さに対する抗議など日常生活に関する些事に関わりすぎて、カスター連隊の侵入に対してわきあがった若い部族メンバーの憤激を計り損ね、指導力を低下させてしまった。秋になり、北の土地で狩猟をしていた若い戦士たちが保留地に帰ってくると、彼らは憤激の炎をあげ、戦士団を編成して白人鉱山師を追い払おうと主張した。マフピワ・ルタは若者たちに慎重さを求めたが、一〇月二二日、白人がパハ・サパ内に設営したキャンプで合州国の国旗を掲げるために松の木を伐採したことを契機として、戦士の一部が旗竿を斧で切り倒したことから騒動が拡大した。キャンプからロビンソン砦に向けて騒動の発生を伝えるとともに一個中隊の応援の派遣を求める使者が発せられたため、オグララ・スー族は野営地に戻って武装し、ただちに迎撃の準備を整えた。中隊は戦士団に取り囲まれたが、保留地の穏健派の〝馬を恐れる男〟が好戦的な戦士たちを思いとどまらせた。

しかし、マフピワ・ルタはこの問題に介入することを拒否したために指導力を低下させ、多くのオグララ・スー族が保留地を出て北の地に帰っていった。彼らはマフピワ・ルタの指導を拒否し、オグララ・スー族の別の酋長であるタシュンカ・ウィトコとフンクパパ・スー族のタタンカ・ヨタンカの指導を仰ぐようになる。彼ら二人はそれまでも保留地に住むことを拒み、白人から食糧などの施しを受けることを拒絶してきたが、こうした彼らの白人を拒む心情が若者たちの間に信望を拡大してゆくようになる。

一八七五年の春、パハ・サパの「金」伝説に吸い寄せられて、数百人の鉱山師がカスター将軍が切り開いた道路に沿って聖地に侵入してきた。これに対して、軍隊が探鉱者の流れを阻止しようとしたが、実際に退去させられた者はごくわずかにすぎず、彼らに対して法的制裁措置がとられることもなかった。白人鉱山師の数は一〇〇〇名を超えた。白人の侵入に対してマフピワ・ルタとシンテ・ガレシカは合州国政府に厳重な抗議を行ったが、政府がとった措置はパハ・サパの買収をスー族と交渉する委員会を派遣することであった。委員会は保留地にいる部族ばかりでなく、タシュンカ・ウィトコやタタンカ・ヨタンカらをも交渉のために集めようとしたが、二人はパハ・サパの譲渡はありえないとの強硬姿勢を示して会議への出席も拒んだ。委員会が会議に指定された地に到着すると、数千人を超えるスー、シャイアン、アラパホの諸部族が集まっていた。九月二〇日に会議が開催されたが、聖地に侵入されたことに対し、さらに数を増した諸部族の怒りは強く、譲渡のために署名する者はほんの一握りにすぎず、一触即発の空気がみなぎった。委員会のメンバーたちは、聖地の買収は不可能だと悟り、鉱物資源を掘削する権利の取得交渉へと方針転換した。会議に出席していなかったマフピワ・ルタは使者を送って、貪欲な要求を持ち出しているに違いない委員会を牽制するために会議の一週間延期を提案し、委員会側は三日間の猶予を与えることで妥協した。二三日に再び会議が開催されたが、交渉に反対するタシュンカ・ウィトコの使者が戦士三〇〇名を伴って現れ、酋長たちを脅した。会議で全権を委任されたシンテ・ガレシカは、委員会側が提示した採鉱権の年額四〇万ドルでの譲渡、一五年分割による六〇〇万ドルでの売却のいずれの提案も拒絶した。このため、合州国政府はスー族に対して強硬手段をとることを決定する。保留地の外にいるすべてのスー族に対して一八七六年一月三一日までに管理所に出頭するよう命じ、同年二月七日、この命令に従わなかった「敵対的な」スー族に対する作戦開始の命を下した。

そして、クルック将軍がフェッターマン砦から出撃し、ボズマン街道を北に進んだ。それとほぼ同時に、ノーザン・シャイアン族とオグララ・スー族の混成バンドがレッド・クラウド管理所を出てパウダー・リバー地方に狩猟のために向かった。これに管理所に属していないノーザン・シャイアン族とオグララ・スー族が合流した。三月一七日の明け方、ジョセフ・レイノルズ大佐が率いるクルック部隊の先遣隊がこの混成バンドの野営地を襲った。戦士たちは女と子供を逃がすために戦った。彼らは三日あまり徒歩で旅をし、そこから北東数マイル離れた地で野営していたタシュンカ・ウィトコに助けを求めた。タシュンカ・ウィトコは避難してきた人々を温かく迎え、「ともに白人と戦おう」と呼びかけた。タシュンカ・ウィトコはノーザン・シャイアン族とオグララ・スー族を率いて、タタンカ・ヨタンカとフンクパパ・スー族が冬の間に野営地を設営していたトングー川の河口に着いた。そこにまもなくミネコンジュウ・スー族もやってきた。気候が暖かくなり、各部族は北に移動して狩猟を開始したが、その狩猟には保障された権利に従って保留地を離れてきたブリュレ・スー族やブラックフット・スー族、別のノーザン・シャイアン族のバンドも合流した。彼らはクルック部隊が三方面から近づきつつあるとの情報をもたらした。

まず、シャイアン族の狩猟隊がクルック本隊の一部を見つけ、六月一七日にスー・シャイアン連合の一〇〇〇名が攻撃を仕掛け、木っ端微塵に打ち破った。その後、この混成バンドは再結集してリトル・ビッグボーンの谷間に移動したが、その時には三〇〇〇名から四〇〇〇名の混成戦士団を擁する大集団になっていた。だが、そこにカスター将軍率いる第七騎兵連隊の一大隊二六〇名が接近していた。六月二四日早暁、リーノウ少佐が率いる一隊がブラックフット・スー族の野営地に奇襲をかけてきたため、フンクパパ、オグララ、ミネコンジュウのスー族戦士たちが駆けつけて反撃を加え、リーノウ隊を森に追い込んだ。

こうして、リトル・ビッグボーンの戦いが始まった。スー・シャイアンの混成戦士団は、リーノウ隊が撤退したすきに乗じてカスター本隊の包囲攻撃を仕掛ける準備をした。フンクパパ・スー族などがカスター部隊に正面攻撃をかけ、オグララ・スー族とシャイアン族が側面と背後から攻撃した。カスター部隊は全員が馬を捨てて戦ったが玉砕した。

その後、撤退したリーノウ隊が、フレデリック・ベンティーン少佐の率いる援軍を得て壕を掘って立てこもったので包囲攻撃が続けられた。しかし、翌日さらに大勢の援軍が向かいつつあるとの情報が入ったため、各部族代表の会議が開かれ、弾薬を使い果たしてしまった状況などを考慮し、野営地を引き払うことを決定して、各部族はそれぞれ別の方向をめざして別れていった。

カスター部隊の全滅の報は合州国政府の態度を硬化させ、保留地にとどまって戦いに参加しなかった先住民を含めて討伐の対象とすることが決定された。七月二二日、シャーマン将軍はスー族の土地のすべての保留地を軍の管理下におき、そこにいるスー族を戦争捕虜として扱う権限を与えられた。八月一五日には先住民にパウダー・リバー地方と「聖地パハ・サパ」に関するすべての権利の放棄を強要する新しい法律が公布された。これらの措置は一方的なものであった。保留地にとどまった者たちには責任のないことであり、カスター部隊に対する攻撃も、前哨戦としてリーノウ隊が奇襲を行ったために生じたものである。すべてが、スー族などを屈服させ、彼らの土地を奪うという大きな目的の中で進められていた。

まず、保留地にとどまった先住民を屈服させることから始まった。九月に新しい委員会が派遣され、「聖地パハ・サパ」とその北の地域の放棄、ミズーリへの移動、そして、ミズーリ川から保留地を通って「聖地パハ・サパ」のある地域に至る三本の道路の建設許容を求めた。シンテ・ガレシカは大統領に会うまでパハ・サパを譲渡する文書には署名しないと主張した。また、酋長たちは一八六八年の条約はそのいかなる変更についてもスー族の成人男子の四分の三の賛同を必要とするが、戦士の半数以上はタタンカ・ヨタンカやタシュンカ・ウィトコと行動をともにしていると指摘した。これに対し、委員会側は、署名しなければ食糧の支給を打ち切るし、南の保留地に移動させると威嚇した。大酋長マフピワ・ルタは仕方なく署名し、シンテ・ガレシカもそれにならった。委員会はそれが済むと、スタンディング・ロックなどの管理所を歴訪して他のスー族に署名を強要した。こうして、「聖地パハ・サパ」は合州国政府によって先住民から奪われた。

四週間後にマッケンジー将軍の率いる騎兵隊がロビンソン砦を発進して、管理所内にある野営地に入り、保留地の先住民から馬と銃を取り上げた。また、その間に合州国軍はパハ・サパの北と西に展開して、無差別に先住民を殺戮していた。九月九日にはスリム・パッドの近くでオグララ・スー族とミネコンジュウ・スー族の混成バンドの野営地を襲って、子供も含めて殺戮した。襲撃から逃れた数名のスー族がタタンカ・ヨタンカの野営地にたどり着き、救援を求めた。タタンカ・ヨタンカは六〇〇名のフンクパパ・スー族を率いて襲撃された野営地に駆けつけたが、弾薬不足もあり十分な復讐戦を遂げることはできなかった。

その後、同年一〇年二二日、タタンカ・ヨタンカはネルソン・マイルズ大佐と会談する機会を得、「兵隊がしかけてこなければ自分は戦わなかった。白人が兵隊と砦を先住民の土地から引きあげればもう戦争はしない」と述べた。これに対してマイルズ大佐は「スー族全員が保留地に入らぬ限り平和はありえない」と答えた（ブラウン、前掲書）。タタンカ・ヨタンカは会談を打ち切り、追跡部隊を振り切って、一八七七年の春にはカナダに行くことを決め、タシュンカ・ウィトコのオグララ・スー族も誘おうと彼らを探し回ったが、見つけることができずにカナダに向かった。

タシュンカ・ウィトコらはクルック将軍指揮下の部隊に追い回されていた。クルック部隊はパウダー・リバー地方で出会ったすべての先住民を容赦なく殲滅しながら進んだ。クルック指揮下のマッケンジー隊はダル・ナイフの率いるノーザン・シャイアン族の野営地を見つけて攻撃したが、この攻撃を逃れたダル・ナイフらはタシュンカ・ウィトコらと合流することをめざして彼らの野営地にたどり着き、彼らとともに逃避行を続けた。一八七七年一月八日、彼らは追いついてきたマイルズ隊に攻撃された。戦士団がマイルズ隊に罠を仕掛け、谷間に閉じ込めている間に大半の者が逃亡し、二月にはリトル・パウダー地方に野営地を張った。その地にシンテ・ガレシカとブリュネ・スー族がやってくるとのしらせがもたらされた。タシュンカ・ウィトコは、シンテ・ガレシカが降伏を勧めに来ると予想して、オグララ・スー族の多くの者とともにその地を去った。しかし、とどまったミネコンジュウ・スー族らはシンテ・グレシカの説得に応じ、四月一四日に管理所に出頭して降伏した。

クルック将軍は、タシュンカ・ウィトコを降伏させるべく、今度はマフピワ・ルタを派遣した。四月二七日に両者は会談し、マフピワ・ルタはクルック将軍の意向として、もし降伏すればパウダー・リバー地方に保留地をつくらせるとの約束を伝えた。タシュンカ・ウィトコはこの約束を信じ、ロビンソン砦に出頭して降伏することを受け入れ、砦の周辺に野営地を張った。オグララ・スー族の人々は約束が果たされることを待ち望んだが、結局果たされなかった。八月末にタシュンカ・ウィトコはパウダー・リバー地方に戻ることを決意したが、それを察知したクルック将軍は、九月五日にタシュンカ・ウィトコを逮捕させた。砦に連行されたタシュンカ・ウィトコは、砦の管理所内にある営倉に入れられる直前、衛兵に銃剣で下腹部を突き刺されて殺害された。殺害には、オグララ・スー族の者で、降伏後に管理所警備員になっていた、かつてタシュンカ・ウィトコの片腕と目されていたリトル・ビッグ・マンが関与した。

タシュンカ・ウィトコの写真は残されていない。彼は一八四一年頃に生まれた。一三歳の時に、宿敵クロー族との戦いで馬を盗み出して名をあげた。豪胆さ、機敏さ、冷静さが彼の特徴であり、二〇歳を越す頃には部族の戦士団の指導者的存在となっていた。彼は「聖地パハ・サパ」を訪れては、禊《みそぎ》のために「精霊」に祈りを捧げ、夢の到来を待ったという。彼が最初に夢見た時、現実の世界では、彼の馬はたちまち野性にかえって、嬉々としてくるったように踊った。このため、彼は「狂える馬」(タシュンカ・ウィトコ)と名乗った。一八七六年にスー・シャイアン連合軍の戦闘指導者となり、シャイアン族の女性と結婚し、リトル・ビッグホーンの戦いではタタンカ・ヨタンカとともに戦闘指揮者として戦った。

タシュンカ・ウィトコの死後、保留地のスー族はネブラスカを離れてミズーリ川のほとりの新しい保留地に移動しなければならないと命じられたが、移動の途中でいくつかのバンドが一行を離れ、北西に向かってカナダに逃れ、タタンカ・ヨタンカと合流することを決意した。

カナダに逃れたタタンカ・ヨタンカからのフンクパパ・スー族を中心とする三〇〇〇名のスー族に関して、一八七七年九月に合州国政府はカナダ政府に働きかけ、アルフレッド・テリー将軍の特別使節団を受け入れさせ、タタンカ・ヨタンカとテリー使節団の会見を実現させた。一〇月一七日、タタンカ・ヨタンカはウォルシュ砦に出頭して会見に応じた。テリー将軍は、武器と馬を引き渡し、一族の者をスタンディング・ロックに設営されたフンクパパ・スー族の保留地に送還させれば赦免すると提案したが、タタンカ・ヨタンカはもとより同席したサンティー・スー族ら他の部族の代表もこの提案を拒否した。しかし、カナダ政府にとってはタタンカ・ヨタンカらは潜在的な不穏分子にすぎず、したがってスー族に対して亡命者としての保護は与えたものの、イギリス管轄下の市民が有する権利は認めず、生活必需品の支給も行わなかった。そのため、寒さの厳しかった一八八〇年の冬には多くの亡命者が徒歩で国境を越えてスー族保留地に向かった。一八八一年七月一九日にはタタンカ・ヨタンカも、最後に残った一八六名とともに国境を越え、ノース・ダコタ州のビュフォード砦に出頭した。ぼろぼろのシャツを着て、粗末なすね当てをつけ、汚れた毛布をまとっていたという。合州国政府は、一族の者がスタンディング・ロック保留地に入れば赦免するとの約束を破り、タタンカ・ヨタンカは戦争捕虜としてランドール砦に連行され、一八八三年八月にスタンディング・ロック保留地に移されるまで拘禁された。

タタンカ・ヨタンカは一八三四年頃にフンクパパ・スー族として生まれたが、幼少の頃はノロマと呼ばれていたという。しかし、ある日、彼の父親が狩猟に出て、仕留めた野牛を料理しているとどこからとなく一頭の巨大な雄の野牛が現れた。その野牛は「座れる雄牛、跳ねる雄牛、雌牛と並ぶ雄牛、孤独な雄牛」と繰り返し唱えているように聞こえた。父親は「超自然的な存在が自分に名前を与えるために雄牛に姿を変えて現れたに違いない。四つの名前の中からどれか一つを選べ」ということだと考え、「座れる雄牛」を選んだ。タタンカ・ヨタンカが一四歳の時、クロー族を相手とする初陣で大手柄を立て、父親がこれを誇らしく思って「座れる雄牛」(タタンカ・ヨタンカ)の名を息子に譲り、自分は「跳ねる雄牛」(タタンカ・プシチャ)を名乗ったという。タタンカ・ヨタンカはフンクパパ・スー族の偉大な酋長であると同時に預言者でもあった。

一八八二年から合州国政府はスー族の領土をさらに縮小するための画策を続けた。一八八三年八月二二日、ヘンリー・ドーズ上院議員が委員長を務めるドーズ委員会がスタンディング・ロック保留地を訪問したが、ドーズ議員はタタンカ・ヨタンカの影響力が強すぎることもあり、彼を保留地の代表と認めようとしなかった。ドーズ委員会が去った後、スー族の説得は先住民総局のジェームズ・マクローリンが引き継ぎ、タタンカ・ヨタンカの影響力を弱めることでスー族に保留地縮小案を受け入れさせるよう画策した。一八八八年、土地収用問題がより現実的な課題となり、保留地を六つの小保留地に分割して九〇〇〇万エーカーを削減するとの新たな提案がなされた。政府側が派遣した委員会は一八六八年条約が規定した四分の三の署名を得ることに失敗し、政府に対して同条約を無視するよう勧告した。翌年、政府は必要な場合には条約を無効にする準備を始めたが、より巧妙にスー族の署名を集めることを画策した。同年五月、かつてのクルック将軍を派遣、委員会はまずローズバッド保留地でシンテ・グレシカ暗殺後分裂していたブリュレ・スー族から署名を集め、次にパインリッジ保留地ではマフピワ・ルタの強硬な反対に遭いながらも約半数の署名を確保、その後クロー・クリーク保留地などの小保留地で署名を手に入れて、最後に七月二七日にスタンディング・ロック保留地に到着した。クルック将軍は総会ではタタンカ・ヨタンカからの反対派の意見が強く出されたため、マクローリン管理官の協力を得て、個別撃破策をとることとし、タタンカ・ヨタンカを排除して署名集めを行って必要数を確保した。いわば、騙し討ちによって必要数を満たしたと言える。こうして、大保留地は分割されてしまった。

一八九〇年一〇月九日、ミネコンジュウ・スー族のキッキング・ベアがスタンディング・ロック保留地を訪ねた。彼は、ネヴァダ州のベイユート族の野営地で救世主を自称して「幽霊踊り」(コースト・ダンス)教を創始したウォヴォカの集まりに参加して「幽霊踊り」を習得し、それをスー族の間で広めようとしていた。ダコタ各地のスー族保留地では、戦いで夫や親族をなくした女性たちを中心に急速に「幽霊踊り」が広まった。タタンカ・ヨタンカもこれに関心をもった。救世主ウォヴォカは非暴力と兄弟愛を説くだけで、先住民に何の行動も求めてはいなかったが、スー族の間に「幽霊踊り」が拡大していることを警戒したマクローリン管理官はキッキング・ベアを保留地から追放するとともに、先住民総局長にスタンディング・ロック保留地で有害な宗教を操っている黒幕はタタンカ・ヨタンカであると報告した。

ウォヴォカ(「切る人」の意)は、一八五六年頃にネヴァダ州にパイユート族の子として生まれた。父親は、一八七〇年頃にパイユート族の間に現れた預言者テヴィド(「白い人」の意)であったといわれる。ウォヴォカは、一八八九年に神の啓示を受けたとされる。この時、「太陽が死んだ」(日食が生じた)ため彼は昼間のうちに眠りに落ち、あの世に連れてゆかれ、そこで神やずっと昔に死んだ人々と出会った。そこは悦楽の国で獲物となる鳥獣類があふれていた。神はウォヴォカに「善をなせ、互いに愛し合え、争いごとをしてはならない。白人とは平和に暮らすべきである。嘘をついたり盗みをしてはならない。戦いを好んだふるい習慣はみな捨てなさい。私の教えに従うならば、ついにはこの彼岸において友人たちと再会するだろう。そこにはもはや死も病いも、そして老いもないだろう」と部族の人々に告げよと言った。そして、「踊り」を授けて、これを部族の人々に持ち帰るよう命じたという。蘇ったウォヴォカは、部族の人々に神の言葉を告げるとともに、「賢者たちはわれわれに向かって語る。世界は幸福に向かっている。人々はその父親より長生きし、苦しみが減って安楽が増す。戦争や不和がなくなり、今よりずっと高い希望や抱負がもてるようになる」と説いた（ムーニー『ゴースト・ダンス』）。

このように、「幽霊踊り」の教義の基本的原理は、全住民すべてが生者も死者も、再生した大地の上で再び出会い、死や病気、貧困などから解放されて、原初の幸福な生活を営むことができる時代が到来するであろうという、メシア的千年王国論的な信念であった。この基本的な考え方に基づいて、各部族は、自己の神話体系を用いて独自の構造をつくりあげ、伝道者や信者たちは、「踊り」のエクスタシー状態の中で啓示されたさまざまな要素をつけ加えながら、細部を細くしていった。

一八九〇年一一月半ばには「幽霊踊り」がスー族の保留地全体に広がった。特に、シャイアン・リバーのミネコンジュウ・スー族の保留地では酋長のビッグ・フット自らが「幽霊踊り」に参加し、保留地管理者が踊りをやめさせようとすると、ビッグ・フットは六〇〇名ほどを連れて保留地を脱出した。このため一一月二〇日、先住民総局は管理官たちに騒擾《そうじゅう》を扇動する者の名を知らせるように命じ、ワシントンでリストが作成されたが、その中にタタンカ・ヨタンカの名が見られた。合州国政府はタタンカ・ヨタンカを逮捕するよう命じ、一二月一五日、先住民警官四三名が騎兵一個中隊の支援を得てタタンカ・ヨタンカの逮捕に向かった。タタンカ・ヨタンカの逮捕を阻止しようとした若者が先住民警官隊の隊長に向けて隠していた銃を発砲し負傷させた。その隊長は倒れながらも銃撃した相手に打ち返そうとしたが、弾丸はタタンカ・ヨタンカの頭を撃ち抜いて即死させた。

タタンカ・ヨタンカが殺害されたことを知ると、ビッグ・フットはすぐに彼のバンドを率いてマフピワ・ルタがいるパイン・リッジ保留地に向かった。その途中、一二月二八日にこのミネコンジュウの一行は第七騎兵連隊の四個中隊に行く手を阻止された。隊長のサミュエル・ホイットサイド大尉はビッグ・フットらをウーンデッド・ニークリークの騎兵隊キャンプに連れて行った。そこで人数がチェックされた。男が一二〇名、女と子供が二三〇名であった。ホイットサイド大尉は軍キャンプのすぐ南にある野営地を割り当てて騎兵二個中隊に厳重な警戒態勢をとらせたものの、食糧を支給し、ティピー（先住民が野営に使用するテント）の覆いが足りない者には天幕を貸与するなどした。

その夜、第七騎兵連隊の残りの部隊がフォーサイス大佐に率いられて軍キャンプに到着した。翌朝、フォーサイス大佐はミネコンジュウたちの武装解除を命じた。摘発されたのは二挺のライフル銃にすぎなかったが、そのうちの一丁を所持していた若者から銃を取り上げる際に発生した騒動から、騎兵隊側がカービン銃を乱射し始め、いわゆる「ウーンデッド・ニーの虐殺」事件に発展した。確認された死者は一五三名、さらに多くの負傷者が現場を逃れたものの、後に死亡したとされる。

3 ゴヤスレイとアパッチ族の戦い

この時期、スー族だけでなく、シャイアン族、アラパホ族、カイオア族、コマンチ族、アパッチ族、ユート族などの先住民諸部族は生存の危機を前に死活をかけて戦った。西部諸部族は決死の抵抗戦を展開したが、一八八六年、ゴヤスレイ（ジェロニモ）に率いられたアパッチ族三六名が降伏したことをもって武力抵抗が終わり、合州国のすべての先住民は固有の領土と自由を奪われて、保留地へと「排除」

されていった。

かつてハリウッドの西部劇で「鬼畜」の殺人鬼として扱われたアパッチの戦士ゴヤスレイは、合州国史において敗者となることを強いられた反抗者の象徴である。ゴヤスレイはアメリカ合州国とメキシコ合州国という二つの国民国家に挟撃されて、生存地域を守ろうとして戦い抜いた戦士であった。現在のアメリカ合州国のアリゾナ州、ニューメキシコ州、メキシコ合州国のソノラ州にまたがる地域に群居していたアパッチ族の名称は、同じ先住民のズーニー族が「敵」（アパチェ）と彼らを呼んだことを耳にしたスペイン人が彼らを「アパッチェ」と呼んだことに発するもので、アパッチ族自身は自らを「ディネ」（人間）と呼んでいる。第三者がつけた呼び名が通称とされることがアメリカ大陸では多い。アステカ（メシーカ）やインカ（タワンティンスーユ）もその例である。

アパッチ族は、合州国の独立時点で、約二万人が四六のバンド（狩猟民族の社会集団）に属していたといわれる。アパッチはバンドに分かれているとはいえ、完全な狩猟民ではなく、正確には半狩猟民であり、トウモロコシ、カボチャ、豆などを生産する農耕民でもあった。しかし、各バンドの集落と耕作地は一定の場所にとどまらず、テリトリーの内部を移動した。本来は、米墨国境地帯にあるシエラ・マドレ山系の中に居住する山の民であるが、冬季になると暖かい砂漠地帯へ移動した。

後にジェロニモとして知られることになるゴヤスレイ（「あくびをする人」の意）は、現在のニューメキシコ州を流れるヒイラ川の源流あたりで、一八二八年六月にベドンコーエ・バンドの偉大な酋長であったグランド・マコの息子であるタクリシムとその妻フアナの間に生まれた。この地域は、ヒイラ川以北は一八四八年までメキシコ領であったが、米墨戦争の結果、合州国に奪われ、ヒイラ川以南は一八五三年に合州国に割譲された。ゴヤスレイは七人兄弟姉妹の四番目として生まれた。ゴヤスレイが狩猟でようやく一人前になった頃、父親のタクリシムが他界した。タクリシムから酋長を引き継いだのはマンガス・コロラドであった。ゴヤスレイは一七歳で戦士として認められ、同じベドンコーエのアロペと結婚し、一男二女に恵まれた。

しかし、ゴヤスレイはメキシコ兵によって家族全員を殺害される。一八五八年夏、ベドンコーエ・バンドはマンガス・コロラドに率いられて、メキシコのソノラ州内のカサグランデまで交易取引に出かけた。彼らはカサグランデの近くのカスキーエという町のはずれで野営し、戦士たちがカサグランデまで赴いていた。しかし、その留守中に野営キャンプがメキシコ軍に襲われ、ゴヤスレイの母フアナ、妻アロペ、子供三人を含む多くのベドンコーエの部族員が虐殺された。

一年後、ゴヤスレイはベドンコーエだけでなく、チョコーネン・バンドやネドニ・バンドの戦士たち三〇〇名の戦闘指揮官としてカスキーエの町に報復した。九月三〇日はカスキーエの町の守護聖人であるヘロニモの祭りの日であったという。その日、この町を報復のために戦闘指揮官として襲ったために「ジェロニモ」と呼ばれるようになったといわれる。三つのバンドはチリカワと呼ばれる「ネイション」を形成するようになる。カスキーエ襲撃後、ゴヤスレイはマンガス・コロラドに率いられたベドンコーエ・バンドとともにミムブレス・バンドを頼ってブラック・マウンテン山中に逃れた。ゴヤスレイはその後も小規模の戦士を率いてメキシコ領内への襲撃を繰り返した。一八六〇年夏には二五名の戦士を率いてメキシコ軍騎兵一個中隊を殲滅、翌六一年にもメキシコ領内で補給物資運搬キャラバン隊を襲ったが、帰還途中でメキシコ軍騎兵隊の待ち伏せを受けゴヤスレイ自身も負傷した。アロペの死後、ゴヤスレイは二番目の妻ナナタと結婚し、男の子が生まれたが、二人ともメキシコ軍が越境してベドンコーエ・バンドを襲撃した時に殺されてしまった。このためゴヤスレイは、メキシコに対する敵意を強め、グランド・マコの娘イシュトンの夫であるホアが酋長であるネドニ・バンドが宿営しているメキシコのソノラ州内のヤキ川上流地域に身を隠し、同州北部の町村への襲撃を繰り返した。

やがて、ゴヤスレイの敵意は合州国に対しても向けられることになる。米墨戦争後、アパッチのテリトリー内への白人の侵入が増加した。アパッチ族が合州国政府との間に初めて条約を結んだのは、アパッチ族と合州国国民とが永遠の平和と友情を結ぶことを内容とした一八五二年締結のサンタ・フェ条約であった。しかし、その平和と友情は二、三年しか続かなかった。

一八五五年に合州国第一竜騎兵連隊のスティーン少佐がチリカワ・ネイションの地を訪れた時、アパッチ族はカリフォルニアへの南の経路にあたるチリカワの土地を通ることを許したし、バターフィールド陸上郵便会社がアパッチ峠に中継駅を設けようとした時にも、アパッチ族はそれに反対せず、木材を伐り出して協力した。しかし、一八六一年を境に合州国とアパッチ族の関係が悪化し、二十数年間に及ぶいわゆる「アパッチ戦争」が開始された。同年二月、チョコーネン・バンドの酋長コチーズが、軍の求めに応じて第七歩兵連隊の宿営地に出向いたところを拉致されそうになり、銃火を逃れて脱出した事件に端を発した合州国軍による虐殺事件の発生以来、アパッチ族の多くのバンドが抵抗戦争を開始し、アパッチ族の憎悪の対象がメキシコからアメリカ合州国に移されてゆくことになる。

ここに、米墨戦争の最中にサンタフェ占領を指揮して活躍したカーニー将軍が登場する。一八六二年、カーニー将軍はアパッチ族に対して、すべての先住民は政府指定の保留地に移って土地を国家に献上しなければならないと強要した。一八六三年一月、ベドンコーエ・バンドはマンガス・コロラドに率いられて、現在のニューメキシコ州にあるミムブレス山中のピノス・アルトスに野営していた時に、マンガス・コロラドがサンタ・リタ鉱山に駐屯している部隊のウエスト将軍に罠にはめられ、駐屯地で虐殺された。マンガス・コロラドの死体は切り刻まれ、頭部は切り落とされて骨相学者に送られた。敬慕する酋長のマンガス・コロラドを惨殺されたことが、ゴヤスレイの合州国に対する敵対行動の契機になったといわれる。また、南北戦争後に、白人開拓者や鉱山業者とそれを援護する合州国陸軍がアパッチ族のテリトリーの最奥部への侵入を加速し、アパッチ族の土地を奪うために彼らに保留地への移動を強要したことが敵意を増幅させる原因となっていった。

アパッチのテリトリーへの合州国側からの白人開拓者や鉱山関係者の侵出は、メキシコ側からのメキシコ人の流入を誘うことになる。メキシコ人は、鉱山キャンプや軍の砦に必要物資を売り込んで得られる利益に惹かれて、メキシコ軍の厳重な警護の下に流入した。特に、一八七六年にポルフィリオ・ディアス政権が発足して以来、メキシコ人の流入が加速した。

一方、合州国政府は、開拓者が進出するテキサス州、ニューメキシコ州、アリゾナ州における先住民の土地を奪取するため、軍事的圧力を強めていった。一八六八年にはコマンチの酋長トゥサイが降伏し、一八七三年にはモードック族も敗北した。一八七一年春には酋長エスキミンジンが率いるアライバンバ・バンドが虐殺され、マンガス・コロラドの死後、ベドンコーエ・バンドはチョコーネン・バンドに身を寄せ、そのためチリカワ全体の指導者になっていたゴヤスレイの盟友であるチョコーネン・バンドの酋長コチーズに対する圧力が強まった。この頃、ゴヤスレイは三回目の結婚をする。新しい妻の名はチハシキシ、二人の間に一男一女が生まれた。チハシキシと子供たち二人はその後、酋長ホアが率いるネドニ・バンドの庇護を受けたが、ホアの戦死後、防御力が弱体化したことにつけ込まれてメキシコ軍に襲われ、チハシキシは惨殺される。

一八七四年にコチーズが他界すると、チリカワの結束が乱れて各バンド、さらにバンド内の小グループを単位に分散した行動をとるようになる。政府が保留地封じ込め策を推進するなか、アパッチの各バンドは次々に保留地への移住を強要されていった。さらに、一八七六年から七七年に政府は先住民の集結政策を強め、各地の保留地に分散していたアパッチの複数のバンドをサンカルロス保留地に再び強制移住させようとした。その際、オホカリエンテ保留地からサンカルロス保留地に移動させられた酋長ヴィクトリオが率いるメスカレロ・バンドに同行していたゴヤスレイが捕らえられ、その後二年間サンカルロス保留地に拘束された。ゴヤスレイは一八七九年春にサンカルロス保留地を脱走し、メキシコ領内への襲撃を繰り返したが、同年一二月に一〇八名のバンド横断的なグループとともに降伏し、サンカルロス保留地に抑留された。

一八八一年一〇月、ゴヤスレイは彼が補佐する若きチョコーネン・バンドのナイチらとともにサンカルロス保留地を再び脱走してメキシコに逃亡する。しかし、メキシコ軍による大規模な追討作戦で追いつめられた後、一八八三年五月三〇日にシエラマドレ山中でクルック将軍と会談して降伏し、その後、仲間を集めてくるとの約束を残して二五一名の女と子供、戦士一二三名とともにクルック将軍と別れたが、その約束を守って、翌年三月にサンカルロス保留地に帰順した。

しかし、「ジェロニモは絞首される」という噂が流れたため、一八八五年五月一七日にサンカルロス保留地から、ゴヤスレイは九二名の女と子供、八名の少年、戦士三四名とともに三度目の脱走をした。しかし、住み慣れたシエラ・マドレ山中にはメキシコ軍が集結しており、ゴヤスレイたちはメキシコ軍に追いかけられるままに転々と移動することを余儀なくされた。他方、保留地を脱走したゴヤスレイたちを追ってクルック将軍の部隊も北から迫ってきた。ゴヤスレイとナイチに率いられたチリカワのアパッチは、ソノラ州の北部、国境線から七〇キロ南にある山中でメキシコ軍を撃破した後、一八八六年三月二五日から三日間にわたってクルック将軍と会見し、再びクルック将軍に降伏した。しかしその翌日、ゴヤスレイはナイチのほか、クルック将軍に降伏したアパッチの約三分の一に相当する三四名の仲間とともに逃亡する。

ゴヤスレイが逃亡したためにクルック将軍は解任され、同年四月一二日にはアパッチに対して敵対的な姿勢の強いマイルズ将軍が着任、同将軍は五〇〇〇名の兵を動員してゴヤスレイ追討作戦を展開した。マイルズ将軍はゴヤスレイたちを包囲、その結果、同年九月三〇日からゴヤスレイとマイルズ将軍の間でアリゾナ州南部のスケルトン・キャニオンで降伏交渉が行われたが、ゴヤスレイたちはその交渉の中で二度も騙されることになる。一つ目の嘘は、政府がゴヤスレイたちをフロリダ州のフォート・マリオンに収容することを決定していたにもかかわらず、アリゾナ州のフォート・アパッチに収容すると言ったこと、二つ目は、二年後にはアリゾナに戻ることができると言ったことである。

九月三〇日に降伏したゴヤスレイたち三六名は翌一〇月中にフロリダ州に送られた。しかし、降伏したグループの行き先は二つに分けられ、ゴヤスレイやナイチを含む一六名は同州のフォート・ピケンズに監禁され、ほかの二〇名だけがフォート・マリオンに収容され、その後一八八八年にアラバマ州のマウント・バーノン保留地に移された。ゴヤスレイたちは、一八九四年にオクラホマ州のフォート・シルに移送され、ゴヤスレイはこのフォート・シルで生涯を閉じることになる。一九〇九年二月一七日、享年八〇歳であったといわれる。

ゴヤスレイは、ベドンコーエ、ネドニ、チョコーネンの各バンドからなるチリカワ・ネイションを中心とする戦闘部隊の戦争指揮者であった。ゴヤスレイは、同志を募ってメキシコ領内やアリゾナ地域で果敢なゲリラ戦を展開し、まるでアパッチ全体の大酋長であるかのように活躍した。ゴヤスレイは少数による奇襲作戦をよく用いた。迅速な行動と容赦のない破壊、そして大胆な退却戦。ゴヤスレイの軍事的才能は一時大きく開花した。それゆえ、ゴヤスレイが関係していない攻撃もゴヤスレイの仕業であるとされることも多々あった。しかしその後、アパッチ各バンドの結束が緩み、多くのバンドが合州国政府の圧力に屈して保留地への移住を受け入れてゆく中で、戦闘単位の規模が徐々に縮小し、最終的には三六名にまで減った。もはや、合州国軍とメキシコ軍に挟撃されて、抵抗を継続する能力を失った時点で、ゴヤスレイは生涯のうち四回目の降伏を強いられた。

こうして、ゴヤスレイの抵抗の人生はスケルトン・キャニオンでの降伏交渉で終わった。ゴヤスレイはフォート・シルで、すでにフェントンを生んでいた四番目の妻ズイヤアと、その次はレナとロバートを生む五番目の妻イーテッダと、そして最後にアズールと、これら三人の女性と順々に生活をともにした。保留地でズイヤアとフェントン、先妻のチハシキシとの間に生まれたチャッボとルル（トゼイ）、そしてルルの子供たち三名がゴヤスレイよりも先に他界している。イーテッダ、レナ、ロバートはゴヤスレイの死後アリゾナ州のメスカレロ保留地に移り、その地にゴヤスレイの直系の子孫を残すことになる。

このようなゴヤスレイの生涯を振り返ると、米墨国境にまたがる地域をテリトリーとしたアパッチ族は、そのテリトリーを包摂する地域のメキシコから合州国への帰属の変更に関係なく、自らのアイデンティティとテリトリーを守ろうとしたにもかかわらず、南からはメキシコの、北からは合州国による侵食を受け、そのプロセスの中で家族を殺害され、敬慕する酋長を虐殺されたことを通じて武装抵抗を開始した。二つの国家から挟撃されて、独自のアイデンティティを有したチリカワ・ネイションが崩壊させられるまで、最後の最後まで戦い抜いた戦士であったことがわかる。ハリウッド映画に見る西部劇に登場するゴヤスレイとは違った顔をもつ、ヨーロッパによるアメリカ征服に対する最後の抵抗戦争を戦い抜いた人物こそゴヤスレイであった。確かにゴヤスレイやアパッチ族はメキシコ人と合州国の開拓者の両面を敵として、時として残虐な行為を犯したことは事実である。しかし、それらの行為は、「ネイション」(国)を失い、家族を失った人々がやむにやまれずに行った抵抗戦争の結果であることを軽視してはならないだろう。彼が単なる殺人鬼ではなかったことは、家族やバンドの仲間のために生命をかけて戦い抜いた生涯が物語っている。

一八九〇年の「ウンデッド・ニーの虐殺」は、保留地に強制移住させられたスー族が絶望的な環境の中で当時先住民の間に燎原の火のように広がった「幽霊踊り」を変革運動に転じようとしたことに脅威を感じた周辺の白人住民の要請で出動した連邦軍によって引き起こされた。しかし、もはや先住民の戦いは終わっていた。「幽霊踊り」は失われてしまった「幻の祖国」への郷愁と、それが回復できない悲しさを表現した千年王国的な色合いの濃い舞踏を中心とする一種の宗教的な熱狂であった。

一八七〇年代には、西部の諸部族の抵抗を排除して先住民を保留地へ封じ込める合州国の軍事的征服政策が貫徹された。他方、それと並行して保留地の土地を個々の部族民に保有地として割り当てることによって、保留地における部族共同体の組織そのものを解体に導く政策が着々と進められた。一八七七年、カール・シュルツ内務省先住民局長は、先住民個々人に土地を割り当てる目的から、すべての保留地の家長に土地を割り当てるよう命じた。

当時、抵抗力を失いつつあった先住民に対する人道主義的な世論が知識人を中心とする市民の間に沸き上がり、先住民の保護を主張する団体も現れ始めた。こうした先住民に対する同情的な気運は一八七九年に連邦議会にも影響し、上下両院において先住民個々人に対する土地割り当ての立法化が進められ、一八八七年二月に「ドーズ法」と通称される「先住民一般土地割り当て法」が公布されるに至る。この「ドーズ法」は先住民保留地の土地を個人の単独所有地として割り当て、先住民を小土地所有農民にして、合州国市民として同化しようとするものであった。この法律が、先住民に対する同情的な世論を背景にした、「白人の善意」によって成立したものであったにせよ、結果的には保留地の部族共有制を廃止して私有制に切り替え、部族共有制に基盤を置く先住民の部族共同体の文化を破壊した。要するに、文化闘争の最終局面において、先住民文化を壊滅させ、先住民社会を組織的に解体するものであった。

先住民側は、当然のごとくこの法律に反対した。しかし、先住民の強い反対を押しきって、「ドーズ法」は一方的に制定され施行された。そして、先住民個人に割り当てられた私有地の大半は、またたく間に白人の土地投機業者や土地会社の手に奪われていった。人道主義者は、「文明化イデオロギー」に無意識的に依拠し、黒人奴隷の解放後、先住民を「解放」することが使命であると考えた。そして、先住民を小土地所有農民に転換させ、「自由」や「個人主義」の概念を先住民にまで広げ、当時欧米社会を席捲しつつあった進歩史観に基づく価値観を先住民に押しつけ、先住民社会を文化的に破壊した。その上、土地投機業者、牧畜業者、鉱山業者、森林業者、鉄道会社らが、保留地を合法的に解体し、先住民に割り当てられた土地を略奪していったのである。先住民保留地は、一八八一年の総面積一億五五〇〇万エーカーから、一八九〇年には一億四〇〇〇万エーカーに、一九〇〇年には七七八〇万エーカーへと減少した。これが、アメリカ合州国の「文明化の過程」であった。

第４章

黒人差別問題の起源

売りに出される黒人奴隷

1　近代奴隷制の成立

アメリカ大陸への奴隷制導入は、アフリカ奴隷貿易の延長線上に生じた。アフリカ奴隷貿易は一五世紀にポルトガル人が先鞭をつけた。一四四一年にエンリケ航海王は毛皮と油を入手すべく臣下であるゴンザルヴェスをアフリカ西岸に遣わした際、ゴンザルヴェスが王への土産として砂金と一〇人のアフリカ人を持ち帰った。ゴンザルヴェスが到着した地方では、刑罰を受けて他部族に売られた者、飢餓などのために家族によって売られた者、戦争捕虜などが各部族において奴隷として使用されていた。エンリケ王はゴンザルヴェスの土産をいたく喜び、アフリカ人をローマ法王に進呈した。これに応えてローマ法王は、以後発見されるアフリカ西岸セネガル川の北約三〇〇マイルのブランコ岬以東のすべての土地の所有権をエンリケに与えた。その結果、ポルトガル人はアフリカ沿岸の組織的探検を開始した。初期の探検者たちは金、象牙などの貴重品を入手したが、最大の収穫物は奴隷であった。ゴンザルヴェスの航海から二〇年も経たない間に奴隷貿易はヨーロッパ市場において収益の高い営為となった。特に、砂糖キビ生産に奴隷が大量に導入された。

こうして一四四〇年代以降、港町ラゴスは黒人奴隷の輸入地として繁栄をきわめた。その後、砂糖生産と奴隷制は、大西洋上のマデイラ諸島、カナリア諸島に導入され、さらにギニア湾上のサン・トメー島に大規模な奴隷制と砂糖栽培が導入される。サン・トメー島は、大西洋奴隷貿易の中継地ともなっていった。

イベリア半島から大西洋、アフリカへの砂糖栽培の拡大過程にはジェノヴァ商人が関わった。ジェノヴァの職工の子として生まれたコロンブスは、ジェノヴァ商人の船に乗り、マデイラ諸島でポルトガル貴族の娘と結婚し、アフリカへの航海に参加してポルトガルの奴隷積み出し地であるギニア湾内ダホメー地方のサン・ジョルジュ・ダ・ミナを訪れていた。一四九二年にコロンブスがバハマ諸島のサン・サルバドル島に到達した第一回航海には、黒人を参加させていた。また、翌年の第二回航海では砂糖キビをエスパニョラ島に持ち込んだ。こうして、砂糖栽培とそれに伴う奴隷制がアメリカ地域に持ち込まれた。

アメリカ地域に持ち込まれた黒人は、北緯一五度のヴェルデ岬から南緯一五度のアンゴラに至る六〇〇〇キロの範囲の海岸地帯から送り出され、特に、穀物海岸（現在のギニア、シェラレオネ、リベリア）、象牙海岸（コートジボアール）、奴隷海岸（トーゴ、ベニン、ナイジェリア西部）、セネガンビア（セネガル川とガンビア川に挟まれた地域）、下ギニア（ビアフラ湾よりコンゴー川以南）から多数の奴隷が送り出された。

一五世紀末から一九世紀末までの四〇〇年間にアフリカからアメリカ大陸に導入された奴隷の数は、一〇〇〇万から一五〇〇万人であったと推定される。このうち現在の合州国の地域には奴隷貿易が禁止される一八〇八年までに約四九万人が入ったと推定され、西半球の他の地域への奴隷の導入がほぼ全面的に禁止される一九世紀半ばまでに、さらに二五万人が密輸入されたとみられる。

2 合州国における黒人奴隷制の成立

合州国の地域に初めて黒人が到着したのは、オランダ船が二〇人をヴァージニアに持ち込んだ一六一九年であった。しかし、彼らは奴隷ではなかったというのが今日の定説である。そして、黒人の数は増えていったが、当初は白人移住者の多くと同じく、年季奉公人として働いていたのであり、一六四〇年までに黒人奴隷制が根を下ろしていったとみられる。その後、一六六二年にヴァージニア植民地法が制定され、奴隷としての黒人の待遇が白人の年季奉公人とは異なることを確認する規定が加えられた。

ヴァージニアにおいては植民当初の農業労働力として白人奉公人制が採用されていた。イギリス側では当初、アメリカ植民地の労働制度をイギリスの労働制度の延長で発想しており、黒人奴隷制を軸に展開するとは考えていなかった。ヴァージニアでは白人奉公人労働に依拠した時期が長く続き、一六八〇年代に黒人奴隷制へと基本的に転換する（主要労働の黒人奴隷への移行）まで、タバコ・プランテーションの主要労働力は白人奉公人であった。ヴァージニアにおいては奴隷制度に依拠しないでプランテーション制が発達したのである。しかし、一七世紀末のタバコの過剰生産とタバコ不況の悪循環を、黒人奴隷制の本格的導入によって打開する方策が採られた。

サウス・カロライナは、最初の植民地指導者が奴隷制を当然と考えているバルバドスの奴隷所有者たちであったが、当初はまず白人奉公人が導入され、米作プランテーションが台頭する以前の生産労働において、白人奉公人が黒人奴隷に混ざって働いていた。しかし、米作プランテーションの定着後、奴隷を大量に需要する大規模農業生産様式が発展した。

このように、ヴァージニアにおいても、カロライナにおいても、黒人奴隷制が発達した基本的な経済的要因はプランテーション栽培様式の定着にあった。これは、ヨーロッパの重商主義的市場経済が求める商品作物を大量に供出しうる新たな大土地所有制が、黒人奴隷制を必要としたのであった。

北アメリカに黒人奴隷制を発達させたのは経済的要因だけではなかった。本国に奴隷制を持たないイギリス人植民者が、植民地社会で奴隷制を構築してゆくためには、それを正当化するイデオロギーないしはそれを裏付ける価値観を持たねばならなかった。一七世紀末に黒人奴隷制が定着したヴァージニアには、開拓植民地として成立し、新社会の建設に夢と希望を抱いて入植した白人家族が多かった。したがって、彼らの理想とする社会に奴隷制度を導入するためには、それなりに思想的な試行錯誤を要した。

まず第一に、年季奉公人制の概念を用いて、奴隷身分を奉公人の年季延長としてとらえようとした。すなわち、奴隷を「終身奉公人」ととらえようとした。第二に、自由市民の概念と奴隷所有の間の矛盾に関しては、奴隷所有をブルジョア的な私有財産権の問題と解釈して近代市民社会のイデオロギーと整合させた。すなわち、自由人を奴隷化したのではなく、奴隷という商品や財産に転化しているものを購入したにすぎないという自己欺瞞の論理を捏造した。第三に、イギリス人植民者はアフリカ人に人種偏見を持っており、本来的に野蛮で人種的に劣等なアフリカ黒人には奴隷身分が相応しいと正当化した。

ヴァージニアにおいては、このような三つの論点を法的、イデオロギー的論拠として黒人奴隷制が確立された。しかし、このような奴隷制構築の論理によっても、奴隷が人間であるという根本的事実を抹消しえなかったのは言うまでもない。

年季奉公人制度が黒人奴隷制に変容していった時期に奴隷に対する需要が増加した。しかし、奴隷制が法的に認められる以前に、植民者たちはキリスト教への改宗は黒人に自由の権利を与えるという厄介な規定を処理しなければならなかった。この規定は徐々にその効力を失っていった。一六六七年にヴァージニア植民地議会は、「奴隷であれ自由人であれ、洗礼はそれを受ける者の地位を変えるものではない」ことを定め、この問題に決着をつけた。この原則は、ヴァージニアだけでなく、メリーランド、ノース・カロライナ、サウス・カロライナ、ニューヨーク、ニュージャージーの五つの植民地においても認められた。

ヴァージニアに続いて周辺の植民地においても、メリーランドでは一六六四年に、南北カロライナでは一六七三年までに、ジョージアでは一七五〇年に奴隷制が公認されている。

ポトマック川の北でも奴隷制は早い時期から存在していた。オランダの植民地であったニューネザーランドは一六六四年にイギリスによって占領されたが、そもそも同植民地は奴隷貿易に従事していたオランダの西インド会社によって設立されたため、イギリスによる占領のはるか以前から奴隷制が存在していた。そして、一六八四年にニューヨークで奴隷制が公認される。

一六八二年に、後にペンシルバニアとデラウェアになる地域の土地がウィリアム・ペンに下付されたが、そこにはすでに黒人が居住していたので、ペンは奴隷制を認めるほかなかった。

ニューイングランドでは、マサチューセッツ湾会社が最初の移住者を送ってから一〇年経たないうちに最初の黒人が住み始めている。一六三八年に西インドから戻った船が数多くの黒人をボストンに上陸させ、それから六年経たないうちに、コネチカット植民地には一六三九年に、ニューヘイブン植民地には一六四四年に黒人が到着している。

奴隷制の起源に経済的要因が存在していたことは事実である。しかし、黒人奴隷に対する労働需要が拡大する以前から黒人に対する差別が存在していた。ヴァージニアにおいては、一六四八年には全人口一万五〇〇〇人に対して黒人人口は三〇〇人、一六七一年でも全人口四万人に対して二〇〇〇人を数えたにすぎず、黒人人口が急速に増加したのは一七世紀末からであった。しかし、それ以前に、白人と黒人の奉公人の間には目に見える差別が存在していた。黒人は、白人社会に同化できるとはみなされなかった。教会において共に礼拝する仲間とはみなされていなかった。そればかりか、黒人と社交面で交わる白人は非難の対象とされた。黒人女性と性交した白人男性が鞭打ちの刑に処せられた場合もあった。一六八〇年には、黒人が白人の年季奉公人を所有することを禁止する法律が制定された。

奴隷制度の下で、黒人は言語や宗教などの面でアングロ・アメリカ白人文化を吸収していったが、政治や経済の面では白人と対等な地位を得ることはできなかった。換言すれば、黒人に対しては構造的同化の道は閉ざされていった。

3 合州国「独立」と黒人問題

一八世紀初頭から奴隷需要は増大していった。本国の容認を受け、各植民地は、誰が奴隷であり、奴隷はどのように処遇されるべきかを決めた。奴隷人口の増大とともに、奴隷反乱が生じる恐れから、各植民地で奴隷取締法が整備されていった。奴隷取締法は、基本的には奴隷が反乱を起こしたり、秩序を乱したり、逃亡したりすることにより、植民地側の管轄から奴隷が抜け出ることを阻止するために制定された。そのため、ニューヨークなどの奴隷人口が多い植民地ほど、より厳しい奴隷取締法が制定された。

また、奴隷反乱への恐れは奴隷貿易に反対する傾向も生じさせた。マサチューセッツ植民地は一七七一年と七四年に奴隷貿易に反対する措置を決めたほか、ロードアイランドとコネティカットは一七七四年に奴隷貿易を禁止する法律を定めている。また、ペンシルバニアは一七七三年に奴隷貿易に追徴税を課し、ヴァージニアとノース・カロライナは一七七四年に、ジョージアは一七七五年に制限的措置を成立させた。これらの奴隷貿易の制限措置は、イギリス本国議会が好ましくない法律を数々採択したことに対する抗議という意味もあり、それが一七七六年四月六日に大陸会議が奴隷輸入を禁止する決議を採択するのに影響したことは確かであるが、他方で奴隷反乱への恐れが強く作用したことのほかに、さらには「人間の自由」に関する観念が徐々に普及しつつあったことも否定できない。

一七七〇年代に高まった「人間の自由」に関する観念は黒人奴隷にも影響を及ぼした。奴隷の中には自由訴訟や請願によって「自由」を求める者も現れた。自由訴訟の場合、原告である奴隷側が勝利することが多かったが、個々の訴訟では勝利しても、普遍的な自由の原則を確立するにはほど遠かった。そのため、次に議会への請願を通して、議会の定める法律によって奴隷を集団として解放させる方法が採られるようになる。

他方、「自由」を獲得する直接的方法は、一七七五年に始まった植民地と本国との間の武力抗争に参加することであった。当初、植民地側は黒人の民兵隊への参加に抑制的姿勢で臨んだが、戦争の長期化に伴って、一七七七年には方針が変更され、黒人への志願募集が各植民地で行われ、さらに同年、大陸会議が各州に対して兵員割当を行うようになって以来、黒人の募集が促進された。その後、イギリス軍のサヴァナ占領と南部支配をめざした作戦開始を前に、大陸会議は奴隷の徴用を推奨するという大きな一歩を踏み出すことになる。

一方で、「自由」への願望からイギリス軍に加わった奴隷も多くいた。イギリス軍は植民地軍よりさらに兵力不足に直面していたので、黒人の募集に積極的であった。ヴァージニアでは黒人奴隷を植民地側から引き離すため、一七七五年一一月に総督ダンモアがイギリス軍に加わるすべての奴隷を解放する布告を出している。また、一七七九年六月三〇日には、イギリス軍の司令官クリントンは、イギリス軍の南部進出に際して、労働力の確保と植民地軍の力を減じる目的で、奴隷解放宣言を行い、イギリス軍側に加担した植民地人所有の奴隷を売ったりその所有を主張してはならないと定め、敵の所有者から逃亡した奴隷に対してイギリス軍陣営では奴隷が望むいかなる職業にも就くことを保証した。

このように、合州国の独立戦争（革命）においては、イギリス軍と植民地軍の双方が黒人奴隷を戦力として確保することを目的に、「解放」を餌として示し、形式的な奴隷解放を掲げた。しかし、黒人たちは合州国人として、革命の高い理想に鼓舞されたことは否定しえない。本国から独立することにおいて、独立国家の指導者たちは、戦争は「人間の自由」の範囲を拡大するために遂行されていると主唱し、「自由」の精神を喚起した。奴隷や社会的地位の低い者たちに大きな意味を有した「自由」と人間の諸権利についての観念は、一七七六年七月四日の大陸会議によって採択された「独立宣言」に顕著に表された。「独立宣言」は、万人は平等に創られ、他人に譲渡されえない生命、自由、幸福の追求などの権利を有すると謳っていた。したがって、黒人たちは当然ながら、「独立宣言」を人類の「自由」の宣言であると解釈した。

アメリカ独立革命を通じて黒人はいくつかのものを獲得した。「自由」を約束されて軍隊に加わった者は、通常それを得ることができた。また、戦争が「自由」の名の下で行われたので、植民地人の間に奴隷制の不当さについて真剣に考える傾向を強める結果となった。奴隷制は戦争（＝革命）の目的とされた諸理念と相いれないという認識が広まり、反奴隷協会や宗教集団による黒人の処遇に対する憂慮、各植民地及び連邦政府による奴隷制反対の活動などの動きが生じた。

反奴隷制の気運は、奴隷の数が少なかった北部において強かった。ポトマック川以北の地域ではペンシルバニアが一七八〇年に採った措置が先鞭となった。一七八三年にはコネティカットとロードアイランドが漸次的奴隷制廃止の方針を打ち出した。コネティカットは二五歳以後は奴隷の身分ではなくなると定め、ロードアイランドでは一七八四年三月一日以後、奴隷の母親から生まれた子供は自由であると定めた。また、一七八八年にニューヨークは五〇歳以下の健康な奴隷を何らの債務なしに解放することを所有者に認めた。一八〇四年にはニュージャージーが漸進的解放を定めた法律を公布した。

また、南部でも部分的ながらも奴隷救済の措置が採られた。一七八二年にヴァージニアは、奴隷を解放する権利を所有者に認め、一七八五年には同州に連れてこられて一年間滞在すれば奴隷は自由であることを宣する法律が成立した。しかし、このような反奴隷制の気運が南部においてさらに広がることはなかった。

他方、連邦政府は、一七八七年に連邦憲法が起草されるまで、黒人の処遇について関与することは少なかった。連邦政府の権限がきわめて制限され、また決定事項を遂行する能力を持ちあわせていなかったため、潜在的に争点となるかもしれない問題に関与することを回避する傾向があったためである。大陸会議及び連合議会における主な黒人問題は、各州の分担すべき義務の決定と各州の権限の画定にあり、奴隷を州の人口の一部として数えるべきか否かということにあった。一七八一年三月に批准された連合規約によれば、連合議会は各州が派遣すべき兵士の割り当てを決定する権限を有することになっていたが、その数は各州の白人人口に比例するとされていた。これは部分的に奴隷所有地域にとって有利なものであったが、それに対応して、ある州の自由な住人は他の州の自由な住人と同じ特権と免除を享受できるとする条文が入れられた。連合規約が批准されるに伴い、連邦政府に広大な土地が譲与され、その結果、全国的規模の土地政策が必要となった。ジェファーソンは一七八四年に連合議会に対し、一八〇〇年以後、五大湖からメキシコ湾までの地域において奴隷制を禁止することを提案した。この提案は六州の反対で実現しなかったが、一七八七年、オハイオ川以北の領土で奴隷制を禁止する北西部条例が成立した。

同条例は独立戦争後になされた黒人の地位についての全国的法制化の頂点に位置するものであったが、議会ではこれ以上に進む用意はなかった。一七八七年に起草された合州国憲法は、北部と南部の妥協の産物であった。同憲法には、「奴隷」あるいは「黒人」という語は使用されておらず、三カ所で他人に使役または労働を負う人間に関する言及があるだけである。第一に連邦議会は二〇年間各州が望む人間を輸入することを禁止してはならないとされた。第二に一つの州で使役もしくは労働を負う人間が他州に逃亡した場合、後者はその使役もしくは労働の権利を有する者の請求があればその人間を引き渡す義務があるとされた。第三が「五分の三」条項である。すなわち、憲法は議席配分及び直接税の負担割り当てについて「すべての自由人、ならびにその他のすべての人間の五分の三」を数えると規定した。代表の多くは、奴隷制の解決は州に任せるのが望ましい地方的問題であるとみなし、審議においてこの問題を真剣に取り上げることをしなかった。しかし、一七九二年に綿繰り機が発明された後、奴隷制は一九世紀に南部で拡大する。

綿繰り機の導入によって、一八〇四年には合州国の綿の生産高は一七九四年の八倍に増加した。国内外から綿の需要が増大し、南西部に綿生産地域が拡大する。このような拡大は、一八〇三年のルイジアナの購入、一八一九年のフロリダの獲得、一八四五年のテキサス併合によって可能となった。南北戦争前の四半世紀には、南部の綿花畑は全世界の供給量の四分の三を生産するまでになった。

そして、綿は奴隷制が拡大するための強力な促進剤となった。一八六〇年には全黒人農業労働者の四分の三が綿の生産に従事していた。一八〇七年以後、黒人農業労働者に対する需要は、一八〇八年一月一日を期して外国との奴隷貿易が禁止されたため、国内の奴隷貿易によって充たされた。綿プランターたちは国内の奴隷市場で奴隷を買い求めるようになった。綿花栽培のための奴隷供給源となったのはヴァージニア、メリーランド、ケンタッキーなどの奴隷が過剰に存在していた地域であった。ヴァージニア、メリーランドなど大西洋沿岸地方で買われた奴隷は、チェサピーク湾のボルティモア、ワシントン、ノーフォークなどの港で船積みされ、メキシコ湾岸の町に向けて送られた。ケンタッキーやヴァージニアの奥地で買われた奴隷は、ミシシッピー川まで陸路をたどり、そこからニューオルリンズ行きの平底船で運ばれた。ニューオルリンズは奴隷貿易の中心となり、市内に二〇〇余りの奴隷競売場があった。

一八二〇年から六〇年にかけて国内奴隷貿易の規模は年間約七五〇〇名であった。しかし、この数字は、国内でのすべての奴隷の移動を表すものではなかった。奴隷商人ではなく、奴隷所有者自身によって運ばれた奴隷も数多くいたからである。南北戦争前の四〇年間に七四万二〇〇〇名の奴隷が南部綿作地帯に運ばれ、そのうち四四万五二〇〇名は所有者によって移動させられたと推定される。しかし、それでも南部においては奴隷の不足が生じ、そのため一八五〇年代には、外国との奴隷貿易を再開させようとする動きが起こった。

奴隷制が南部の経済活動の主要な一部になるや、奴隷制を擁護することが必要になり、奴隷制を「善」とする議論が、南部の世論形成に影響力を持った人々によって主張された。人種が知的及び道徳的特質を決定するのであり、黒人は生物学的に劣っていると主張された。劣等な人種である黒人は奴隷であることを義務づけられており、それが黒人の自然な状態であるとされた。聖書は奴隷制を擁護していたとする議論も展開された。

このような人種差別論に基づいて、南部の白人は、奴隷制は経済関係を規定するものであるだけでなく、人種関係を規定する制度とし、黒人は解放されるならば無秩序に行動し、社会秩序を脅かしかねないため、奴隷制は黒人を管理するために必要であると主張した。奴隷制は南部で白人支配が続くことを保証する最良の方法と考えられた。そして、黒人は他者に従属させられている時に幸福であると欺瞞的な主張がなされた。

黒人に対する白人の優位は法的領域にも及んだ。奴隷であれ自由人であれ、黒人による白人に不利な証言はいかなる法廷でも受理されることはなかった。白人を傷つけるようなことがあった場合、厳しい罰則が科せられた。奴隷にとっての法律上の最悪の弱点は、人間ではあっても、財産であったことである。黒人奴隷の人権は、白人の財産権を侵害しない範囲内でしか認められなかった。権利の衝突に関わる訴訟事件の大多数において、裁判所は財産に優先順位を与えた。例えば、奴隷の結婚は、主人の財産権を損なうために、法的には認められなかった。

また、奴隷を制約する多くの法律があった。すべての制約は、奴隷の組織的な叛乱行為や逃亡を防止するために存在した。教会を除いては、奴隷には集会の自由はなかった。武器の携帯は当然ながら許されなかったし、奴隷の間の連絡手段を断つために、ドラムを叩くことも笛を吹くことも許されなかった。通行許可証もしくは正式な書類なしに主人の土地を離れることも禁止された。

このような人種的で身分的な差別に対して、黒人奴隷はあらゆる種類の抵抗を示した。消極的な抵抗としては、物語を作ったり歌に歌い込むとか、仮病をつかったり、自らを傷つけることがあった。主人の財産に損害を与えるために家畜を酷使したり農機具を壊すこと。また放火は通常死刑に処せられたが、これは主人に対する容易な報復行為を意味した。

積極的な抵抗の方法としては逃亡と反乱があった。逃亡を幇助する組織としては、「地下鉄道」と呼ばれる逃亡支援組織が網の目状に築き上げられていた。援助を与えられた逃亡奴隷の総数は、一八三〇年から一八六〇年の間に毎年二五〇〇名ほどであり、三〇年間に七万五〇〇〇名に達した。

反乱は植民地時代より約二五〇件ほど発生した。一七一二年と一七四一年にはニューヨークで暴動が発生した。奴隷蜂起で最大のものは一七三九年にサウス・カロライナで発生した反乱であった。

一七六五年に始まったアメリカ合州国の独立運動は一七九〇年代にハイチで開始されたトゥサン・ル

ゥヴェルテュールによって率いられた黒人独立革命の運動に影響を与え、その後黒人革命運動として逆輸入される形でアメリカ合州国に影響した。ハイチにおける黒人独立革命運動は合州国の南部一帯に戒厳令に準ずる状態をつくり出し、白人植民者たちは夜間パトロールを実施する一方、黒人奴隷たちの間での情報伝達活動を一切禁止し、港湾では黒人水夫たちが上陸してこないようにするためにあらゆる措置を講じた。

しかし、一八〇〇年夏、ヴァージニア州ヘンリコ郡において黒人奴隷の叛乱未遂事件が発生する。黒人奴隷ガブリエル・プロッサーが約一〇〇〇名の奴隷を組織し、棍棒・ナイフ・銃で武装し、六マイル先のリッチモンドに向けて行進を始めた。しかし、異常な大雨が降り洪水が生じたため橋の通行ができなくなり、リッチモンドに到着することはできなかった。陰謀の計画は二人の奴隷によってリッチモンドの白人に密告されていたため、プロッサーと三〇名の仲間が絞首刑に処せられた。その後、南部においては一八一〇年までの間に、四〇件以上の奴隷暴動、暴動計画、放火などの反抗が生じた。

一八二二年七月には、サウス・カロライナ州のチャールストンにおいて自由黒人のデンマーク・ヴィージーを指導者とする武装蜂起計画が企てられたが、これも一人の奴隷の密告によって壊滅させられ、ヴィージーを含む三五名が絞首刑に処せられた。

ヴィージーは一七六七年に西インド諸島のセント・トーマス島で生まれ、その後チャールストンに売られたが、一八〇〇年に宝くじで当たった金を元手に自由を自ら買って自由黒人になった。かつてヴィージーは、奴隷商人に所有されていた時期に、主人に伴われて多くの地域を旅するという奴隷としては特異な経験を有していたと伝えられる。その後多くの書物を読み、合州国の独立宣言と聖書に基づいて奴隷制に立ち向かい、チャールストンの黒人奴隷たちの間で多くの支持者を組織していった。ヴィージーは黒人奴隷一万人の蜂起部隊の編成、サウス・カロライナ黒人共和国の樹立、ハイチ共和国との連帯をめざしたといわれる。参加者のほとんどはチャールストン・アフリカン教会の会員で、その中の指導者の一人ガラー・ジャックと呼ばれたアンゴラ系の呪術師は、人を不死身にする能力をもつと黒人奴隷たちに信じられていた。

後の時代に及ぼした影響という点では、一八三一年にヴァージニア州で発生したナット・ターナーの反乱に勝るものはない。ターナーは、一八〇〇年一〇月二日にヴァージニア州に生まれた。ナットすなわちナサニエルとは、ヘブライ語で「神の賜物」を意味した。彼の母親は、一七九五年頃にアフリカからノーフォークに連れてこられ、一七九九年頃にベンジャミン・ターナーによって買い取られ、洗礼を施されてナンシーと命名された。ナンシーは間もなくオールド・ブリジッドの息子の一人と結婚し、ナット・ターナーを生んだ。父親の名前は知られていない。

ターナーが九歳まで住んでいたベンジャミン・ターナーの農場は、全面積の数分の一にあたる四ヘクタールほどの畑にトウモロコシとタバコと綿を栽培していた。ターナー家は、イギリスから移住して以来三代目にあたり、イギリス国教会から分離して間もないメソジスト派に帰依していた。ターナー家は、農場での祈祷式や日曜日の礼拝式に黒人を参加させたが、それにはターナーの祖母や母親も含まれていた。

ターナーが幼い頃に父親は彼と母親を残して奴隷制度から逃れていた。九歳の時には、母親や他の奴隷とともに主人の長男サミュエル・ターナーの下に貸し出され、翌年には主人夫婦の相次ぐ病気で、ターナー、母親、祖母は、法的に長男サミュエルの所有するところとなっていた。一二歳になった時、数人の奴隷とともに綿畑に出されたが、それまで親しく一緒に戯れていた白人の子供たちは学校に行って奴隷の主人という別世界の住民となってゆき、他方、奴隷の子供は綿畑に追いやられる。識字能力があるため、自らのすぐれた能力に自信をもち、周囲からも認められていた自己と、一人の奴隷としての現実の自己との間には、克服し難い乖離があり、ターナーはそれを認識せざるをえなかった。

このような心理状態にあったターナーの心を最も強くとらえたのは宗教であった。そして、ターナーはヴァージニアのサザンプトン郡の奴隷牧師となる。正式に牧師に任命されたわけでも、特定の教会に属していたわけでもないが、彼自らが説教師をもって任じ、周囲の黒人たちもこれを受け入れており、さらに同時代の記述もターナーを説教師として言及している。

一八二一年の末頃、主人サミュエル・ターナーに雇用された奴隷監督の下で、何らかの耐え難い苦痛を感じたために逃亡したが、森に潜伏中に彼の前に現れた神によって、彼が現世の事態にのみ執着して神の国を疎かにしていると指摘され、しかも地上の主人の奉仕に戻るべきであると告げられたために、自発的に戻った。一八二二年に主人のサミュエルが何らかの災難が原因で死亡すると、ターナーはトーマス・ムーアに四〇〇ドルで売られる。これより前の一八二一年か二二年にターナーの妻となっていたとみられるサミュエルの奴隷のチェリーは、この際に四〇ドルでジャイルズ・リースに売られた。リースの農場はムーアの農場から数マイルの距離にあり、二人ともサザンプトン郡内にとどまって、やがて娘と息子が生まれる。ターナーの母親ナンシーは故サミュエルの妻の家内奴隷として残った。

やがて「預言者」と呼ばれるようになったターナーは、旧約聖書の自己流解釈と、奴隷を解放するために神によって選ばれた者であるとの信念によって行動した。ターナーが準備したことは、大規模な反乱部隊を募ることではなく、祈りと天からの兆候を見つけることであった。蜂起の決行日を決めるにあたり、神のお告げを待ち望んでいたターナーは、一八三一年二月の日食をそれであると判断した。ここに至って、信頼する四名の黒人奴隷に計画を打ち明けた。当初七月四日を決起日に決めていたが、反乱の計略を思い巡らすうちに、ターナー自身が精神的疲労から病気になったため、反乱開始の具体的な戦術が決まらないまま時が過ぎた。八月一三日に、太陽が淡緑色に変化し、やがて青から白に変色して、サウス・カロライナからニューヨークにおよぶ合州国東部地帯の人々に動揺がみられた。ターナーはこれを第二のお告げとみなし、八月二一日の日曜日の午後、反乱参加者はキャビンポンドと呼ばれた池の傍らに集合した。ターナー以外に六名の奴隷が集まった。

最初の襲撃は、二二日午前二時頃に、当時のターナーの主人トラビスの家族を斬殺することから開始された。進撃は迅速になされ、同日の正午頃までには反乱の犠牲者となった白人の家々はすでにほとんど襲撃を受けていた。反乱参加者は五〇名から六〇名に増加し、全員が乗馬して銃や斧、剣、棍棒で武装していた。反乱の最終目標に関してターナーは直接述べていないが、郡庁所在地のエルサレムへ進撃し、この町に打撃を与えようとしたことは確実である。ターナーの当面の目的は、エルサレムにできるだけ早く到達し、武器弾薬を確保することであった。しかし、この後にターナーらが何を意図したかは謎である。可能性としては、彼らがエルサレムの東三〇キロにあるディズマル・スワンプに潜入し、ここを拠点として、ヴァージニアやサウス・カロライナの襲撃を意図したと考えられる。この蛇が多く生息する広大な沼地は、長年にわたって奴隷の逃亡先であった。

ターナーが完結した反乱計画を用意していたかどうかは疑問である。十数キロ隔たったエルサレムへの進撃の途上にいるすべての白人を屠むる以外に明確な目的を持たず、ターナーは決起後も神の導きをひたすら待っていた可能性もある。反乱の究極的な目的として現世における自由の獲得をめざしていたことは確かである。しかし、反乱に参加したすべての黒人奴隷が自由の獲得を主目的として自覚していたとは限らない。進撃の過程で金品の略奪も行われたし、また混乱状態の中で反乱への参加を強要された奴隷も含まれていたと考えられる（真下剛「「ナット・ターナーの乱」について」）。

ターナーたちは五五名の白人を捕らえて殺害した。先発の騎兵中隊は二三日午後五時に州都リッチモンドを出発したが、エルサレムに到着したのは二五日午前九時であった。二五日中には、州兵、合州国正規軍、志願者と民兵隊が約三〇〇〇名集結し、これら態勢を整えた白人の反撃を受けて、反乱は二日間で鎮圧され、一〇〇名以上の黒人が殺された。ターナーを含めて一九名（一六名の奴隷と三名の自由黒人）の反乱参加者が絞首刑に処せられた。

しかし、南北戦争前の南部ではナット・ターナーは黒人奴隷の間で神話化された。そのため、奴隷州では奴隷蜂起の噂に脅えるようになり、しばしばこの種の噂が白人の間に大衆ヒステリーを引き起こし、怪しまれた黒人奴隷の私刑と処刑が引き起こされた。

黒人奴隷叛乱の背景には宗教的要素が存在した。ヴィージーは、黒人奴隷の解放を旧約聖書のイスラエルの民がどのように幽囚から救い出されたかの部分になぞらえた。また、ターナーは次のような言葉を吐いている。

「白い聖霊と黒い聖霊とが戦いあい、太陽は黒ずみ、天には雷鳴がとどろき、河には血が流れた。

そして、私は耳にした。〝これがお前の運命だ、これを見るべくお前は召されたのだ。吉にせよ凶にせよ、必ずお前がこれを聞いて見せるのだ、という声を〟」

「トウモロコシに天から降りてきた露のような雫を見つけた。キリストの血がこの世で流され、罪人の救いのために天上に昇られた後、いま露のかたちとなって再び地上に帰られた。大いなる審判の日が迫っていることが明らかになった。」（豊浦志朗『叛アメリカ史』）

ヴィージーにせよ、ターナーにせよ、キリスト教の再解釈を奴隷叛乱のイデオロギーとした。このため、白人植民者たちは黒人奴隷たちが教会に集まることを嫌った。そして、農園での黒人奴隷の教会礼拝を白人の監視下で行わせた。しかし、黒人奴隷は、黒人の説教師を選び、秘密裡に集会を行うようになる。こうして、黒人奴隷の間でキリスト教が秘密性と被虐性を帯びるようになっていった。その中で、黒人奴隷たちは白人の宗教としてのキリスト教を解体し、黒人の修辞法と黒人のリズムを交えて、キリスト教を原始キリスト教の次元で復活させた。そして、黒人が置かれている環境を幽囚ととらえ、出エジプトへの意識をアフリカ回帰への運動に結び付けることになる。

黒人の教会においては説教師が怒鳴るように聖書を読み上げ、説教は次第にリズムを持ち始め、最後は恍惚となって歌われるようになる。こうして、教会の中は興奮と歓喜の坩堝《るつぼ》と化す。参列者の中には恍惚状態で失神する者も出る。神が黒人たちに体現されるのである。

こうしてキリスト教はアフリカ化され、白人宗教としての宗教体系は解体され、キリスト教を変型させてゆく中で、アフリカの再発見に至る。それゆえに、黒人のキリスト教は政治と結びつく。秘密裡に開かれる信仰の集いが政治集会と化し、叛乱を組織する母体となってゆく。このため、ターナーの叛乱後、ヴァージニアをはじめとする南部各州の議会は、黒人の教会と説教師の活動を制限することになる。他方、黒人のキリスト教は、黒人の精神世界の底深くに骨肉化し、ニグロ・スピリチュアルのような精神活動や、黒人霊歌、ゴスペル、ブルース、ジャズなどを派生してゆく。

ナット・ターナーの反乱後、大規模な奴隷反乱が起こることはなかったが、ターナーの反乱以来、奴隷州は奴隷蜂起の噂に脅えるようになった。しばしばこの種の不安は大衆ヒステリーに拡大し、多数の黒人が根拠なしに捕らえられて、裁かれたり、処刑されたりする事件を引き起こした。奴隷州では、監視体制を強化するとともに、より厳しい奴隷取締法をつくり、さらには自由黒人に対する管理を強化した。

4　南北戦争と奴隷解放

合州国においては、奴隷の地位が非白人に限定されていたため、奴隷制度は人種問題となった。しかし、黒人がすべて奴隷であったわけではない。奴隷ではない黒人（自由黒人）の人口は一八六〇年には四八万八〇〇〇名に達した。また、黒人の全人口に占める自由黒人の比率は同年に一一％であった。これら自由黒人の半数は南部諸州に住んでいた。残りの半数、すなわち北部諸州に住む黒人はすでに「解放」されていた。自由黒人の出現には、年季奉公の契約期間満了、逃亡による自由獲得、対外戦争時の従軍による自由獲得、奴隷自身による自己購入などさまざまな背景があった。

南部諸州の白人にとって、自由黒人は望ましくない存在であった。彼らにとって、自由黒人の存在は奴隷制度に脅威を与えるものと考えられた。奴隷制を支持する白人たちは、黒人は自活能力に欠けるため自由の下では生きてゆけないので主人を必要とすると主張してきたが、自由黒人の存在は、この種の議論の説得力を弱めてしまうものであった。さらに白人たちの脅威は、奴隷制即時廃止論の影響力が強まっていたことであった。そのため、自由黒人を統制下に置くためならば、南部諸州は何事も厭わなかった。州により自由黒人に与えられた地位は多様であったが、法律によって低く定められ、自由黒人は奴隷でないことを証明する身分証明書の携帯を義務づけられていた。そして、危機の際には統制法が強化された。

他方、一八三〇年代までに奴隷制度が廃止されていた北部諸州の黒人が置かれた状況は、南部とは異なっていた。黒人に対する制限は南部に比べてはるかに緩やかであり、黒人は制限に対して抗議することもできた。また、奴隷制即時廃止運動に参加することによって自己主張することもできた。北部において黒人に対する制限が緩やかであったことの背景には、黒人人口が多くないために、黒人の存在が社会的不安を与える要因になっていなかったことがある。

しかし、北部においても白人優越主義の原則が頑強に維持され、黒人は堕落した劣等者であるとの差別感が浸透していた。黒人は法の下で平等の地位を与えられていたわけではなかった。例えば、マサチューセッツ、メイン、ニューハンプシャー、ヴァーモント、ニューヨークを除くほとんどの州では黒人に投票権は認められず、新たに合州国に加入したいずれの州においても黒人の投票権は認められなかった。

一八三〇年までに、黒人たちは窮状を訴えたり改善策を提言するには団結した行動が必要であるとの結論に達していた。こうして黒人代表者会議運動が始まったが、代表者会議運動は人種分離傾向を有したため、黒人全体から支持を得ることができなかった。だが、奴隷制即時廃止運動を支援してゆくことで、代表者会議運動に賛同しない黒人とも共闘しうる場を得ることになる。奴隷制即時廃止運動は奴隷制が廃止された地域に集中したが、人種差別問題が存在する南部においては、運動の中で黒人に新聞活動などの重要な役割を振り分けることによって、黒人の能力を示す機会を提供した。

奴隷制即時廃止運動は南部で白人社会から嫌悪されたが、北部でも広く支持されたわけではなかった。しかし、一八五〇年に制定された逃亡奴隷取締法や、一八五四年に連邦議会が可決した「カンザス＝ミズーリ法」の成立、一八五九年末にヴァージニア州で発生したジョン・ブラウンの武装蜂起などの事件によって奴隷制即時廃止論者の主張は受け入れられるようになっていった。

南北戦争は黒人解放のための「聖戦」であった。確かに、戦争の要因は多数あったが、疑いなく奴隷制が最大の要因であったことは確実である。戦争に先立つ一八五八年夏に、リンカーンはスティーブン・ダグラスとの論争において、黒人の半分が奴隷で、残りの半分が自由であるというような状態を合州国は続けることはできないと述べていた。黒人はシンボルであると同時に当事者でもあり、傍観者にとどまるどころか、戦場、前線背後、後方で参戦した。いわば、四〇〇万人近い自由黒人（＝解放奴隷）は、南北戦争の大義の一つであった「自由の拡大」の具体的な表象となったと言える。

南北戦争は、一八六一年四月一五日にチャールストン港にあるサムダー要塞の攻防戦で始まったが、リンカーン大統領は七万五〇〇〇人の志願兵を募った。この募兵に対して、多くの都市で黒人が志願した。しかし、独立戦争の終結以来、合州国の軍隊から黒人を除外することが慣習となっており、一七九二年に公布された連邦軍法は兵役を白人に限定し、南北いずれの州の軍法もこれに倣っていた。黒人兵の排除が法律化された背景には、黒人の武器所持は奴隷反乱につながるとの恐怖が根強かったことは確実であるし、さらに黒人を兵士とすることはアメリカ社会における黒人の地位に変化をもたらすのではないかとの懸念があったと考えられる。

そのため南北戦争開始時の志願兵募集に際して、多くの黒人の志願を前に、陸軍省は黒人兵を起用する意図はないと通告し、黒人が兵役を志願したどの都市も黒人の申し出を拒否した。戦争開始当初、リンカーン大統領も連邦議会も、戦争を黒人問題に関連した問題とすることを避けようと努めた。一般的に、黒人を現状の地位にとどめておこうとする志向性が強かったのであり、連邦政府は戦争を奴隷制反対の「聖戦」にする意図は持っていなかった。戦争は連邦の維持を目的として始められたのであり、奴隷制度に干渉するためではなかった。

しかし、戦争の長期化に伴って南北双方ともに長期戦に向けた準備を整える中で、連邦政府も「黒人問題不干渉」政策を再検討せざるをえなくなる。まず連邦議会が政府に先んじる。一八六一年八月、連邦議会は反乱を援助するために利用された財産を没収の対象とするとの「第一次没収法」を可決。その場合、没収した財産が奴隷であるならば彼らは解放されることになる。一八六二年三月には逃亡奴隷の所有者への返還を禁止する法律が制定され、同四月にはコロンビア特別区で奴隷制が廃止された。また、同年六月に連邦議会は准州での奴隷制を廃止し、七月には保護された反乱者所有の奴隷を戦時捕虜とみなして解放する「第二次没収法」が制定され、黒人の兵役志願を認め、家族を含めて解放する権限を大統領に付与する法律が公布された。

連邦の維持を最大の目的としていたリンカーン大統領の「奴隷解放」への動きは議会に遅れをとった。そもそもリンカーンは大統領就任時に、奴隷制に干渉する権限は大統領にはないとの姿勢をとっていた。また、奴隷制を保持しながらも合州国にとどまった境界州であるデラウェア、メリーランド、ケンタッキー、ミズーリの立場を考慮したことも、遅れの原因であった。しかし、戦争が黒人問題を軸に展開してゆくという事態の進展を前に、一八六二年九月二二日にようやくリンカーンは、「奴隷解放予備宣言」を出し、その中で、翌年一月一日に反乱状態にある諸州の奴隷をすべて解放すると宣言した。その日が到来するとリンカーンは最後通牒を行い、武装解除されていない州あるいは州の一部で奴隷として拘束されている人々を全員解放するとの、最終的な「奴隷解放宣言」に署名した。

実際にはリンカーンは、奴隷制を崩せば南部連合軍の攻撃力を弱体化できるという軍事的目的から公布したのであったが、「奴隷解放宣言」は改革主義者や黒人の間で歓喜をもって受け入れられ、祝賀会が北部の諸都市だけでなく、合州国軍が占領した南部の地域でも開かれた。「奴隷解放宣言」は、人類の最も高尚な願望の一つである「自由の希求」の鮮明な表現という位置づけを与えられるようになる。

南部連合においては、兵役に従事したのは白人だけであり、奴隷は軍需産業への動員や農作物生産に従事して南部全体を軍事基地化するとの戦略の一部に参加させられていたため、奴隷に対する支配力の弱体化を狙った「奴隷解放宣言」は奴隷の逃亡を追認し、南部連合の経済基盤の弱体化を促進した。

他方、黒人は戦争の勃発直後から自らを解放し始めた。戦争の諸作戦は主に南部で展開されたが、合州国軍が接近すると黒人たちは前線に押し寄せて集団逃亡を図った。自由を希求する奴隷たちは、もはや「地下鉄道」の援助を必要としなくなった。合州国軍の宿営地が近くに迫ると奴隷の集団的な移動が始まった。

「奴隷解放宣言」は、合州国の陸海軍に解放奴隷を徴集する権限を与えたことで、南部連合に軍事的劣勢をもたらした。北部においては相対的に黒人人口が希薄であったが、潜在的な黒人兵は占領下に入った南部に存在していたからである。戦争終了時までに一八万人の黒人が志願し、概して黒人兵は勇敢であったために、戦死者は黒人兵総数の二〇%に達した。しかし、兵役においても、黒人は多くの差別に直面した。兵役期間は長く設定されたし、将校に昇進する機会はほとんど閉ざされ、俸給は白人より低く、白人と同じ病院で医療看護を受けることもできなかった。また、性能の悪い武器をあてがわれ、敵軍に捕まれば戦時捕虜ではなく武器を所持した反乱奴隷として扱われた。それでも、南北戦争は「奴隷解放」が事実上の大義となった戦争であったために黒人兵の士気は高かった。

リンカーン大統領の姿勢も変化していった。当初は連邦の維持を至上目的としていたが、一八六三年一一月一九日に行ったゲティスバーグ演説に示されているように、「自由」の概念に関する認識を深めていった。この演説から一ヵ月以内に、連邦議会は合州国国内で奴隷制を廃止する憲法修正条項の討議を開始した。リンカーンは、一八六四年六月にボルティモアで開催された共和党党大会で憲法修正条項を支持することを政策綱領に盛り込ませることに成功した。この大会で共和党は再びリンカーンを大統領に指名したが、黒人はこれを支持した。リンカーンは大差で再選され、一八六五年一月三一日、下院は上院に続いて、奴隷制廃止の憲法修正条項の批准案を三分の二以上の賛成票で可決した。

5　黒人差別の構造化

南北戦争が終結し奴隷制が解体された時、黒人は自由を獲得するとともに合州国に対する愛国心を高め、黒人としての責任感を意識化した。他方、解放民局も解放奴隷の社会的復権のため種々の施策を実施した。生活支援面では七年間に約二一〇〇万名分の食糧を支給し、厚生面では四〇の病院を設立して約五〇万件に近い疾病を治療した。また教育面では、初頭レベルから大学に至るまで四〇〇〇校以上の学校を設立し、約二五万名の解放奴隷に無料で教育を施した。

しかし、解放民局は黒人と白人との間の信頼関係の促進に失敗した。戦争に敗北して二〇億ドルに及ぶ奴隷財産を失った白人の大多数は解放民局の活動に反対した。保守的な南部白人にとって解放民の存在そのものが敗戦を思い出させて屈辱感を増幅させ、彼らは解放民局に敵意を向けた。解放民局が黒人のために行った努力は、南部白人の黒人に対する優越感を刺激し、黒人差別を助長していった。南部白人は黒人に対する優越感に基づいた支配権の喪失を受け入れなかった。

南部白人は、黒人取締法を公布して黒人支配の継続を図った。一八六五年から六六年にかけて各州において黒人取締法が成立したが、それらは基本的にはかつての奴隷法に代えて黒人支配を規定するものであった。サウス・カロライナ州法は、雇用契約に関して、契約者は主人であり黒人は使用人と認識されるべきであると規定するとともに、黒人農場労働者が許可なしで農場を離れることを禁止した。ミシシッピーの放浪者取締法は黒人だけに適用され、黒人が合法的な職を持っていない場合には罰金を課し、罰金を払えない場合には不履行者は保安官によって強制労働を課せられた。ルイジアナでは、黒人は行動の責任をとってくれる主人に雇用されるよう強制した。また一般的に、黒人取締法は黒人の軍隊への入隊や銃器の所持を禁止した。いくつかの州では無礼な行為をしたり、そのようなそぶりを見せた黒人に罰金を課したり、投獄することを規定した。

黒人に対する政治面や社会生活面での差別も構造化された。一般的に黒人取締法は黒人の投票権を否定した。ミシシッピーでは黒人が一等客車に乗車することを禁止した。フロリダでは白人たちの宗教的な集会やそのほかの会合に押し入った黒人に対して三九回の鞭打ちが科せられた。また、多くの州において、黒人は法的に不利な立場に置かれ、黒人が白人に関して証言することは許されなかった。このように黒人取締法は、かつての奴隷法以上に黒人を白人のなすがままに任せることになった。

しかし、黒人取締法は北部人の旧南部連合諸州に対する反発を引き起こした。その頃、共和党員は南部諸州の連邦再加入を延期させる理由を探していたが、黒人取締法の存在はそのための格好の口実となった。共和党は南部における支配権を確実なものにするまで南部を政治的に拘禁状態にとどめておこうと決意し、そのような支配権を確立するために黒人に投票権を与えることが不可欠であると考えた。共和党が支配した第三九連邦議会は一八六五年一二月に開会されたが、南部から選出されたばかりの代表に議席を与えることを拒否した。他方、議会は南部諸州における州政府の存在を法的に否定し、再建に関する合同委員会を任命し、合同委員会は四カ月にわたって公聴会を開いて口述をとり、調査を目的として小委員会を南部諸州に派遣した。委員会は徐々に北部世論に影響を与え始め、一八六六年四月に連邦議会は、元奴隷に公民権を拡大し、彼らに対する差別は連邦裁判所で審理されることを規定した公民権法を可決した。

一八六六年四月、合同委員会は憲法修正第一四条案を提出した。この修正案は、合州国で生まれたすべての者は合州国の市民であり、いかなる州も市民から権利を剝奪したり、その管轄下にある者から平等な法的保護を奪うことはできないと定め、また、州が成人男子の投票権を保留した場合、その割合に応じて当該州に割り当てられた連邦下院議員数が削減されるとも記された。同年六月、連邦議会は憲法修正第一四条案を可決して、批准のために州議会に送った。南部にとってこのような憲法修正は州権と黒人に対する優越性という南部の原則に対する一撃であったため、テネシーを除いて、南部諸州は同案を否決したが、このような南部諸州の動向は共和党に利用されることになる。

共和党の立場を助けたもう一つの要因は南部で発生した黒人差別暴動事件であった。一八六六年春にメンフィスで暴動が発生し、四〇人以上の黒人が殺害され、多くの黒人学校や教会が焼きうちされた。七月下旬にはニューオルリンズで同様の事件が起こり、約四〇人の黒人が殺害された。共和党は、これらの暴動事件は南部が改悛しておらず、黒人が依然として虐げられている証拠であり、黒人に投票権を与えることによって保護することが必要であると主張した。

新しい連邦議会議員が選出される一八六六年一一月の選挙までに、共和党は北部有権者の過半数の支持を確保した。共和党はこれを契機として支配強化の施策を取り始め、手始めに一八六七年一月に連邦議会はコロンビア特別区の黒人に投票権を与える法律と、准州の議会が黒人投票権を否定することを禁じる法律を可決した。黒人に投票権を与えることによって、共和党は南部での支持を獲得した。投票権を獲得した黒人を指導するために北部から共和党系の白人移住者がやってきた。北部出身の白人に指導され、黒人は南部諸州が合州国に再加入するための作業や、新しい州政府の公職者を選出する作業に参加した。しかし、黒人は政治に積極的に参加したものの、政治的な支配力を行使することはできなかった。

共和党は黒人の支持を背景に、南部諸州で共和党=黒人支配政権を成立させた。共和党=黒人支配政権は、合州国に再加入する必要条件として、南部諸州で採択される新しい州憲法の中で、投票や公職に関する財産制限を撤廃し、無償公教育制度を確立した。州憲法は負債者の投獄を禁止、烙印や鞭打ち、晒し首などの刑罰を違法とした。

共和党は南部の保守的な白人が支配権を掌握し、平等な投票権を規定した条項を州憲法から削除することを恐れ、黒人の投票権を保護する運動を開始し、人種や肌の色による投票権の否定を禁止する憲法修正案を連邦議会に提出した。一八六九年二月、同案は憲法修正第一五条案として諸州に送られ、翌年三月に批准された。

しかし、南部の保守派は共和党=黒人支配政権に激しく反発した。新しい州政府は大規模農場経営者層だけでなく、一般大衆からも憎悪された。黒人や北部から来た白人（ヤンキー）に対する憎悪が拡大していった。保守派は、黒人やヤンキーに対する反攻を開始した。ルイジアナでは白人連盟が設立され、一八六五年にテネシー州で設立されたクー・クラックス・クランは一八六七年までに南部全域に拡大し、民衆レベルの運動に拡大していった。クランはあらゆる行動によって黒人を威嚇し暴力をふるった。連邦及び州議会でクランの活動を抑制するために法律が作られたが、効果を発揮することはなかった。クランズマンに対する告訴は、目撃者が証言を拒んだり、陪審員がクランズマンあるいはその支持者から構成されていたために犯罪の証明は困難であった。クランに対する訴訟が州法に関連する場合、黒人はさらに不利な立場に立たされた。保安官や判事、裁判所の書記はすべて白人であり、黒人が陪審員にならないように取り計られた。クランの活動は一八六八年から一八七一年の間が最盛期であった。その間に保守派が支配権を復活させていった。一八七〇年のヴァージニアとノース・カロライナを手始めとして、一八七七年までに南部全域で州政府における支配権を奪還、多くの白人共和党員も民主党に鞍替えした。

白人保守派は州政府の実権を奪還すると、黒人の票を最小限にするあらゆる手段を講じた。黒人有権者に投票場を知らせなかったり、選挙前日に検挙して投票を妨害したり、黒人票を無効とするための不正投票、開票結果の改竄などを行った。そして保守派は、州議会での支配権を確立すると、黒人に対する平等な権利の保障をすべて削除するために州憲法の改悪に乗り出した。こうして、一八七七年までに南部における共和党＝黒人支配政権は一掃された。

南部保守派が政治的支配を奪還した一つの要因は、北部が黒人問題への関心を失ったことであった。南北戦争を契機として、産業でにわかに景気づいたアメリカは聖戦の精神を忘れ、理想主義から後退したことは明らかだった。戦後の北部は、製造業の成長、商業の拡大とともに、急速に発展する都市社会の問題に没頭した。黒人にとって不幸なことは、一八七六年以降の共和党が彼らを必要としなくなったことである。その理由は、南北戦争中に成立した産業資本主義を促進する重要な諸法律が撤回される危険が解消されたからであった。大企業が支配する中、東部産業家は南部の市場と通商について真剣に考慮し始めた。そして、南部諸州の平穏な世論を望んだ産業家たちは、黒人問題には「不干渉」政策をとり、地域を分裂させるこの問題の処理は南部に一任することが最善策であるとした。

産業界の意向は共和党の姿勢にも反映された。共和党は自由放任主義政策に転換したばかりか、南部白人の関心を引くために連邦軍を南部から撤退させることを表明したが、連邦軍の撤退は共和党＝黒人支配政権を崩壊させることを意味した。共和党は黒人問題を躊躇なく切り捨てたのであった。

黒人問題の軽視傾向は、共和党の政策次元だけでなく、司法権においても同様であった。最高司法機関は、憲法修正第一四条及び第一五条を、黒人に対する保護を弱める方向に解釈するに至る。それだけでなく、司法府は南部白人に有利な四つの基本原則を打ち立てた。第一は、戦後の憲法修正は州あるいは州の機関の行ったことに関してのみ適用され、私的な団体には適用しないこと。第二は、州法が明白に差別主義的でない場合、その法が黒人と白人に等しく適用されているか否かを裁判所は判断しないこと。第三は、憲法修正第一四条の下で個人に与えられた権利よりも警察権力の方が重要であるとして州の警察権力の拡大を容認したこと。第四は、「人種差別」と「人種区分」を区別して「人種区分」は違憲ではないとの判断を下したこと。このように、司法権は人権擁護よりも治安・秩序を重視する立場を明確にして、黒人問題を軽視する姿勢を鮮明にした。その最たる判決は、一八八三年の公民権訴訟において一八七五年に公布された公民権法を違憲とする判決を下したことであった。また一八九六年五月、ルイジアナ州の列車内の黒人隔離に関する、いわゆる「プレッシー対ファーガソン事件」の最高裁判決は、「隔離しても平等」なら差別ではないとする原理を確立し、その後数十年間にわたる人種差別に法的根拠を与えることになった。こうして、合法あるいは非合法のあらゆる手段を使って黒人を白人から区分して差別し、搾取する「ジム・クロウ」として知られる合州国の黒人差別制度が確立された。

一九〇〇年頃までに、南部の白人優越主義は北部においても反感を買うことはなくなった。南部の黒人に対するイメージは、国民全体の黒人に対するイメージとますます重なり合うようになった。特定の人種は生来劣等であるという思想が、世紀転換期には進化論や実証主義の影響できわめて強く支持された。そして一八九〇年代には、アングロ・サクソンが他の人種よりも優秀であるという信念も広まった。このような信念が広まった時期こそ、アメリカが「フロンティア・ラインの消滅」宣言を経て、対外膨張してゆく時期と一致していた。

アメリカは一八九八年にキューバやフィリピンのスペインからの独立戦争に介入し米西戦争を引き起こし、戦後はこれら地域の人々の自決権を否定することによって、アメリカの勢力圏にキューバやフィリピンを入れていった。この時点までに、合州国国民は、旧スペインの支配下にあった非アングロ・サクソン系の浅黒い肌の人々を支配することに疑問を感じなくなっていた。北部の人々は白人優越主義の合言葉に心をとらえられ、強く優秀なアメリカ人が海を越えて自らの意志を「劣等人種」に押つけることが正当化されるのであれば、同様のことを南部白人が国内で行っても異存はないという帰結に至った。北部と南部は人種と肌の色に関して和解を見出したのであった。

要するに、アメリカは対外膨張を正当化するためには南部における黒人差別をも正当化しなければならず、黒人は合州国の対外膨張の過程で人種差別と偏見の犠牲者の立場をさらに強化された。まさに、対外的な植民地主義が国内的な植民地主義を容認するプロセスが開始されていった。

6　アフリカ回帰運動

一九世紀末から二〇世紀の初頭にかけて、合州国においては黒人の間でアフリカ帰還の機運が盛り上がり、その機運は一九一六年にジャマイカからアフリカ回帰運動の中心的なイデオローグであるマーカス・ガーヴィーが到来してさらに助長された。

ジャマイカにおいては、合州国の黒人バプテスト教会であるファースト・アフリカン・バプテスト教会が一七八八年に設立されるに先立って、合州国から渡来したバプテスト派の奴隷牧師であったジョージ・ライルによって一七八四年に最初の黒人バプテスト教会が設立されていた。ライルはそれをエチオピア・バプテスト教会と名づけた。この教会では、バプテスト派の信仰がジャマイカのアフリカ人奴隷の宗教と結びついて土着的なものとなり、伝道キリスト教の枠を超えて発展していった。バプテスト派は、黒人奴隷たちが政治的、社会的にめざしていたものと最も合致する宗教的表現であったから、彼らにとって最も受け入れやすい宗派となっていた。このジャマイカのエチオピアニズムを一段と発展させた形で具体化したのが、ガーヴィーのアフリカ回帰運動であった。奴隷制度の擁護者たちがアフリカ系の人々の尊厳と文明を剝奪しようとした時、彼らはエチオピアの伝説的な栄光に訴えた。ジャマイカのアフリカ系の人々はアフリカ文明の偉大さを訴えようとした時、聖書の中に現れる黒人種とのつながりを示す記述を貪り読んで、エチオピアニズムといわれる神話を発展させることになる。

エチオピアニズムの主唱者たちは、エチオピア人とエジプト人は同一の種族である黒人種であり、彼らの血筋にペルシア人、ギリシア人、ローマ人、アラブ人が人種混交することによって現在のエジプト人やエチオピア人が生じたと主張する。確かに、エチオピアという語は、黒人を指すヘブライ語のギリシア語訳である。エチオピアニズムによれば、かつてナイル川上流の両岸にあたるヌビアに、今日ではメロエ王朝として知られる黒人文明が栄え、エジプト人とエチオピア人はともに、この黒人文明に由来する。

黒人バプテスト教会が設立されたのは、アフリカ系の人々の心からアフリカが消えかかっていた時だった。彼らが思い描くことができる唯一の母なる国のイメージは、聖書に現れたエチオピアであった。その輝かしい過去、そしてエチオピアは再び神に向かって手を伸べるのだという期待感に、日常生活において抑圧されていた民が精神的拠り所を求めるようになっていった。自分たちの先祖はエチオピアから強制的に連行されてきたのであり、いつか再びエチオピア、すなわちアフリカに帰還することを夢見るようになっていった。

マーカス・モサイア・ガーヴィーは一八八七年八月にジャマイカのセント・アンズ・ベイに生まれた。ミドル・ネームであるモサイア（モーゼ）は、彼が救世主的で、預言者的な人物になることを暗示している。ガーヴィーは、一四歳頃から印刷工として働き始め、一六歳で初等教育を終えた。一九〇六年にキングストンに移り、再び印刷業に従事する。やがてエチオピアニズムの運動に参加するようになり、一九〇九年に個人的新聞を発行し始めた。翌年、中米に移動して、コスタリカやパナマで新聞の発行に従事し、一九一二年にはイギリスに二カ月滞在して帰国した。一九一二年一〇月には『アフリカン・タイムズ』に「文明の鏡に映ったイギリス領西インド諸島――植民地黒人によって作られた歴史」と題する文章を寄稿している。一九一三年から翌年にフランス、スペイン、イギリスを歴訪して帰国した後、一九一四年八月一日に、妻となるエイミー・アシュウッドとともにキングストンで「世界黒人向上協会」(UNIA)を設立した。この組織は、後に世界中の黒人の自己イメージを変革することになった組織である。この協会の規約の前文は、ガーヴィーがロンドンを離れる以前に書かれたといわれるが、そこには、世界黒人向上協会は「社会的、友好的、人道的、慈悲的、教育的、公共的、建設的、開放的な団体」であって、「全世界の黒人の一般的向上のために全力を尽くして活動したいと望む人たちによって設立され」、しかも「その会員は、人類の兄弟関係と父なる神を信じ、全力をあげて崇高なるわが人種の諸権利を保持し、かつ全人類の諸権利を尊重することを誓約する」と明記されており、黒人種救済の強い要求と理想主義的な人種観が表れていた(小田英郎「マーカス・ガーヴィーとパン・アフリカニズム」)。

また、同協会の目的は、規約第三条に、「人種間の普遍的な友愛的団結をうちたてること。人種的誇りと人種的愛の精神を助長すること。人種的凋落をもとの姿にもどすこと。貧窮者を助け支援すること。アフリカの後進的部族の開花に力を貸すこと。独立アフリカ諸国の帝国主義を強化すること。その国籍の如何を問わず、すべての黒人を保護するための委員会ないし政府機関を、世界の主要な諸国に設置すること。土着のアフリカ諸部族の間に良心的なキリスト教信仰を広めること。わが人種の少年、少女により多くの教育と文化を与えるために、総合大学、単科大学および中等学校を設立すること。世界的な規模の商業的、工業的交流を行うこと」と明記されていた(小田、同前)。ただし、この文章中にある「帝国主義」という語をどのような理解から使用したのかは不明である。

ガーヴィーは、このような目的を内外に示し、まずジャマイカにおいて黒人種救済のための活動に全面的に乗り出したが、救済さるべき当の黒人大衆はほとんど関心を示さず、加えて「ニグロ」という言葉を嫌悪する混血層からは激しい反対を受けて、運動は期待したような成果をあげられなかった。こうした苦境を打開するために、一九一五年春、ガーヴィーは合州国に移転する決意を固めた。その理由は、第一に合州国黒人の支援を得る必要があると考えたこと、第二にかねてから尊敬していた黒人運動家ブッカー・ワシントンと接触し、彼の主宰するタスケギー校を模範とした黒人大衆の教育機関をジャマイカに創設しようとしたこと、などである。さらに、ブッカー・ワシントンこそジャマイカにおける協会の教育計画のための資金集めを援けうる唯一の合州国人であろうと思ったともいわれる。しかし、ガーヴィーが一九一六年三月二三日に合州国に到着した時、頼みとしたブッカー・ワシントンは四カ月前の一九一五年一一月にすでに世を去っていた。

合州国に着いたガーヴィーはニューヨークに居住した。「預言者はみずからの故郷では歓迎されない」ため、自分の夢を実現するにはジャマイカを離れざるをえなかったという。ジャマイカでは、ガーヴィーの夢は受け入れられなかった。白人はもとより、黒人の中間階層も、ガーヴィーのような階層の人間を見下していた。合州国に向けて出発する直前に、彼は「黒人の王が即位する時のアフリカを見よ。彼こそ救世主となろう」と述べたが、この言葉が後に預言者的意味合いをもつことになる。

ガーヴィーは、合州国には一九二七年一二月に国外追放されるまで一一年間滞在することになる。合州国到着二カ月後の五月にガーヴィーは、ニューヨークのセント・マーク教会で講演を行い、その後、五月から六月の間に三八州を歴訪する講演旅行を行った。さらに、ニューヨークに「世界黒人向上協会」の支部を設立した。

米国ではこの頃から人種騒動が頻発した。一九一七年にセント・ルイスで暴動が発生して以来、ワシントンやシカゴなどで二〇件以上の人種暴動が発生し、「暑い夏」といわれた一九一九年に最高潮を迎えた。人種暴動の原因の多くは、白人と黒人の就労をめぐる競争や、白人ばかりが住む地域に黒人が隣人として転居したことなどであった。このような時期に、ガーヴィーはアフリカ帰還運動の呼びかけを強めていった。都市に住む黒人の幻滅と、逃げ道を探そうとする暗中模索の中で、ガーヴィーが主張するアフリカ帰還の呼びかけが大きな反響を起こすようになる。

一九二〇年に「世界黒人向上協会」は「世界黒人権利宣言」を採択したが、その第四〇項には、「〝エチオピア、汝、われらの父祖〟を黒人の聖歌とする」ことを規定していた。この頃ガーヴィーは、エチオピア（アフリカ）の栄光は過去ではなく、未来の栄光であると述べ、神は黒いと主張した。

「イサクの神、ヤコブの神は、イサクの神、ヤコブの神を信じる人種のために存在する。われわれ黒人は、永遠の神であるエチオピアの神を信じる。神と子、神と精霊、代々ひとつの神。これこそ、われわれが信じる神である。しかし、われわれはエチオピアの眼をとおして神を崇めるであろう。」

（バレット『ラスタファリアンズ』）

黒人は歴史の中で偉大であったというガーヴィーの主張は、より激情を込めたものになっていった。

「歴史に忠実な学者なら、エジプトやエチオピア、さらにトゥンブクトゥが、ヨーロッパよりも、アジアよりも、高度な文明を築いていた頃を思い起こすだろう。ヨーロッパに食人種、野蛮人、裸の人間、異教徒、無信仰者がいた頃、アフリカには文化的な黒人種がいたのだ。彼らは教養があり、

また礼儀正しく、神のような人間だったといわれている。」（バレット、前掲書）

ガーヴィーは、古代黒人種の優越性というテーマを繰り返した。彼が語る黒人種の優秀さは、過去にそうであったように、黒人こそ世界の真の指導者であり、西洋世界はあまりにも堕落していると述べる。白人を批判するガーヴィーの目は日本人にも向けられた。「やはり白人と同じく、どうしようもない日本人が目に映るではないか」と述べたが、ここにはシュペングラーの『西洋の没落』に表現されたような、ヨーロッパ近代に対する批判が広がった世界的風潮も反映していただろう。

一九二四年三月一六日、ガーヴィーはニューヨークのマディソン・スクエア・ガーデンでの演説において、「世界黒人向上協会」に関して次のように述べている。

「世界黒人向上協会は、目覚めた黒人の希望と目的を表明するものである。われわれが望むものは、特定地域における土地である。他者の平安を妨げるものではない。われわれはニジェール河畔で重荷を降ろし、疲れきった背と足を休め、エチオピアの神にわれわれの賛歌を詠唱したいだけなのである。」（バレット、前掲書）

「世界黒人向上協会」の支持者は一〇〇万人を超え、その影響力は三大陸にまたがるようになった。ガーヴィーによって、エチオピアニズムは最高潮に達する。イデオロギーが一つの運動に転じた。この運動では、エチオピアニズムは植民地主義の下でのアフリカの苦難、そして「ディアスポラ」によって世界各地に散らばった黒人の苦難を背景として、現実的な意味合いをもっていた。エチオピアの神を崇拝し、運動の目的のすべてがアフリカ救済に向けられた。

ガーヴィーは自己演出家でもあった。彼はハーレムに地盤を築き、一九一八年八月に週刊誌『ニグロ・ワールド』を発刊し、急激に影響力を拡大した。ガーヴィーは、合州国は白人の国であり、黒人は先祖の土地であるアフリカに独立国家を建設しなければならないと主張した。そして自分自身が「アフリカ暫定臨時大統領」となり、小規模の軍隊である「アフリカ連隊」を組織した。ガーヴィー自身が一度もアフリカに行ったことがなく、彼の運動が大西洋を渡って一人の黒人も帰還させなかったにもかかわらず、ガーヴィーのアフリカ的なものの見方は、彼の支持者を偏狭な世界観から引き離し、広い視野をもたせることになった。

ガーヴィーは黒人の経済的自立を説いた。彼自身も多くの企業を設立したが、設立・運営ともに誰の助言も受けなかった。彼は自分を金融と企業運営の達人と考えたが、このような考えが没落を早めることになった。没落のきっかけとなったのは投機事業として経営していたブラックスター汽船会社の倒産だった。一九一九年に設立され、株主の全員が黒人であったこの汽船会社は設立から四年後に五〇万ドルの欠損を出した。ガーヴィーは詐欺容疑で出資者から訴えられて裁判で有罪を宣告され、アトランタ刑務所に五年間投獄された。しかし、一九二七年にクーリッジ大統領によって特赦され、国外追放された。ガーヴィーの釈放のために、ガーヴィー主義者であったマルコムXの父親アール・リトルがクーリッジ大統領に請願書を送ったといわれる。

ガーヴィーは一九二七年一二月にジャマイカに帰国し、日刊紙『ブラックマン』を発刊した。そして、一九三〇年にショアのサヘカ・セラシエ王の曾孫であるラス・タファリがエチオピアの皇帝に即位し、「三位一体の力」を意味するハイレ・セラシエを名乗った。さらに、「王の王」、「ユダ族の獅子王」をその名に加えて、伝説のソロモン王の血統と自称した。同年一一月に挙行されたハイレ・セラシエの戴冠式は、ガーヴィー主義者には神の啓示となった。ジャマイカではほとんど忘れられていたガーヴィーが、一九一六年に合州国出発前に発した「黒人の王が即位する時にアフリカを見よ。彼こそ救世主となろう」という言葉が、再び人々に影響力をもつようになる。しかし、ガーヴィーは一九三五年にイタリアがエチオピアを侵略することを許したハイレ・セラシエの姿勢に幻滅してゆく。そして同年、彼は家族をジャマイカに残して単独でイギリスに渡航したが、一九四〇年六月一〇日に死亡した。遺体がようやくジャマイカに帰還したのは一九六四年一一月のことであった。

ガーヴィーのアフリカ帰還運動はその後影響力を低下させるが、「神は黒い」との黒人至上主義は、ジャマイカのラスタファリ運動だけでなく、合州国においても、「チャーチ・オブ・ブラック・マドンナ」、「イスラムの国」（ブラック・ムスリム）に影響を与えることになる。

第5章

合州国の帝国主義化

マハン提督

1 「フロンティア・ラインの消滅」

一八九〇年、合州国国勢調査局は「フロンティア・ラインの消滅」を宣言した。国勢調査局が「フロンティア」と呼んだのは一平方マイルあたりの人口密度が二人から六人までという地域であったし、一八九四年に入植者に開放されることになるオクラホマはまだ先住民保留地として手つかずに残されていた。それゆえ、人口密度が二人に満たない未開拓の地域と「フロンティア」との境界を意味した「フロンティア・ライン」の消滅が、ただちに入植しうる土地の完全な消滅を意味したわけではなかった。しかし、一八四〇年代から九〇年までの間に、二〇〇万単位以上の農場が設立され、一大農業生産地帯が、先住民の土地を略奪し、メキシコからその領土の半分近くを奪って、白人入植農民によって形成された。特に、一八六〇年代から八〇年代末までが、後に西部劇映画の舞台となった時期である。一八六二年にはホームステッド法（自営農地法）が制定され、一八六九年には大陸横断鉄道が完成した。これらによって、西部における商業的農業の経営可能性が急速に高まり、その結果として地価の値上がりが発生し、農地の転売によって投機的利得をもたらす可能性も大きく膨らんだ。この時代には、急ごしらえの多くの町が建設され、農民相手の商人をはじめとするさまざまな職業の人々が集まってきた。かつてこの地域に居住していた先住民の大半はほぼ完全に「浄化」され、あるいは「排除」され、歴史の枠外に封印されていった。

一八九三年、歴史学者フレデリック・ジャクソン・ターナーは、「フロンティア理論」として有名になる仮説を発表した。この理論は、合州国が世界に先駆けて民主主義を育むようになったのは、ヨーロッパの影響から人を自由にさせる「フロンティア」を合州国が有していたからだとする。しかし、ターナーの視点には、この地域に居住していた先住民を「浄化」し、「排除」していった合州国の歴史が忘れられていた。ターナーはさらに、「フロンティアは消滅してしまった。そしてその消滅とともにアメリカ合州国の歴史の第一期が閉じられた」と結論づけた（室谷哲「西部開拓と白人農民の世界」）。では、ヨーロッパ人が到来する以前の歴史は何だったのか。こうして、先住民を犠牲にして、「フロンティアの最も重要な影響は、アメリカ及びヨーロッパにおける民主主義の推進であった」合州国の略奪と簒奪の歴史は新たな生命を得て、合州国流の「民主主義」はさらに世界を「アメリカ化」すべく、海外に膨張し始める。

西部開拓の進展は、先住民にとっては、「浄化」され、「排除」される運命が展開することを意味したが、西部開拓に携わった人々の多くは、良心的でまじめな農民たちで、大半が敬虔なキリスト教徒であった。彼らが直接に先住民を襲い、その手を血で汚すことなどほとんどなかったが、これらの普通の人々は、集団としての彼らが、先住民を殺し、土地を略奪し、その文化を破壊していることに無自覚で、「敗者」の運命を想う想像力も、「敗者」への共感も、罪の意識をも欠いていた。先住民の「浄化」と「排除」なくしては、「アメリカ合州国」は建設されず、「アメリカ民主主義」は形成されなかったに違いないことに、無自覚であった。先住民にとって、これはいかに非道で残酷な歴史であったろうか。そして、進化論的な「文明化」使命への確信、「他者」の犠牲の上に自分たちの幸福が形成されてきたことへの無自覚と想像力の欠如が、対外膨張の過程で、再生産・拡大されることになる。

2 帝国主義化と米西戦争

合州国国勢調査局が「フロンティア・ラインの消滅」を宣言した年である一八九〇年、海軍のアルフレッド・マハン提督が『歴史に対する海上権力の影響』と題する国家戦略構想を策定している。いわゆる「マハン構想」である。マハンは、合州国の偉大さと繁栄を実現するためには海上権を確立し、海上商業を盛んにしなければならないことを歴史的事実の検証に基づいて主張し、そのための具体策として、中米地峡での運河の建設、カリブ海地域の支配、ハワイの領有などの必要性を説いた。合州国の中米やカリブ海地域に対する戦略上の関心は、すでに一八八〇年代から九〇年代前半に、カリブ海のハイチやドミニカ共和国に海軍基地を設置しようとする動きなどに現れていたが、その後の合州国の対外膨張は、この「マハン構想」に基づいて、それを実現する方向で行われることになる。

こうして、世界史上最初の帝国主義戦争にして植民地再分割戦争である「米西・キューバ／フィリピン戦争」が始まり、合州国は帝国主義的な対外膨張を開始した。合州国はキューバとフィリピンのスペインからの独立戦争に介入して、戦争の過程でハワイを領有し、戦後には両国国民の独立への願望を無視して戦争の成果を抹殺、フィリピン、グアム、プエルト・リコを植民地化し、キューバを半植民地化してゆく。

合州国の中米・カリブ海地域への進出の目的は、フィリピンの領有と同じく、アジア進出に向けた対外進出ルートの建設にあった。日清戦争後にドイツ、フランス、ロシアは日本に対して三国干渉を行って山東半島《シャントン》での利権を日本に放棄させ、その上でドイツは一八九七年一一月に青島《チンタオ》を占領し、翌九八年三月には膠州湾《こうしゅうわん》を清国から租借するなど中国進出を開始した。合州国がこのドイツの動向に刺激され、アジア進出への橋頭堡《きょうとうほ》としてフィリピンを視野に入れ始めたことが、「米西・キューバ／フィリピン戦争」が開始される一因となる。

「米西・キューバ戦争」のきっかけとなったのは、一九世紀末の三〇年間に進展した国際的な甘藷糖《かんしょとう》生産と市場の変化であった。この時期、スペイン領植民地とハワイ諸島の甘藷糖生産は、栽培地が拡大されて大土地所有制が形成され、その反面では分益小作農や土地から切り離された農業労働者が増加した。また、世界の砂糖市場はヨーロッパにおける甘菜糖《かんさいとう》の増産とそれに伴うヨーロッパ市場からの甘藷糖の排除に加えて、一八八四年以来の砂糖価格の暴落が、キューバなどのスペイン領植民地に社会的、政治的な不安定を生じさせていた。社会騒動の主役となっていたのは、農村地域における「匪賊」（＝義賊）であったが、彼らはホセ・マルティが一八九二年一月に結党したキューバ革命党によって政治的目標と理念を示されて、独立運動に合流していった。

他方、ヨーロッパ市場を喪失した砂糖プランターにとっては、合州国が残された世界最大の甘藷糖市場であり、合州国の動向は死活的になっていた。一八九〇年一〇月に制定されたマッキンレー関税法は無関税輸入を承認したためキューバ糖の合州国への依存を深めたが、一八九三年の経済危機を経て、一八九四年八月に同法が廃止され、砂糖に四〇%の従価税を課すウィルソン関税法が制定されると、キューバの砂糖プランターたちは合州国への併合を求める志向を強め、独立運動に転じた。プランターによる対米併合志向を危惧したマルティは、一八九五年二月に対米併合阻止を目標の一つに掲げて独立戦争

（第二次独立戦争）の開始を決定した。自営小農民と農業労働者からなる「独立後の土地改革」を主張する急進派は革命軍を結成し、他方、砂糖プランターたちは当初は開戦をスペイン植民地支配下での自治・改革実現の好機ととらえた。これに対して、ヴァレリアーノ・ヴェイレル総督が自治・改革主義運動の弾圧に乗り出すと、砂糖プランターの多くは米国に脱出してキューバ革命党に参加。指導者マルティの戦死後、革命党は独立革命の急進化を阻止するとともに、合州国の軍事干渉と対米併合を求める砂糖プランターの主張が強められていった。こうして、スペインからの独立を一致点として独立戦争が展開され、一八九五年九月にはキューバ共和国臨時政府が設立され、独立派は合州国の軍事介入以前にも軍事的勝利を収めつつあった。革命軍は農村地域を支配して、一八九七年末から東部のスペイン軍支配下の都市部へも攻撃を開始、九八年四月にはサンティアゴ・デ・クーバ攻略戦を開始した。まさに、中国においてドイツが膠州湾を租借したのはこのような時期であったのである。マッキンレー大統領の戦争構想の中で、キューバ問題と中国分割の危機が結びつき、合州国は二つの危機を同時に解決する方途として対スペイン開戦を決定したのである。

同年二月にハバナ港で発生した合州国戦艦メイン号の爆沈事件など反スペイン感情を煽る謀略事件が発生したこともあり、合州国はヨーロッパ諸国がスペイン側に参戦する可能性がないとの判断に達するや、同年四月スペインに対して宣戦布告した。開戦に際して、四月一一日マッキンレー大統領は議会に提出した「戦争教書」において、「合州国政府がキューバ共和国の独立を承認することは賢明で思慮あることとは考えない」と宣言した。ところが、上院は武力干渉の条件として、キューバ共和国の承認（ターピー修正条項）を追加し、加えて合州国が「平和」のため以外には「主権・司法権・支配権を行使しないこと」、そして「平和化」が達成された後にはキューバの「統治と支配を住民に委ねること」を規定するテーラー修正条項を可決した。マッキンレー大統領は、テーラー修正条項を受諾したが、ターピー修正条項を議会工作によって削除し、事実上の対スペイン宣戦布告となった上下両院合同決議が四月一九日に成立した。テーラー修正条項によって「米西戦争」は「キューバ解放戦争」と表現され、米軍は解放者として九八年六月二一日にキューバに上陸、戦争はキューバ、プエルト・リコ、フィリピンを舞台に戦われ、四ヵ月で合州国の勝利に帰した。

同年八月、キューバのサンティアゴ・デ・クーバで降伏したスペイン軍との停戦協定が結ばれた時、合州国のシャフター将軍はキューバ軍司令官であるカリクスト・ガルシア将軍の調印式出席を拒んだ。この姿勢は、同年一〇月から一二月までパリで開催された講和会議でも引き継がれ、この会議にはキューバ人代表も、フィリピン人代表も排除された。独立のために多大の代償を払ってきたキューバ人やフィリピン人の頭越しに、彼らの運命が定められたのである。キューバでは総人口は戦前の一八〇万人から一五〇万人に、耕作面積は一四〇万エーカーから九〇万エーカーに、製糖工場は一一〇〇から二〇七に減少した。講和会議でスペインはキューバが合州国に併合されることを望んだが、合州国は開戦に際して議会がテーラー修正条項を決議して合州国がキューバを領有する意図がないと宣言していたためにこの提案を受け入れなかった。結局、講和条約では、スペインがキューバに対する主権を放棄し、独立の準備ができるまで、合州国政府がキューバを軍事占領下に置くこと、スペインは二〇〇〇万ドルでフィリピン、プエルト・リコ、グアムを合州国に委譲することなどが決定された。

3　キューバの半植民地化

一八九八年一二月、キューバ革命党は、合州国の軍事干渉による独立戦争の終結によってその目標を達成したとの理由から解党を決定した。同党に加盟していた対米併合志向の砂糖プランターたちは帰国し始め、これ以降、親米的砂糖プランターたちは、独立運動から離脱して軍政下の「対米協力者」として立ち現れる。軍政府は彼らを現地政府のメンバーに起用した。他方、革命軍は独立達成まで軍隊を保持する意向を表明していたが、キューバの疲弊は革命勢力の活力と展望を失わせ、停戦に伴う略奪の停止と革命党の解党に伴う兵站の途絶にとって、革命軍は餓死者を出すほどの困窮に陥った。それゆえ、マッキンレー大統領が派遣した特使がキューバ独立と三〇〇万ドルの除隊費用の提供を申し出ると、九九年二月、マクシモ・ゴメス革命軍司令官は革命軍の武装解除に同意した。また臨時政府を継承したキューバ議会は同年三月、武装解除に関してゴメスと対立して解散した。こうして、軍政の重要課題であった革命の平定は完了する。合州国占領軍は、軍政当初は二万四〇〇〇であったが、革命軍の武装解除を目的として最高時には四万五〇〇〇にまで増強され、武装解除が合意されると、翌四月から削減に向かった。

一八九九年四月、合州国のキューバ占領軍は軍事命令第四六号を公布して以後二年間の債務徴収を禁止し、砂糖プランターの当座の破産とそれに伴う社会不安を回避しつつ、キューバの再建に取り組んだ。軍事干渉を限定していたテーラー修正条項の「平和化」の意味が、単なる終戦から「安定的」かつ「良

「安定的」かつ「良好な統治」の確立へと拡大解釈され、その実現が軍政の最終目標と規定されてゆく。「良好な統治」は、キューバ独立革命の封殺を前提とした。開戦目的が歪曲され、半植民地化が開始される。

独立革命の組織的終焉後にキューバの政治的処理が日程に上った。テーラー修正条項に示された原則を除いて具体的な政策は未定であったが、革命軍の武装解除が完了した九九年夏頃までに、現地の米軍将校によって二つの構想が立案された。ウッド軍政長官は即時「併合」を主張した。他方、ウィルソン将軍は、テーラー修正条項は「大失策」ないし「無益な誤謬」であったが、合州国は「誓約を遵守」しなければならないとし、さらに軍政の無期限継続や即時併合はキューバ人の抵抗運動を触発する危険性があると懸念し、フィリピンとキューバにおける両面戦争には対処しえないと考えた。それゆえ、ウィルソン将軍は、キューバ共和国を独立させ、その後、同国政府と合州国の間に、関税同盟の形成、海軍基地の設置、干渉条項を内容とする「特別な関係」を結ぶ条約の締結を提案した。

しかし、真の独立は認められていなかった。軍政府は、対米併合支持者である独立反対派を市政府選挙と憲法制定議会議員選挙で勝利させるべく、成年男子の三分の一に限定する制限選挙を実施した。しかし、いずれの選挙においても独立派が勝利した。このため、軍政府は大統領選挙に親米派のトマス・エストラーダ＝パルマを出馬させ、ウィルソン構想の屈辱的な条約を受け入れる政府の樹立をめざすとともに、制定される憲法に「特別な関係」の挿入を企てる。この結果、主権制限下にキューバを独立させる方針が決定される。この主権制限のために憲法に挿入されたのが、いわゆる「プラット修正条項」である。この修正条項は、条約締結権の制限、借款取得の制限、干渉権、海軍基地の設置などからなり、憲法制定議会は「プラット修正条項」の憲法挿入を六月一二日に可決した。一九〇二年二月二四日に実施された大統領選挙においては親米派のパルマが選出され、主権制限を受け入れる親米政権が樹立され、キューバは保護国化された。ここに合州国によるキューバに対する半植民地支配が開始される。マッキンレー大統領が約束した「独立」とは、半植民地化にすぎなかったのである。キューバの真の「独立」は、一九五九年一月一日のキューバ革命まで延期されることになる。

4 フィリピンの植民地化

フィリピンでは、一八九六年八月からボニファシオが率いる宗教結社カティプーナンが独立戦争を開始していた。翌九七年五月にアギナルドがボニファシオを粛清して独立運動の主導権を掌握したが、同年一二月に運動を放棄して亡命した。その後、カティプーナンが種々の宗教結社と連携して独立戦争を継続し、そのなかで、フォーク・カトリシズムに基づく友愛、財産・土地の共同所有、富の再分配などの社会革命を追求、場所によってはこれらの宗教集団が共同社会を営む現象さえ出現した。

一八九八年四月にスペインからの独立戦争に介入して「米西戦争」を開始した合州国は、同年五月一日マニラ湾海戦にてスペイン艦隊を破り、五月一五日にはシンガポールに亡命中のアギナルドを懐柔して帰島させ、アギナルドの指導権下で独立戦争を進展させようとした。アギナルドは帰島後、五月二四日に臨時政府を樹立、六月一二日に独立宣言の布告と臨時政府の革命政府への改組によって独立運動の指導権を掌握した。八月一二日の合州国軍のマニラ攻略を契機に、マニラの知識人階層やルソン島の町村首長・地主層が独立運動に参加、独立戦争は新たな段階に入った。しかし、合州国はフィリピンにおいても、独立戦争の最終的勝利を否定し、独立勢力を排除して、単独でスペイン側と停戦協定を締結した。

アギナルドは、知識人階層と首長・地主層を積極的に革命政権に取り込み、革命の政治的成果の実現を急いだ。六月一六日のアギナルド布告以降、解放地域内で州・町政府選挙が実施され、九月一五日からはマロロス革命議会が開催された（翌九九年一月二三日、マロロス共和国成立）。しかし、州・町政府選挙の有権者は首長・地主層に限定され、結果的にアギナルド革命政権は植民地支配下の地方権力構造になんら変化をもたらさなかったのみならず、土地改革も実施されなかった。このため、アギナルド政権と社会革命を志向したカティプーナンの対立が激化する。

農民に基盤を置く宗教結社は、一八九八年末までにアギナルド政権から離反してゆき、アギナルド政権と対立しつつ独自の社会革命を追求してゆく。各地で修道会・教会所有地や「人民の敵」とみなされた地主の土地・家畜を接収し、農民に分配した。共和国軍と農民宗教結社との間の軍事衝突も頻発し、フィリピンは内戦状態に陥った。一八九九年七月一五日、アギナルド政権はカティプーナンの解散令を布告しただけでなく、宗教結社の活動を「反革命的」であると規定し、農民革命的な方向性を否定した。

パリ講和条約の結果、合州国の領有範囲はルソン島からフィリピン全群島に拡大されたが、マロロス共和国と合州国との間の対立の結果として、一八九九年二月四日、合州国軍とフィリピン共和国軍の間に発砲事件が発生、これを契機に合州国軍が参戦した。その直後の二月六日、批准が危ぶまれていたパリ講和条約は合州国議会上院で批准されたが、フィリピンの内戦勃発は合州国政府にヨーロッパ列強の干渉を惹起する懸念を抱かせた。同年一一月、本国から増派されて総兵力四万に達した合州国軍は、アギナルド政権の共和国軍を追撃してルソン島北部に向けて戦線と占領地域を拡大し、マロロス共和国の首都ラルラックを攻略した。首都を失った共和国軍はゲリラ戦への移行を宣言し、ゲリラ支援組織としてカティプーナンの再建を図った。以後、反植民地闘争は、農民宗教結社による地域的社会革命闘争および地域的な反米ゲリラ闘争として戦われる。

合州国の植民地支配を最初に受け入れたのはネグロス島の砂糖プランターたちであった。彼らは農民や農業労働者の宗教集団と共闘して島内のスペイン権力を駆逐して、一八九八年一一月にアギナルド政権とは別個にネグロス革命政権を樹立していたが、急進化しつつあった宗教集団と訣別して合州国砂糖市場への包摂と宗教集団の鎮圧を期待して、合州国による保護領化を要請した。この対米従属化の方式が全島に拡大され、フィリピン植民地支配の典型とされる。

合州国は、知識人階層と首長・地主層を革命から切り離し、植民地体制への統合を図った。米・フィリピン戦争の過程は、単に反植民地闘争の鎮圧にとどまらず、合州国のフィリピン植民地支配創出の過程でもあった。その起点は、一八九九年三月にマニラに到着したシュアーマン委員会の活動であった。同委員会は、四月四日にフィリピン占領政策に関する一項目の基本方針を布告し、その中で合州国の至上権下での自治を確約した。八月八日、合州国軍は一般布告第四三号を公布して、占領地域内に町政府を樹立した。この布告は「町政府法」に引き継がれ、合州国軍のフィリピン統治下で広範囲に実施された。合州国軍は、有権者を資産と教育を基準に少数者に限定し、旧来からの地方支配層の既得権を保障した。その結果、スペイン植民地支配下とマロロス政府下、合州国植民地支配下の町や政府の支配層は一掃されず、逆に温存されたのである。

合州国にとっては、フィリピン植民地支配の前提は、農民革命と宗教集団によるゲリラ活動の鎮圧であった。合州国軍は農民宗教集団やゲリラ活動を支援したカティプーナンを徹底的に弾圧し、米・フィリピン戦争は凄惨な虐殺の様相を呈するようになった。虐殺の指針は一九〇〇年一二月一〇日のマッカーサー布告によって公式に与えられた。鎮圧作戦を指揮した上級将校はほとんどすべて合州国本土内において先住民虐殺戦争に参加した軍歴を有していた。先住民虐殺がフィリピンで再現され、死亡者は負傷者の二五倍に達するほどの「浄化」が実行された。

アギナルドが投降した一九〇一年三月までに、合州国軍の総兵力は七万に増強され、駐屯地は五〇二地点に拡大された。一方、合州国への同化を綱領に掲げ、軍政府の保護と支援を受けた連邦党の地方支部は二九〇を数え、党員は一五万に達した。占領地域の拡大と「対米協力者」の増加を背景に、一九〇一年七月一日タフト新総督の下で、軍政から文民政府への移行が実施され、翌一九〇二年四月には共和国軍のマルヴァール将軍が投降した。それは、ルソン島内の植民地ゲリラ闘争が終わったことを意味した。これを受けて同年七月、合州国議会は「フィリピン統治法」を制定し、ルーズベルト大統領は米・フィリピン戦争の終結を宣言した。しかし、合州国軍によって「匪賊」と規定された農民宗教集団による反植民地闘争は一九一三年まで継続された。

要するに、合州国はフィリピンのスペインからの独立戦争に武力介入し、宗教結社や農民が志向した共同社会的な社会革命を圧殺する一方で、知識人階層や首長・地主層を懐柔して植民地支配を受け入れる文民政府を樹立してフィリピンを植民地化したのである。合州国は、農民層が求めた土地分配を中心とする社会革命を圧殺するとともに、スペインより分離した後のフィリピン社会から社会変革的要素を

「排除」していった（小平直行「「米西戦争」と米国帝国主義」）。

5　パナマの半植民地化

合州国は「米西戦争」中の一八九八年七月にハワイを併合し、アジア進出への足がかりを確保していった。「米西戦争」後の合州国の対外膨張は、マハン構想に沿って展開され、①太平洋への最短ルート確保のための中米地峡横断運河建設、②同ルートの安全性確保に向けられた。

①の太平洋岸への最短ルート確保のための中米地峡横断運河建設については、ニカラグア地峡とパナマ地峡の二つの可能性を踏まえ、まずパナマで掘削されていたパナマ運河の支配を確立すべく、コロンビアからパナマを分離させてパナマ運河の支配権確保を図った。また、ニカラグアに対しては、軍事干渉を進め保護国化した。

②については、キューバの保護国化とグァンタナモ海軍基地の設置とプエルト・リコの領有の後、合州国東岸からパナマ運河に向かう要衝として、ハイチとドミニカ共和国への軍事干渉を行って保護国化していった。

プエルト・リコにおいては、「米西戦争」開始後の一八九八年七月に合州国軍が上陸、一〇月に軍政府を発足させて軍事占領下に置いた。パリ条約によって合州国への委譲が決まった後も軍政統治のままで、それは一九〇〇年五月一日にフォレイカー法によって文民政府が発足するまで続いた。軍政統治下の一八九九年八月、プエルト・リコを襲ったハリケーンに乗じて、合州国の砂糖資本が同島の砂糖農園主から土地を買い上げ、砂糖産業の独占的支配の基礎を固めた。フォレイカー法により、プエルト・リコは合州国大統領が任命する米人知事によって統治されることになり、自治政府の設置は認められず、約一〇〇万人の島民は一九一七年のジョーンズ法の制定まで市民権すら与えられなかった。そして、このようなゴードン・ルイスが「無視の帝国主義」と呼んだ、島民を〈周縁化・排除・無化〉する統治政策が一九三〇年代まで続けられた。

「米西戦争」後、マッキンレー大統領はイギリスとの間で運河建設に関する条約改定に乗り出した。一八五〇年に米英間で結ばれたクレイトン・ブルワー条約が、両国政府とも中米地峡で運河を独占的に建設することを禁じていたためである。交渉の結果、一九〇一年一一月に第二次ヘイ・ポンスフォート条約が結ばれ、イギリスは合州国が単独で運河を建設し、運河地帯を要塞化することを認めた。この条約が締結される直前の同年九月にマッキンレーは暗殺され、副大統領のセオドア・ルーズベルトが大統領に就任していた。

中米地峡の運河建設の候補地とみなされていたのはニカラグアとパナマであり、当初合州国はニカラグアに関心をいだいていたが、議会がスプーナー法（中米地峡における運河建設地を決定した法律）を制定してパナマ・ルートに決定した。コロンビアの一部であったパナマでは、スエズ運河を建設したフランス人技師レセップスが指揮するパナマ運河会社が一八八一年から工事を始めていたが、工事の難航、資金の枯渇、黄熱病の猛威により、一八九九年に五分の二を掘削したところで会社は破産してしまい、運河建設は中断していた。コロンビア政府から手に入れた運河建設権は、新パナマ運河会社に引き継がれていた。合州国政府はコロンビア政府と交渉を開始し、一九〇三年一月に合州国政府が資金を支払うことを条件にパナマ運河を建設し、それを支配することを認めたヘイ・エルラン条約が締結されたが、その批准をめぐって合州国政府が示した脅迫的な姿勢がコロンビア人の反発を招き、コロンビア議会はナショナリズムに基づいて同条約の批准を拒否した。

スペイン植民地下で本国とペルー副王領との間の交通上の要衝として重要な役割を果たしてきたパナマ地方では、一八二一年の独立と翌二二年のグラン・コロンビアへの併合後、固有の地域的意識が形成されており、辺境のパナマ地方を軽視するボゴタの中央政府に対する反発感情が存在した。一八五五年には地峡交通以外の内政面で主権を持つ連邦制が確立されたが、一八八五年に中央集権主義の保守派が政権について連邦制を廃止、翌八六年にはパナマ地方は州に格下げされた。経済的にも、パナマ鉄道をめぐって得られた利益はすべて中央政府に吸い上げられ、運河建設工事がもたらした景気上昇も建設中断とともに終わっていた。一八九九年から一九〇二年まで、パナマ地方を含めたコロンビア全土で展開された保守派と自由主義派の内戦を通じて、パナマでは自由主義派が勝利したことも、独立の気運を強める背景となっていた。

コロンビア議会による条約批准拒否は、パナマ地方の人々に失望感を与え、ホセ・アグスティン＝アランゴ上院議員、パナマ鉄道会社顧問のカルロス・コンステンティーノ＝アロセメーナらを中心とするパナマ市の有力者は独立計画を進めようとしていた。彼らは合州国政府の支援を求め、フランス人技師フィリップ・ビュノー＝ヴァレラがその仲介役となって暗躍した。一九〇三年一一月三日、アランゴらは臨時評議会政府を樹立して独立に向けて行動を開始し、翌四日、パナマ市の公開市参事会は当時人口三二万人のパナマ共和国の独立を宣言した。反乱を予知してコロン市に派遣されていたコロンビア軍は、パナマ人とパナマ鉄道会社の米人支配人との連携による策略でパナマ市への到着を妨害され、コロン市に派遣された合州国軍艦ナシュビルの威圧もあって、独立の動きを鎮圧できずに、五日には本国に撤退した。同七日、合州国政府はパナマ共和国を承認するとともに、一週間以内にコロン市とパナマ市に計九隻の軍艦を派遣して、コロンビアの反撃を封じ込める「砲艦外交」を展開した。

独立後、パナマの全権公使となったビュノーは、合州国に赴いてヘイ国務長官との間にパナマ運河に関するヘイ・ビュノー条約を締結したが、この条約はビュノーがパナマ人と協議することなく起草し、またパナマ人の承諾なしに個人的に勝手に結んだものであった。これによって合州国はパナマ政府に即金で一〇〇〇万ドル、及び九年後から毎年二五万ドルを支払うかわりに、パナマ運河の建設・運営権、及び大西洋から太平洋にいたる幅一〇マイルの運河地帯を「あたかも領土の主権者のごとく」所有し、それを「永久に使用・占有・支配する」権利を認められた。同時に、パナマもキューバと同様に合州国の保護国となることが定められた。パナマ人は条約締結後にその内容を知らされたが、人口三二万人の小国はもはやそれを受け入れざるをえなかった。パナマ人は、フランス人ビュノーと合州国政府に騙され、運河地帯は「あたかも領土の主権者のごとく」所有することが合州国に認められるなど、主権の所在が明確化されないままに半植民地的支配を押しつけられたのである。運河は一九一四年に開通するが、運河から得られる通行料などの莫大な収益はわずかばかりが使用料としてパナマに払われたにすぎず、その後、長期間にわたってパナマの政治も合州国に従属的姿勢をとる現地寡頭支配層によって牛耳られた。

6　中米・カリブ海地域の半植民地化

合州国がパナマと並んで運河建設候補地として重視したニカラグアにおいては、一八九三年に、自由主義派のホセ・サントス・セラヤが、一八五七年以来権力を掌握していた保守派政権を武力で打倒して政権についた。新興の輸出農業勢力を代弁していたセラヤは、コーヒー輸出経済をニカラグアの経済基盤として確立するために、道路、鉄道、港湾などのインフラ建設を行うとともに、反教会姿勢や教育の普及に努めるなど自由主義的な「近代化」政策を強力に推進した。他方、対外的には、一八九四年に合州国の支持の下でモスキート海岸地方からイギリスの勢力を駆逐してニカラグアの主権を回復し、一八九五年にはエル・サルバドル、ホンジュラスとともに「大共和国」と呼ばれる連合国家を結成して中米の統一を図るなどした。この「大共和国」は、そのための憲法が一八九八年に起草されたが、それが公布される前にエル・サルバドルが脱退したため実現しなかった。このように中米統一の指導者をめざすセラヤの存在は、自らの進出にとって中米の分裂状態が望ましいとみなしていた帝国主義化しつつある合州国にとって不都合であった。パナマ運河建設が決定した後、ニカラグアもパナマ運河と競合する運河の建設をめざし、日本やイギリスと交渉しているという噂が広まるや合州国政府も警戒を強め、さらに一九〇八年にセラヤ政府が合州国政府の反対を押し切ってイギリスの金融資本との間に多額の借款契約を結んだ時、合州国政府の反セラヤ感情は決定的となった。

一九〇九年、カリブ海岸のブルーフィールドで保守派による反セラヤの反乱が起こり、セラヤ軍が二人の米人傭兵を処刑したのを機会に、合州国政府はセラヤ政府と断交するとともに、保守派の反乱を鎮圧するためブルーフィールドに出兵した。米軍に支援された反乱を鎮圧できなかったセラヤは、同年一二月に辞任し、同じ自由主義派のホセ・マドリスに後任を託したが、合州国政府はマドリスを認めないで、マドリス政府を崩壊に追い込み、一九一一年に合州国の傀儡である保守派のアドルフォ・ディアスを大統領に据えた。ディアスの買弁的な政策に反対して、一九一二年にセラヤ派のベンハミン・セルドンが農民の支持を受けて反乱を起こし、反乱側に有利に展開していたが、ディアスの要請で再び派遣された合州国海兵隊によって反乱は鎮圧されてセルドンも殺害された。

その後、合州国は一九一二年から二五年までニカラグアに海兵隊を常駐させて、権力基盤の弱体な保守派政権を支えるとともに、経済力を浸透させていった。一九一四年には合州国はブライアン・チャモロ条約を締結し、ニカラグアでの独占的な運河建設・管理権と、カリブ海のコーン諸島の九九カ年租借権、フォンセカ湾での海軍基地建設権を獲得した。一九二五年にはニカラグアの弱体な軍事力を補うため、後に「国家警備隊」として知られるようになる国内秩序維持のための軍隊を創設した。こうして、米帝国主義は、ニカラグア地峡での運河建設を阻止する一方で、買弁的な寡頭支配階層との間に従属的同盟関係を確立し、この関係の下に半植民地的支配を確立した。

合州国東海岸からパナマ運河に向かうルートの要衝であるエスパニョラ島のドミニカ共和国では、一八八〇年代から世紀末までに、英米独仏蘭などの金融資本から多額の借款を取り入れ、欧米資本への従属を深めていたが、特に合州国は、資本家グループが結成したサントドミンゴ改善会社による対政府借款を通じて影響力を強めつつあった。一八九九年に独裁者エローが暗殺された後、ドミニカ共和国の政情は不安定となり、一九〇三年には政変が相次いだ。このような政治情勢の混乱に直面して合州国のルーズベルト大統領は議会に宛てた一九〇四年末のメッセージの中で、モンロー宣言を拡大解釈して合州国による西半球諸国への干渉を正当化した、いわゆる「ルーズベルトの系論」を打ち出し、翌一九〇五年にはドミニカ共和国との間に行政協定を結んで、この国の主要な財源である税関の支配に乗り出した。同協定により、合州国政府はドミニカ共和国の関税徴収権を手中にし、徴収した関税収入の五五%を対外債務の支払いに充てることを定めた。この協定は一九〇七年に改めて条約化され、この条約ではさらに合州国の同意なしにドミニカ共和国が公債を増額したり、関税率を修正してはならないことが定められた。一九〇七年から一一年までラモン・カセレスが大統領になり、その下で政情は比較的安定化したが、この期間に伝統的な共有地を整理する法律や、農業機械の輸入税を免税とする法律が制定され、それによってドミニカ共和国の砂糖産業は一層発展するとともに、米系の砂糖会社が広大な土地を取得することになった。

しかし、一九一一年一一月にカセレスが暗殺されるや、ドミニカ共和国の政情は再び混乱状態となった。一九一五年一一月、合州国のウィルソン政権は、ドミニカ情勢を安定させるために、合州国の財政管理の強化と、ドミニカ国軍を解体して合州国政府の管理下に治安維持軍を設置することをファン・イシドロ・ヒメネス政府に対して要求した。これに対して、反米感情が強まり、議会では一九一六年四月から五月にかけてヒメネス弾劾の動きが起こり、反ヒメネス派のアリアス将軍の反乱が開始された。この事態を口実として米海兵隊が上陸し、五月一五日に首都サント・ドミンゴを占領した。同年一一月、占領軍は合州国による軍事政府の樹立を宣言し、これによってドミニカ共和国の主権は消滅した。以後、米人の軍人総督による支配が一九二二年一〇月まで続いた。占領期間中、軍事政府は土地登記法を制定して共有地の整理を徹底させ、米系を含む砂糖大土地所有者による土地の取得や利用を有利にさせたほか、一九一七年には行政命令で従来の国軍に代替し米海兵隊によって訓練された国家警察隊を創設し、合州国による植民地的支配の先兵とした。

同じエスパニョラ島西部のハイチでは、一九世紀後半に入っても経済は停滞し続け、少数支配層間での人種的対立・抗争やそれと絡み合った地域的対立により、国家の形成や発展がきわめて遅れていた。支配層を形成していたのは、主として北部の農村を基盤とする黒人地主・軍閥層と、首都ポルトーフランスや南部の諸都市を基盤とするムラート（混血）の地主・商人階層であり、人口の一％以下である彼らの間で人種的対立に基づく抗争が続けられていた。一方で、人口の九五％を占める農民層は貧困と非識字状態に放置され周縁化されていた。一九世紀後半には、ハイチにおいても欧米資本が浸透し始めた。合州国資本も独仏に続いて銅山開発や鉄道建設を通じて資本進出し始めた。合州国は、戦略的観点からキューバとの間のウィンドワード海峡に面したモレサンニコラス港に関心を持ち、一八九一年にはそれを租借するべく交渉したが失敗した。

一九一四年に第一次世界大戦が勃発した頃、ハイチの政情は一九一一年以来の相次ぐ政変で混乱をきわめており、このような情勢につけこんでドイツが介入してくる可能性が存在した。このため、ハイチ情勢を注視していたウィルソン政権は、一九一五年七月に親米派のサム大統領が反米的なロサルボ・ボボ派に殺害されると、ハイチ介入を決定し、七月二八日に海兵隊が首都ポルトーフランスを占領した。合州国は、その後一九年間にわたってハイチを軍事占領下に置いた。一九三四年まで続いた占領期間中に、ドイツの経済的影響力は駆逐され、フランスの経済的影響力も衰退した。

一九一五年九月、合州国政府は傀儡のシードラ・ダーテグナーバ政権との間に条約を締結して、ハイチを保護国化するとともに、合州国による関税支配、国家警察隊の創設を図った。一九一八年には、合州国政府が作成した憲法草案をハイチの制憲議会に強制した。この新憲法は、独立以来外国人による土地所有を禁止してきた旧憲法の規定を破棄して外国人による土地所有を認めた。制憲議会がこうした屈辱的な憲法の採択を拒否するや、占領軍はダーテグナーバに議会を解散させ、投票権を制限した国民投票によってこれを成立させた。合州国による軍事占領後、ハイチの経済は合州国への従属を強めつつ世界資本主義体制に一層組み込まれていったが、農村の貧困は深まるばかりであった（加茂雄三『地中海からカリブ海へ』）。

このように、帝国主義化した合州国は、中米・カリブ海地域において地政的に戦略的重要性を有する国々を次々と保護国化して、現地傀儡勢力に政権を握らせて、これを合州国が育て上げた国家警察隊によって防衛するという統治方法を採った。この合州国による半植民地支配の下では、農地改革など大衆が求める社会変革や民族的自立化の志向性は暴力的に抑圧された。ここでも、反対派を「浄化」し、民衆を「排除」するという、合州国において過去に先住民に対して行使された「支配の論理」が繰り返されたのである。

7 「アメリカニズム」の変容

アメリカ合州国は、「米西・キューバ／フィリピン戦争」を契機として帝国主義的な対外膨張を開始したが、それを後追いする形で「アメリカニズム」が世界的に拡大していった。「アメリカニズム」は、その起源を植民地形成期に発し、その後一九世紀に形成を終え、一八九〇年代から二〇世紀初頭にかけて〝二〇世紀型〟の「アメリカニズム」に変容し、二〇世紀に入って世界的に拡大していったのである。

これまでにも述べてきたように、アメリカ合州国は、「文明化」を使命とした、先住民の「浄化」と「排除」のプロセスを経て建国された。また、アメリカ合州国は、南部を中心に存在した奴隷制に起因する黒人差別をも内包したが、その差別は生物学的劣等性を進化論に依拠する疑似科学的な人種理論に基づいて展開され、黒人を排除し周縁化していった。アメリカ合州国は、このように先住民や黒人を国内的に排除し、彼らが「国民」たりえない「国民国家」として成立した。

しかも、ヨーロッパから間断なく到来する移民を中心として人口増加を経てきたこともあり、「国民」としては排除されていた先住民や黒人などの非ヨーロッパ系の人々を除いたとしても、ヨーロッパ系の多様な人種・民族集団から成り立ってきたために、「民族」を基礎に「国民」が形成されることは不可能であり、「理念国家」として出発する以外になかった。実際、到来した移民がアメリカ「国民」になる資格としては、移民の帰化条件としての最低居住年限を除けば、自由、平等、共和主義といった理念への同意以上のものは求められなかった。そして、これらの理念を移民に受け入れさせることが「アメリカ化」を意味した。したがって、一九世紀末までの「アメリカ化」とは、アメリカ的なものに変容されたとはいえ、ヨーロッパを起源とする諸理念を国内的に強要するものであった。

「アメリカ化」はアメリカ的「理念」の強要を通じて推進された。そもそも、アメリカ的「理念」は、イギリスからの独立革命を経て、建国時に形成された。合州国の建国理念は、建国神話である「丘の上の輝く町」神話と「自由」の概念からなっている。

合州国の建国神話は、一七世紀前半に北米のニューイングランド地方にイギリスから清教徒たちが入植した時のヒストリーからなる。いわゆる「丘の上の輝く町」伝説である。清教徒たちは現ボストン市の地域に入植したが、一六二九年にはマサチューセッツ湾会社という入植斡旋会社が設立された。この会社は、本国の了承を得ることなく入植地で事実上の自治政府を樹立することを国王から許された。一六三〇年六月、この会社の責任者かつ入植地経営の責任者ジョン・ウィンスロップが、一一隻の船に七〇〇人の入植者を分乗させて到着した。

ウィンスロップは聖職者ではなく、弁護士であったが、篤い信仰心を持ち、極度の宗教的使命感を有する人物であった。暴虐の政治が行われ、清教徒が迫害されていた本国から逃れて、ニューイングランドに神に祝福された新しい理想の国を建設するという使命感に燃えていた。彼は確かに理想に近い宗教的共同体の建設に成功した。入植者たちの町は、全住民が公共サービスを分担して負担するという自治能力を有していた。ウィンスロップは、続々と到着した新規の入植者たちに「丘の上の輝く町」の教えを諭し、「主はわれらを主ご自身の民として扱われ、われらとともに暮らすことを喜ばれる。（中略）主はわれらの名を誉めて栄光を授けられる。それゆえ、われわれに続く入植地のことを人々は、「主よ、ここをニューイングランドのようにして下さい」と話すであろう。なぜならば、われらはわれらの町が「丘の上の輝く町」であると考えられねばならないからである」と説教した（古矢旬『アメリカニズム――「普遍国家」のナショナリズム』）。

確かに、ウィンスロップが行った神政政治的な統治は長続きするものではない。ウィンスロップが責任者を辞めた一六四二年以後は、ニューイングランド地方も、宗教的な意味では堕落したごく普通の地方になってしまった。しかし、入植の初期に、神に祝福された「丘の上の輝く町」建設が成功していた時期があったという事実は、今も合州国のアングロ・サクソン系の国民にとって大きな心の支えとなっている。

他方、「自由」の概念は一七七六年に行われた「独立宣言」と、一七八七年に交付された「合州国憲法」に示された概念と使命感に基づいている。合州国の自由主義精神は、イギリスから引き継がれたものである。しかし、イギリスにおける自由主義は、ブルジョアジーという新興経済階層による、封建的な支配階層であった貴族層に対する革新的なイデオロギーであった。ところが、合州国においては、この自由主義を引き継ぎつつも、伝統的支配層に対する革新的なイデオロギーとしてではなく、国家の原理に転化された。こうして、自由主義は階級的イデオロギーであるよりも、国民的イデオロギーの機能をもつことになる。そして、合州国が覇権外交を展開してゆくなかで、自由主義の普及がアメリカ的使命であると主張されてゆく。合州国はこの建国時の思想と使命感の共有によって成り立っている。

こうして、植民地形成から独立を経て、自由主義の普及という「文明化」使命を確信し、非ヨーロッパ系の人々を排除し、ヨーロッパから到来する移民にアメリカ的「理念」を強要することが一九世紀末までに形成されたアメリカニズムの原型となる。しかし、このような一九世紀型アメリカニズムは、同世紀末にアメリカ社会に生じた、①農業国から工業国への転換、②工業化の進展による巨大産業資本及び近代的労働者階層の登場ならびに都市化の進展、③移民の大量流入とその結果としての〝排除〟や対立の論理の強化、④国家の調整的機能の強化、などの諸現象に伴って質的に変容した。こうした状況変化の進行により、対外政策もモンロー・ドクトリンに代表される孤立主義から積極的政策に転換していった。一八九〇年に発表されたマハン提督が策定した『歴史に対する海上権力の影響』と題する国家戦略は、このような構造変化と政策転換の時期を画するものであった。そして、一九世紀型アメリカニズムに代わる新しいアメリカニズムの形成は、世界におけるアメリカの位置と役割の再定義、国内においてめざすべき基本的価値観の再構成、意識的な「アメリカ化」の推進という三次元で進められてゆく。

二〇世紀型の新しいアメリカニズムが形成されるプロセスには、運輸・通信技術の飛躍的発達による時間と地理的空間の縮減が存在した。第一次世界大戦の勃発に至るまでの十数年間に電話、無線電信、X線、映画、自動車、飛行機など、時間と空間の新しい様式の出現をもたらすインフラが確立され、「一九一〇年頃には共通感覚、知識、社会的実践、政治権力の空間であると同時にコミュニケーションの環境として、それまでの日常の言説と抽象的な思考の基礎をなしていた空間が消失し」ていった(古矢、前掲書)。そして、これが合州国の国民的な集合意識に大きな変容をもたらすこととなり、アメリカ合州国こそが「人類社会の進歩」の先頭を切りつつあるという強烈な自負心を形成させた。

一九〇一年、後に大統領となるウッドロー・ウィルソンが「アメリカの理想」と題する講演を行い、二〇世紀におけるアメリカ合州国の使命を、「わが国は海の向こうに新しいフロンティアをつくり出した」と述べて新たな「フロンティア」が開始されていると強調し、「一二五年間にわたり成長を続けてきたこの国家が、今や広大な世界の舞台へと歩を進めた」と述べた（古矢、前掲書）。ウィルソンの議論は、海外への進出こそが合州国の新しい「使命」であると述べた点で際立っていたが、同時にウィルソンは「自由」の伝道者としての「使命」を合州国に課すとともに、他国の内治に対する判断と内政に対する干渉が正当化されるようになる。さらに、この他国の内治への関心は合州国国内の移民の大量流入によって生じた混成的な状況への批判と結びついていた。すなわち、アメリカ的価値観の国内における回復と、国外への拡大が同時にめざされたのである。このように二〇世紀型アメリカニズムにおいては、「アメリカ化」が目的意識的に追求されることになる。同時にこの二〇世紀型アメリカニズムにおいては、「アメリカの先駆性」に関する自負心が強められる。

アメリカ合州国とその国民が、二〇世紀初頭より「アメリカの先駆性」に関する自負心を強めた背景には、フォーディズムに代表される技術開発と労働管理の合理化の結合によってもたらされた大衆消費社会の出現があった。一九一四年、フォード自動車会社は「アメリカ化」計画の中核となった「日給五ドル」案の実施を開始、工業製品の安価かつ大量生産・供給のシステムをつくり出し、大規模な広告媒体による大衆消費者の到来を告げることになった。この「アメリカ化」計画は、ある意味で「人間改造」計画の要素を持っていた。同社は、「労働者を単に工場においてのみでなく、家庭生活、近隣生活を含む幅でとらえ、彼らを市民として教育することで理想的なアメリカ国民をつくりだすことに力を注いだからである。これによって、フォーディズムは単なる生産システムではなく、二〇世紀アメリカニズムの基本要素となる「アメリカ市民」を生み出した」と考えられる（古矢、前掲書）。フォード式の大量生産方式に従事した非熟練労働者の一部は五大湖周辺の地方町村から供給されたが、その圧倒的多数は東南欧系の移民たちであり、大規模機械の導入による作業工程の細分化、単純化は、これら国内外からの非熟練労働者の調達の結果であった。そして、この新しい大量生産システムの過程で労働者の「アメリカ化」が進められたのである。

しかし、ここでフォーディズムのもう一つの意味合いを確認しておかねばならないだろう。それは、フォード工場を支配した「部品交換性」の原則であり、この原則は自動車の製造工程の部品にだけではなく、労働者にも適用されたという事実である。同一規格品を大量に生産するためには、部品の統一性と交換性のみでなく、若干の訓練を施せばいくらでも補えるように労働者を規格化し、その交換可能性を高めるシステムが必要とされたのである。しかし、移民を中心とする労働者はエスニック集団ごとに一定の地区に集住し、旧世界の生活様式に固執したため、工場内の規律によってのみでは管理することは困難であった。この問題を解決するために「アメリカ化」計画が実施されたのである。

しかし、フォーディズムは移民労働者の「アメリカ化」のために効果を発揮したのみではなかった。その特色は、近代的産業社会における機械と人間という二つの基本的要素を同時に合理化することを追求したところにあった。またこの点に、「二〇世紀アメリカニズムとしてのフォーディズムの、普遍妥当性がひそんでいた」(古矢、前掲書)。そして、フォーディズムは全世界の資本家階層に対し、汎用性のある資本主義的な成長のモデルを、普遍的なイデオロギーとして提供した。その結果、一企業の労働者管理システムとして開始されたフォーディズムは、世界の産業界にも影響を与えることになる。こうして、二〇世紀型アメリカニズムは、フォーディズムの合理的労働者=市民像を中核とし、自由民主主義的な産業社会に立脚し、リベラルな世界構想をはらんで確立されていった。

このような二〇世紀型のアメリカニズムが形成を終えたのは一九二〇年代であった。一九二〇年代とは、何よりも機械文明と都会文化、消費文化の時代であり、「消費社会のリアリティが広範な大衆の日常を覆っていった時代」であった。この時期の合州国では、ファッション、スポーツ、さらに性道徳が劇的な変容を遂げた。ファッションの変容は女性の意識にも変化を生じさせ、飲酒や喫煙の習慣が拡大し、成人映画が上映された。ホワイトカラー職に進出する女性の増大や消費文化の広がりの中で、因習的な性の境界線は急速に打ち破られ、離婚率の増加をも生じさせた。また、ラジオやタブロイド版の新聞の普及に伴って野球、フットボール、ボクシングなどのショー・スポーツが大衆の関心事となった。さらに、ハーレム・ルネッサンスに代表されるように、消費文化の繁栄を背景に、都市の黒人たちが自らを主体化し、白人や資本の想像力を取り込みながら自己意識を高めていった。こうして、一九二〇年代とは、大衆消費文化を背景に、女性や黒人など、これまで社会的抑圧にさらされてきた人々が自己意識を高めた時代でもあった。

そして、都市型の消費文化は、「アメリカ的生活様式」として世界的に流布していった。以後、今日までの世界史は、アメリカの文化的「侵出」あるいは「浸透」を基調としてゆき、アメリカ産の消費財や音楽や映画などが呈示する価値観や思想や倫理や美的基準のような無形の文化的要因に支えられたアメリカ型の行動様式の流布こそが、第二次世界大戦後に全開するアメリカ合州国の軍事力や経済力のグローバルな展開を可能にする基盤となっていった。

第6章

黒人公民権運動と解放闘争

ブラック·パンサーの機関紙（1969年）

1　黒人公民権運動

第二次世界大戦後、合州国は戦争特需の恩恵を存分に享受してかつてなく豊かになった。そして、その後も安定した高度経済成長を続け、いわゆる「豊かな社会」が実現された。都市移民社会に住んでいた東・南欧系白人労働者は、製造業の順調な発展と経営者の経済的譲歩に支えられて収入を増加させ、その多くが都市郊外に移住した。一九五〇年代から六〇年代になると都市移民社会の伝統的労働者文化は衰退し、旧移民と新移民の「人種の坩堝《るつぼ》化」が進んだ。

一九七〇年代半ば以後、産業構造は根本的な再編成を強いられた。国際競争力を失った基幹産業が都市中心部から脱出し、「産業の空洞化」が進行するとともに、軍事部門で発達した電子技術が一挙に民需部門に適用され、ハイテク産業化が進行した。その結果、大都市中心部の非熟練・半熟練労働力は過剰となり、ここに失業・不安定雇用が蔓延した。こうして、合州国の労働者階層の間には、労働組合に組織されている高賃金産業労働者と組織されていない低賃金労働者との、あるいは郊外居住者と都市居住者との格差の拡大が顕著となった。

そして、戦後の合州国経済はこの亀裂を固定化する二つの労働市場を生み出した。一つは基幹産業や中央・地方の政府機関、軍関係で構成され、その多くが労働組合に組織され安定した雇用と高賃金が保証されている中核的労働市場であり、いま一つはこの労働市場から隔離された不安定で低賃金の第二次労働市場で、主に未組織の有色人、一〇代の青年及び女性によって担われていた。この労働市場では労働者はまさに労働を切り売りするだけで、労働組織内部で階梯を上昇することさえありえなかった。

一九三〇年代以後の南部農業の近代化は、特に五〇年代からの綿摘み機械と除草剤の普及によって黒人を中心とする労働力需要を劇的に削減し、数百万の農業従事者が大都市へと移動した。南部農村からの黒人を含む新移民は、旧移民と同様に農村生活から都市生活への転換の緊張を経験し、都市に適応しながら彼らの文化をこれらの地域に持ち込んだ。しかし、一九五〇年代後半には基幹産業が都市中心部から流出し始め、都市の非熟練・半熟練雇用は減少したから、新規に大量流入した移民は第二次労働市場に沈殿することになった。しかも彼らは、雇用・住宅・教育における厳しい人種差別にさらされ、人種隔離居住区に押し込められた。

北部主要都市の黒人人口は、一九四〇年以後、約二〇〇万人増加し、黒人票はニューヨークなどの大きな州で重要な位置を占めるようになった。一九四六年一二月、トルーマン大統領が公民権委員会を設置し、合州国における人種関係改善の今後の方向性について勧告するように求めると、同委員会はまもなく反リンチ法、選挙権保護立法、軍隊内人種隔離撤廃、人種隔離機関への連邦補助金停止、恒久的公正雇用実施委員会、住宅人種隔離撤廃促進法などを勧告した。一九四八年二月、これに対しトルーマン大統領は、南部白人の反発を予想しつつも、勧告を全面的に支持すると宣言した。同年七月には軍隊の人種統合を求める大統領行政命令を発した。そして、同年末の大統領選挙において、トルーマンは大都市を持つ重要州で圧倒的多数の黒人票を得て勝利した。しかし、選挙に勝つと、議会の抵抗を口実に公民権の実現には動こうとしなくなった。その背景には、反共ヒステリーの高まりがあった。トルーマンが黒人の間で勝利すると、黒人運動の指導権は完全に反共主義者の手に握られることになった。

反共ヒステリーは黒人の人権確保の上で破壊的な影響を与えた。反共ヒステリーは、現状に異論を持つすべての進歩的改革勢力に対して「ソ連の手先」「破壊分子」「非アメリカ的」などと攻撃し、彼らを社会的に抹殺しようとした。一九四九年、アメリカ産業別労働組合会議（CIO）は、黒人の組織化と人種隔離撤廃に熱心であった一〇〇万以上の組合員を擁する一二組合を追放した。この追放はその後の黒人公民権運動に大きな打撃を与えることになった。以後、労働運動は黒人公民権運動に対して一貫して消極的姿勢を取り続けた。しかし、黒人たちは人種隔離体制に対してますます耐え難い苦痛を感じるようになっていた。戦後の高度経済成長や帰還兵援護法に助けられて、多くの黒人たちが高等教育と十分な収入を得て社会的上昇の可能性を獲得し始めていたのに、人種隔離体制の壁が彼らの前に立ちはだかっていたからである。

全国黒人向上協会（NAACP）は、第二次世界大戦前から「分離すれども平等」原則に対する攻撃を課題として、隔離撤廃のための裁判闘争に取り組んでいたが、「ブラウン裁判」（カンザス州に住む黒人オリバー・ブラウンが、娘の白人学校入学を求めて教育委員会を訴えた裁判）に際して、「隔離は本来的に不平等」との最高裁判決を得るまでになっていた。しかし、この判決は、人種差別は共産主義陣営の宣伝に材料を提供しているとの国際的配慮から下されたものであり、合州国の国家原理転換の一般的宣言にすぎず、アメリカ社会の現実の変革は、黒人をはじめとする民衆自身の大衆運動の力に委ねられねばならなかった。しかし、南部の白人たちは、黒人の地位向上に対して断固たる抵抗の姿勢を示した。

黒人たちは、こうした白人の抵抗を徐々に打破して公民権獲得の闘いを進めていった。その皮切りが、一九五五年一二月のアラバマ州の州都モンゴメリーにおけるバスボイコット運動であった。翌五六年一一月、最高裁は「バスの人種隔離は違憲である」との判決を下し、ボイコット運動は黒人側に全面的勝利をもたらした。この戦いの中から、黒人解放闘争の指導者となったマーティン・ルーサー・キング牧師が登場し、一九五七年にはキング牧師の指導下に南部キリスト教指導者会議（ＳＣＬＣ）が結成された。黒人たちの結束した力でボイコット運動は勝利したが、さらに前進するためには黒人を排除している施設への侵入が必要だった。それは現行法と慣行を犯す行為であり、行動の参加者は白人からの暴行と官憲による逮捕を覚悟する必要があった。

バスボイコット運動を出発点として、公民権運動はその領域と力量を急速に伸長していった。一九五六年二月にはアラバマ大学で黒人女子学生の入学が白人の暴力によって妨害される事件が発生、翌五七年九月にはアーカンソー州のリトルロック高校で黒人学生の入学に反対する人種暴動が発生したが、最終的には連邦軍の介入によって黒人生徒九人の入学が達成された。この時期より共学の教育機関への黒人学生の入学が、州知事を含む白人たちによる妨害を乗り越えて達成されるケースが増加し始めた。

南部の人種隔離慣行に対する挑戦は、一九六〇年二月にノース・カロライナ州グリーンスボロにおいて、勇気ある黒人学生四人によって行動が開始された。彼らは軽食堂のランチ・カウンターに座ってコーヒーなどを注文した。店員の拒絶と白人からの罵詈雑言にもかかわらず、彼らは閉店まで座り続け、翌日も同じ行為を繰り返した。翌日からは仲間が二三人に増え、一週間後には一〇〇〇人と参加者は増え続け、数カ月の間に南部の約一〇〇都市で七万人の学生が座り込みに参加し、三六〇〇人が逮捕されたが、白人学生の中にも参加者が現れた。いわゆる「グリーンスボロ・コーヒー・パーティー」と呼ばれた歴史的事件である。この闘いの中で、ＳＣＬＣから独立した「学生非暴力調整委員会」（ＳＮＣＣ）

が結成された。

SNCCは、南部の黒人社会に入り、人種隔離や黒人の参政権剝奪に対する活動を果敢に展開した。特に、人種隔離がなされているさまざまな場所への「入り込み」運動によって人種差別の打破を実際に切り開いていった。一九六一年五月、SNCCは人種平等会議（CORE）と連携して、人種隔離が最高裁の判決で禁止されている州境を越える長距離バスに黒人と白人が一緒に乗り込み、深南部を通過する「フリーダムライド運動」を実行した。ワシントンをニューオルリンズに向けて出発したバスは三週間後にアラバマ州に入ると白人暴徒による焼き打ちを受け、その後ミシシッピー州警察によって逮捕されたが、同じような運動が南部各地で展開された。その結果、同年九月に州際交通委員会は、州境を越えて運行する車両は、「人種差別をしているターミナルを使うことはできない」との決定を下し、州際交通における人種隔離は大幅に撤廃されていった。

このような人種隔離撤廃に向けた公民権運動の拡大を経て、一九六三年はキング牧師に象徴される非暴力直接行動を基軸とした公民権運動が最盛期に達した年となった。リンカーンが奴隷解放宣言を公布してから一〇〇年目にあたる八月二八日にワシントンで「仕事と自由のためのワシントン大行進」と呼ばれる大集会の開催が決定しており、集会以前から公民権運動の高まりが感じられた。これに対して、同年四月から五月には南部白人側も反攻に出ようとした。

特に、アラバマ州では黒人による大衆集会を警官隊が襲って大量逮捕するなどの事件が頻発していた。アラバマ州の動向を見守っていたケネディ大統領は、五月一一日連邦軍をアラバマ州に派遣するとともに、州兵を連邦軍に編入して事態の収拾を図らせた。そして、六月一一日にはテレビを通じて声明を発し、人種差別をなくすために早急に新しい公民権法案を議会に提出すると約束した。こうした情勢の中で開催された八月二八日のワシントン大集会には全国各地から二〇万人を超える人々が参加、そのうち四、五万人が白人であったと推定されている。

新公民権法案は、ケネディ大統領の暗殺後、大統領に昇格したジョンソン政権下で、一九六四年二月に下院を通過したが、上院では南部派議員の妨害行為も重なったため、ようやく六月に上院を通過し、七月に法律として成立した。こうして制定された一九六四年公民権法は、住宅差別の禁止や最低賃金制の実施などの黒人たちの要求は盛り込まれてはいないものの、第二次世界大戦後の公民権運動の中で黒人たちが生命を賭して闘ってきた、投票権の行使、公共機関や公教育における差別の禁止等の諸要求が総括的に集大成された。

しかし、新しい公民権法が成立したまさにその時期に、南部の白人人種差別主義者による攻勢が強まりつつあり、それに対する反動として黒人側が反発、「長く暑い夏」と呼ばれた数年間が始まった。白人人種差別主義者が起こした最たる事件は、一九六四年六月にミシシッピー州での黒人選挙権登録促進と教育啓蒙活動の先遣隊として同州に入った二人の白人学生を含む三人の学生活動家が人種差別主義者に惨殺された事件であった。ミシシッピー州当局は犯人を告発しなかったが、連邦大陪審が告発した結果、保安官代理ら七人に有罪判決が下された。同年六月にはフロリダ州のセント・オーガスティンで黒人にも開放されていた海岸で海水浴をしようとした約一〇〇人の黒人が白人暴徒に襲撃される事件が発生、七月にはジョージア州で黒人教育指導主事が走行中の車両から銃撃を受けて死亡する事件が発生した。このように黒人の公民権に対する社会的認識の高まりの中で白人人種差別主義者による暴力事件は顕著に増加した。

そうした状況の下で、黒人側からもキング牧師らが指導してきた非暴力直接行動を主軸とする活動形態に関して不協和音が生じ始めた。そのような傾向を示した典型的な人物こそマルコムXであった。マルコムXは黒人の国民的統合をめざす公民権運動の主流派とは異なってブラック・ナショナリズムに基づく黒人分離を主張するとともに、「非暴力には非暴力で、しかし暴力には暴力で対決する」との強硬路線をとっていたが、一九六五年二月暗殺された。初期のマルコムXのブラック・ナショナリズムは、一九六六年六月にSNCCのカーマイケルが演説の中で「われわれが必要としているのはブラック・パワーである」と宣言したことから黒人解放運動の急進派に引き継がれ、「ブラック・パワー」と表現されるようになる。

2　マルコムX

マルコムXは、一九二五年五月一九日にネブラスカ州のオマハで、ガーヴェイの思想に強く共鳴し、「世界黒人向上協会」の熱心な活動家であったバプテスト派の牧師アール・リトルを父として生まれた。白人の子のように白かったといわれる。マルコムの母ルイーズはカリブ海のグレナダ島出身で黒人女性とスコットランド人との間の混血であった。父親は色の白いマルコムを気に入っていたが、母親は七番目の子供であるマルコムにきつくあたった。マルコムは四歳頃から肌の色が黒味がかってきたが、それでも黒人としては色白であった。マルコムが三歳の時、一家はミシガン州ランシングに引っ越したが、家が白人によって放火されてしまう。五歳の時には父親が市電にひかれて死亡。警察は自殺と断定したが、ランシングの黒人たちは白人によって殺されたと信じていたという。

父親の死後、一家は生活保護を受けざるをえないほど困窮化し、マルコムは近所の商店で万引きをして補導されたことから、近所の家に預けられることとなる。さらに、まもなく母親は精神的におかしくなり、州立の神経科病院に入院させられてしまう。マルコムは近所の家に預けられて経済的には困らなくなり、学校での成績も悪くなかったが、素行が悪かった。一三歳で退学処分を受け、メイソンの少年鑑別所に入れられ、そこから中学校に通うことになった。学校では黒人はマルコム一人だけであったが、バスケットボール部で活躍したり、学業成績もよく級長に選ばれたこともあるなど、人気者であった。

七学年の終わり頃、父親の先妻の子で異母姉のエラと出会ったのがきっかけで、夏休みをエラの住むボストンのロックスベリーで過ごすこともあった。中学卒業後はエラを頼ってボストンに移った。ボストンにおいてマルコムは夜のアンダーグラウンドの世界で働き、夜遊びもするようになる。そして、白人のソフィアをガールフレンドに得た。マルコムは一六歳の時に、エラの勧めによって、二一歳と偽ってボストンとニューヨークの間を走る列車の車内販売の仕事につく。しかし、この仕事を得たことから、ニューヨークのハーレムに引き寄せられるようになり、ハーレムでアパート暮らしをするようになる。最初はナイトクラブのウエイターの職を得たが、やがてギャング団の一員となり、ついにはハスラーとして一本立ちし「デトロイト・レッド」として夜の世界で知られるようになった。麻薬にも手を出し、コカイン常用のために多額の金が必要になったことから、ソフィアらと四人で住宅街で連続的に強盗をやるようになり、一九四六年に逮捕され、懲役一〇年の実刑判決を受ける。そして、獄中でマルコムの人生は急激に変化していった。

マルコムは獄中で知り合ったある黒人から通信教育や図書館を利用して勉強することを勧められ、英語の通信教育や、ラテン語の通信教育をも手がけるようになる。一九四八年に兄のフィルバートから来た手紙で、長兄のウィルフレッド、フィルバート、姉のヒルダ、弟のレジナルが宗教団体「ネイション・オブ・イスラム」（NOI、通称「ブラック・モスリム」）を信仰し始めたことを知る。

NOIの起源は一九三〇年に遡る。その年の夏、W・D・ファードと称するアラブ系らしき人物がデトロイトの黒人ゲットーに現れ、黒人の優越を強調して白人を排斥する、伝統的なイスラム教とは異なる教義を唱えた。やがてファードの支持者が増加し、ゲットー内にイスラム教寺院と称するホールが設置されていった。こうしてNOIが設立され、一種の武装組織である「フルーツ・オブ・イスラム」も創設された。ファードは、悪を代表する白人と、善を代表する黒人が、世界最終戦争であるハルマゲドンの戦いをすることになると主張した。黒人にその準備をさせることが自分の使命であると訴え、白人が創った地獄から脱却して、合州国国内に黒人だけのパラダイスを建設することを主張した。ファードは一九三四年に失踪したが、四年間に信者は八〇〇〇人ほどになっていた。

ファードの後を継いだのは、イライジャ・プールである。イライジャは一九三一年にファードからムハマドの名を授けられてイライジャ・ムハマドを名乗るようになる。イライジャ・ムハマドは一九二三年に妻子とともにデトロイトに住みついた。当初はガーヴェイ主義の運動に参加していたが、一九三一年からNOIの活動家になり、三二年にシカゴの第二寺院の責任者に任命される。イライジャ・ムハマドが継いでからのNOIは白人との分離や黒人の経済的自立がさらに強調されるようになる。経済的自立については、ＮＯＩの会員が経営する製パン工場、食料品店、レストラン、クリーニング店、理容院などがシカゴ市内にいくつも創設された。第二次世界大戦に合州国が参戦すると、ＮＯＩでは徴兵忌避で逮捕されるメンバーが続出した。アッラーの命令がない限り武器を持つことができないとの教義に基づく行動の結果であった。日本人工作員が潜入しているとの情報があり、寺院を捜索した結果、多数の武器が押収されたことも逮捕者が増えた原因であった。イライジャも一九四二年に逮捕され、四六年まで獄中にあった。釈放後は、浮浪者、失業者、売春婦、前科者、麻薬中毒患者など社会の最底辺層に対する援助を差し向けるようになる。こうして、獄中のマルコムにも援助が差し伸べられる。

一九四八年の暮れ、マルコムは姉エラの努力で実験的な犯罪者更正刑務所に移され、知的作業を上乗せすることができるようになる。マルコムは辞書を書き写すことを通じて語彙を増やし、睡眠時間は三、四時間しかとらずに読書にも打ち込んだ。特に、合州国の歴史や黒人問題を集中的に学習した。その結果、兄弟たちが信仰し始めたＮＯＩに関心を示すようになり、イライジャ・ムハマドに手紙を出したが、その返事には、黒人の囚人は白人社会の罪の象徴であり、白人社会が黒人を罪人にしてしまうと書かれていた。最後に「アッラーの使者」との署名があった。マルコムは強い精神的衝撃を受けたといわれる。

一九五二年八月、マルコムは仮釈放され、出所するとデトロイトに住む長兄ウィルフレッドの家に身を寄せ、兄からイスラム教徒の生き方を教えられる。同年九月にはイライジャ・ムハマドに会い、ただちに入信し、Ｘという名前をもらった。Ｘは永久にわからない祖先のアフリカ名の象徴である。この時からマルコムは、白人の奴隷所有者に押しつけられたリトルという姓を捨て、マルコムＸを名乗るようになる。そして、イスラム教の勉強にいそしむとともに、布教活動にも専念していった。まもなく導師ハッサンからデトロイト寺院で説教しないかと勧められ、その初めての説教においてマルコムは非凡さを認められ、ＮＯＩの中での地位を高めていった。一九五三年にはボストン寺院の開設を委任され、次にニューヨークのハーレムに活動拠点である第七寺院開設の大任を受け、ハーレムでＮＯＩの指導者として布教に従事してゆく。マルコムはハーレムにおいて、キリスト教は白人による黒人支配の道具に堕しており、聖書は非白人を奴隷化するために使われてきたと説き、徐々にブラック・ナショナリズムの主張を強めていった。

一九五七年にハーレムにおけるＮＯＩの存在を有名にする事件が発生する。ＮＯＩの一人のメンバーが警察官の暴行を受けた上で逮捕されたため、マルコムは「フルーツ・オブ・イスラム」の隊員五〇名を率いて警察署に行き、建物の前に隊員を整列させた上で逮捕されたメンバーを入院させることを要求した。この行動はハーレムの中で注目され、群集が集まりだした。マルコムは医師と面会し、逮捕されたメンバーが治療を受けていることを確認した後に隊員を解散させた。この事件が翌日の新聞で報道され、ＮＯＩの存在がニューヨークでも広く知られるようになり、同時に警察もＮＯＩとマルコムＸを警戒し始めるようになる。事件後、第七寺院の信者は数千人に急増したといわれる。

イスラム教に改宗してからのマルコムは、入獄以前とは違って女性とは無縁の生活を送っていたが、第七寺院のメンバーで病院付属の看護学校に通っていたベティ・サンダースを愛するようになり、イライジャ・ムハマドの了承を得て、一九五八年一月一四日に結婚した。マルコムは妻が外で働くことを嫌うなど、ある意味、保守的な女性観を持っていたらしい。

一九五九年にはＮＯＩの名をさらに高める出来事が起こった。ＮＯＩに関するドキュメンタリー番組のテレビ放映と、エリック・リンカンの著書『アメリカのブラック・ムスリム』の出版である。合州国国民の間にＮＯＩやマルコムに対する関心と同時に警戒心も徐々に広がってゆく。多くのマスコミは、マルコムが黒人の人種差別主義者であるかのように報道したが、マルコムはマスコミからの取材において、キング牧師らの公民権運動のような統合主義に関しては否定的に論じ、白人からの分離は黒人が望んでいるのだからＮＯＩが人種分離を唱えるのは人種差別ではないと主張した。ＮＯＩのメンバーは、黒人が白人社会に統合されれば、人種としての黒人は破滅してしまうと考えた。

一九六一年、イライジャが病に倒れマルコムがその代理を務めたが、マルコムの活躍もあってこの頃ＮＯＩの勢力は七万五〇〇〇名のメンバーを擁するに至った。しかし、マルコムに嫉妬する古参幹部もおり、マルコムの名声ゆえに組織内での立場も微妙になりつつあった。そのため、マルコムはテレビに出演する際にも慎重に振る舞い、演説の冒頭で「尊敬すべきイライジャ・ムハマドの教えによれば」の慣用句を用いた。

他方、マルコムは公民権運動の進展を前に、公民権運動の統合主義的な姿勢を拒否しつつも、イライジャ・ムハマドによってＮＯＩが街頭で行動することを禁じられているために、ＮＯＩの非政治的姿勢に苛立ちを深めていった。マルコムは、ＮＯＩは反権力闘争に積極的に参加すべきだと思うようになる。こうして、イライジャとの亀裂が深まっていった。

マルコムとイライジャとの亀裂を深めた要因の一つにイライジャの女性問題があった。イライジャの個人秘書が次々と妊娠して子供を産んでおり、子供の認知をめぐって訴訟も起こされていた。マルコムは三人の元秘書に会って話を聞き、彼女らの子供の父親がイライジャであることを確認した。その頃、イライジャがマルコムのことを「優秀だが危険な人物である」と言って警戒するようになっていることも知った。

一九六三年一一月、ケネディ大統領暗殺事件が発生した時、マルコムは些細なミスを犯したが、これを契機としてNOI内のマルコムの敵たちがNOIからのマルコム追放を画策していった。マルコムが犯したミスとは、ケネディ暗殺事件の直後、イライジャは事件に関していかなる意見も公表してはならないとの指令を発していたが、ニューヨークのマンハッタン・センターでの演説集会において、前日に急遽出席をキャンセルしたイライジャに代わってマルコムが代理演説をし、ケネディ暗殺事件については一切触れなかったものの、一人の質問者が事件に関する意見を求めたのに対して、「鶏が止まり木に帰ってくるケースと同じことだ。ケネディの合州国政府が海外で撒き散らした憎悪が、そのまま国内に跳ね返ってきたのだ」と即答したことであった。翌日の新聞はこの発言を刺激的な見出しの下に粉飾して書きたて、全米の人々が大統領の不慮の死を悲しんでいるさなかに、NOIの指導者マルコムだけが例外的に嘲笑を浴びせたと報じた。マルコムの不用意な発言は、悪意をもってクローズアップされ、さらに歪曲されて報じられ、マルコムがあたかも非情な悪党であるかのようなイメージが振りまかれる結果となった。

同日、マルコムはイライジャからシカゴに呼ばれ、前日の発言の不用意さを批判され、九〇日間の活動禁止令を下されてニューヨークに戻った。マルコムがニューヨークに帰ってみると、第七寺院の信者だけでなく、報道関係者にも活動禁止令がすでに知れ渡っており、マスコミがマルコムを追い回した。これほど早く活動禁止令が組織の内外に知られたことの背景には、NOI内にマルコムを排除しようとする勢力が存在したことを示している。イライジャ自身が関与している可能性も否定できなかった。

いずれにせよ、マルコムはNOI内部における一切の権利を剝奪され、第七寺院の信者にスピーチを行うことまでが禁止された。マルコムに対して、組織内部で暗殺令が出されたとの噂も流れた。しかし、噂は単なるデマではなかった。実際に、イライジャから暗殺令を受けた信者がマルコムに事実を知らせた。この時点で、マルコムはNOIからの離脱を決心するようになる。

NOIの非政治性を克服し、他方で公民権運動の統合主義を批判して、真の黒人解放運動を建設してゆくこと、マルコムはこのような道に向かって突き進んでいった。この当時の考え方を、マルコムは次のように述べている。

「私は一体なにをしようとしていたのか。私の生涯はアメリカの黒人解放闘争にはなれがたく結合されていたのではなかったか。

私は一般から指導者とみなされ、ある面では尊敬を受けてきたことを知っている。私はブラック・モスリムズ時代から他の黒人指導者たちの欺瞞や不正を糾弾し続けてきた。

今や私は、アメリカの黒人大衆が解放闘争をおしすすめる上で自分がどのような役割を果たせるのか、自分の価値がどれほど有効なのかを自身に問い返さねばならない時期に直面していた。黒人ゲットーのすべての人々が私をどのように必要としているのか……と。

困難な解放闘争を成功させ、よきオルガナイザーとして働くためには、現実の状況を数学的に冷静に分析しなければならない。(中略)

名のとおった既成の黒人指導者たちの最大の欠点は、彼らが黒人ゲットー地区の大衆と密着していないということだという事実を私は知っていた。彼らが四六時中白人たちと〈統合〉にふけって、いたずらに時間を浪費しているかぎり、ゲットー地区の黒人大衆を一体どんなやり方で魅きつけることができようか？　黒人ゲットー地区の人々は、私がかつてこれまで一度も精神的にゲットーからはなれて暮らしたことはないということを知っていた。

私の内部にはゲットーの感覚があり、壇上で話しかけている時、ゲットーの大衆の緊張度が極限をこえたかどうかを自然に感知することも可能であった。ゲットーの言葉を話し、すぐに理解することも私にとってはたやすいことだった。自分が昔にハスラーだったので、いまのアメリカ社会で一番危険な黒人はゲットーのハスラーたちであることを、私は白人や他の指導者たちよりもずっとよく知っている。ブラック・ゲットーのジャングルに生きるハスラーたちは、他のどの黒人よりも権力の攻撃を恐れない大胆な若者なのである。」（『マルコムX自伝』）

マルコムは黒人ゲットーの若者たちに黒人解放闘争の原動力を見出していた。合州国の黒人たちは、これまで白人が支配するシステムに従属し飼いならされてきて、政治、経済、法律、文化、宗教に至るまで、白人支配に従ってきた。その結果、肉体のみならず精神世界までが破壊の危険にさらされた黒人大衆の頽廃は今や極点に達している。キリスト教が黒人たちを精神的にコントロールし、社会的隷属の現実を肯定させ、変革へのエネルギーを失わせてきた。ゲットーの黒人大衆の自己認識を深めるべきであり、冷徹で現実的な自己認識の深まりが、やがてゲットーの大衆をゆり動かすことになる、とマルコムは確信した。

こうしてマルコムはＮＯＩを離脱し、一九六四年三月に「ムスリム・モスク・インコーポレイティッド」（MMI）を結成し、本部をニューヨークの七番街と一二五丁目が交わる角にあるホテル・テレサに置いた。若いNOIメンバーがNOIを離脱してマルコムの下に集結し始め、また非ムスリムの黒人たちの中にもマルコムに支持を表明する者が出た。マルコムは結成集会後の記者会見で、「私は新しいイスラム教団体を組織し、その長となる。団体の名称は〝ムスリム・モスク・インコーポレイティッド〟とする。この団体はわれわれの信仰の結集体であり、われわれ黒人社会の道徳を破壊する諸悪から人びとを救い出すために、必要な精神的な支柱である。わがコミュニティーのモラルを樹立するために必要な精神的力となるだろう。ムスリム・モスクは臨時本部をハーレムのホテル・テレサに置く。そこは二二〇〇万人のアフリカ系アメリカ人が日夜苦しんでいる政治的弾圧、経済的な搾取、社会的堕落を根絶するための行動計画遂行の拠点となる」と述べた（前掲書）。

マルコムがイライジャとの亀裂を深めNOIを離脱していった時期、すなわち一九六三年から六四年にかけて合州国では黒人反乱が目立ち始めていた。それが一九六五年八月に発生したロスアンゼルスのワッツ市街戦へとつながってゆく。一九六三年三月、アラバマ州のバーミンガムの街路で公民権運動の指導部の統制力を突き破った黒人デモ隊が警官隊と激突し、暴動騒ぎに発展した。このため州兵も動員され市街戦的様相を呈した末、多数の負傷者が出た上に、数千人の黒人が逮捕された。同年一年間に南部の黒人社会では二四回もの街頭行動が行われ、総計一万人以上の黒人が逮捕された。バーミンガムの黒人反乱は、運動形態を非暴力的な公民権運動の枠内に閉じ込められていた黒人大衆のエネルギーが必然的に爆発すべき瞬間に爆発したものと考えられ、黒人解放闘争の転機を画するものであった。

一九六四年の初めにスクール・ボイコット運動が北部大都市に拡大し、さらに下層の黒人労働者が大衆デモの先頭に立ち、この闘争形態が定着した。ニューヨークとワシントンでのストライキ、シカゴのハンガーデモや路上座り込みが黒人労働者によって行われた。さらにメリーランド州、ミシシッピー州、イリノイ州、フロリダ州で黒人大衆が街頭行動で権力側と衝突した。同年七月、ニューヨークのハーレムで一五歳の黒人少年が路上で私服警官に射殺され、ハーレム全体に不穏な動きが広がった。少年の葬儀に集まった群衆が自然発生的に抗議集会を開き、これに対して警官隊が出動し、警官側はピストルを乱射、警棒を振りかざして群衆を攻撃。黒人側は白人が経営する商店を襲って破壊し略奪を行った。騒乱は三日間続いた末に鎮まった。「長く暑い夏」と呼ばれた一連の暴動の先駆けとなった事件である。

マルコムはMMIを設立した直後、姉エラの資金援助で、一九六四年四月一三日に聖地メッカへの巡礼に旅立った。正統派イスラム教徒として果たすべき宗教上の義務と考えたためである。マルコムはカイロ経路でジェッダに着き、空港で足止めをくらったが、出発前にイスラム学者で米加イスラム協会連合（FIA）の理事として招聘されていたカイロ大学のマムード・ユーセフ・シャワルビ教授と会談し、シャワルビからメッカ巡礼を認める署名入り手紙と、アブド・イル・ラーマン・アッザムの著書『ムハマドの永遠の神託メッセージ』を受け取ったほか、ジェッダに住むアッザムの息子であるオマール・アッザムの電話番号を教えられていたために、オマール・アッザムに電話したことで空港足止め状態から脱することができた。そして、アッザム本人とも知り合う機会を得た。ムハマドの直系の子孫であるという〝白人〟に近いアッザム父子から心より歓待されたマルコムは、「通常言われている〝白人〟とは、たんに二次的な外見上のことを意味するにすぎない」ことを認識すると同時に、イスラム教こそが人種間の共存を可能にする宗教であるとの確信を強めることになった。ジェッダでは、NOIの導師であった彼自身がイスラム教の礼拝の仕方を知らなかったことに衝撃を受けたが、巡礼資格検査のために赴いた巡礼委員会法廷においてシェイク・ムハマド・ハルコンから「真のイスラム教徒」と認められて巡礼資格を得た。

メッカ滞在中にマルコムは妻や姉エラ、そして友人たちに多くの手紙を送ったが、その中で「アメリカはイスラム教を理解すべきである。なぜならこれは社会から人種差別をなくす唯一の宗教だからだ。今回のイスラム教世界の旅を通して、私はアメリカでは〝白人〟とみなされている人びとと会い、話し、食事をした。しかし、イスラム教という宗教によって〝白人〟的態度は彼らの心から消え去っていた。肌の色のべつなくあらゆる人種が示した、これほど真摯で真実の兄弟愛をかつて見たことがない」と記している（『マルコムX自伝』）。

マルコムはメッカではファイサル皇太子に国賓として遇され、実際に同皇太子に謁見もした。ファイサルは合州国の「黒人イスラム教団」に関する記事を読んでおり、その記事に書いていることが本当ならば「黒人イスラム教団はまちがったイスラム教を信じている」と指摘したという。マルコムは「真のイスラム教を理解するために」巡礼に参加したと答えた（前掲書）。

メッカからの帰途、マルコムはレバノン、ナイジェリア、ガーナ、リベリア、セネガル、モロッコ、アルジェリアを経て、五月二一日に帰国した。ガーナでの記者会見において、マルコムは一人の記者から、「ニグロという言葉はここでは嫌われている。アフリカ系アメリカ人という言葉の方が意味が深いし威厳がある」と指摘され、その後「ニグロ」という言葉を使用しなくなる。また、アフリカ諸国歴訪を通じて、アフリカ系アメリカ人がアフリカの人々と連帯することの重要性を学んだ。

同年六月、マルコムはアメリカ大陸各地の黒人がアフリカ諸国の人々と統一するための組織である「アフロ・アメリカン統一機構」（OAAU）を結成した。OAAUは非宗教的な組織であり、その設立の目的は黒人大衆の相互理解、その生存と前進に関するあらゆる協力関係を促進するために、組織的な相違を乗り越えて、より大きな統一を進めるなかで、兄弟愛と団結を形成することであった。マルコムは新組織結成の際、説明の中で、黒人の完全なる独立、自由、平等、正義を「必要ないかなる手段をとっても」実現すると述べた。また、OAAUの綱領の中でも、政府が黒人の生命と財産を守ることができないのであれば、黒人は「必要ないかなる手段をとっても」自衛する権利があると記されていた。このため、これらの言葉は「暴力肯定のメッセージ」と誤解されてゆくが、暴力を前面に打ち出した運動を展開しようと主張していたわけではない。「いかなる手段」とは必ずしも「暴力」だけを意味するものではない。

一九六四年七月九日、マルコムは四カ月半にわたるアフリカ諸国訪問の旅に出た。目的は、合州国の黒人問題を国連に提訴するために、中東・アフリカ諸国の政府に支援を求めることであった。七月一七日から二一日までカイロで開催されたOAU（アフリカ統一機構）の第二回会議では、発言は許されなかったが、「亡命アフリカ系アメリカ人政府代表」であると認められ、国連に対する提訴に支援を求める文書を各国代表に手渡した。この瞬間からOAAUは、合州国の単なる反権力的黒人組織ではなく、将来は合州国全土の戦闘的なアフリカ系アメリカ人を中心にした統一組織をめざすと同時にOAUと連帯する国際組織の資格をもつことになる（長田衛『評伝マルコムX』）。

この旅行中にマルコムは、エジプトのナセル大統領、タンザニアのニエレレ大統領、ナイジェリアのヌナムディ・アジキウェ大統領、ガーナのエンクルマ大統領、ギニアのセク・トーレ大統領、ケニアのジョモ・ケニヤッタ大統領、ウガンダのオボテ首相らと会談した。

メッカ巡礼と中東・アフリカ諸国訪問を通じて、マルコムは「白人の人種差別に反対する黒人闘争を人間の問題として考えることこそが必要である」、「善意の白人たちはほかの白人の内面にひそんでいる人種差別主義に対して、積極的かつ直接的に闘うべきだ」、「いかに多くの白人がアメリカの人種問題の解決を切望しているかについては、私は大方の黒人たちよりよく知っているつもりだ」と語るようになる。しかし、OAAUには白人が加入することを認めなかった。その理由は、「黒人組織に参加したがる白人は、本当のところ、自分の良心の痛みを癒すことだけが目的の逃避主義者ではないかという根強い感触をいだいていた」からであった。マルコムは、「誠実な白人が〝身の証〟をたてるのに必要なのは、犠牲者である黒人に立ち交じるのではなく、アメリカの人種差別が現実に存在するその外の闘いの場である」と強調した(『マルコムX自伝』)。

一九六五年二月、マルコムはSNCCの招きでアラバマ州セルマで開かれた公民権運動の集会で講演した。公民権運動団体から招待を受けたのは初めてであった。SNCCとの接点は、一九六四年秋にSNCCの指導者であるジョン・ルイスとドナルド・ハリスがアフリカ諸国を訪問し、アフリカ各地で指導者や大衆の間にマルコムが革命的アフリカ系アメリカ人として認められている事実を知ったことから始まった。マルコムがセルマの集会に招待された時、キング牧師は違法デモの扇動者として逮捕され留置場に入れられていた。集会ではキング牧師の妻コレッタが非暴力の重要性を説く短い演説を行ってマルコムを牽制した。マルコムはこの集会で、「私は暴力を提唱しているのではない。暴力に賛成でも反対でもない。必要ないかなる手段をとっても、自由を求めるのだ。平和的手段で目的を達成できれば素晴らしい。だが、私はリアリストだ。この国で非暴力を求められているのは黒人だけだが、攻撃されれば、必要ないかなる手段をとっても、われわれ自身を守るべきだと思う。誰かが私の足を踏んだら、踏み返すだろう」と述べた（前掲書）。

セルマでの集会後、マルコムはロンドンに渡って講演し、その後パリに向かったが、入国を拒否されたのでロンドン経由で帰国した。その四日後の二月一三日、家に火炎瓶が投げ込まれて、家族は無事だったが、家は焼失した。マルコムは火災保険に入っていなかった上、生活資金にも事欠いていたため、家族を友人の家に預けた。さらに、姉エラから借金したり、自伝を代筆しているアレックス・ヘイリーに印税の前払いを出版社に交渉してもらったりした。火事の翌日、マルコムはデトロイトで講演した。この講演においてマルコムは、自分は暴力を奨励したことは一度もないし、人種差別主義者でもないと何度となく強調した。また、黒人組織が対立して争うことは破滅的なことであり、統一する必要性があると訴えた。公民権運動の重要課題である有権者登録にも賛成し、行動をともにしてもよいと述べた。

この後、マルコムはコロンビア大学で最後の講演を行った。この講演では、当時を革命の時代と規定して、黒人の反乱が反権力闘争の一翼を担うとしながらも、これを合州国だけの白人に対する黒人の人種闘争としてはならないと主張した。マルコムは、闘争は世界的な規模で特権を持つ者と持たざる者との闘争でなくてはならないと論じたのであり、革命家に転進したことを印象づけた（上坂昇『キング牧師とマルコムX』）。こうしてマルコムはブラック・ナショナリズムから脱して、国際的な階級闘争を闘う革命家へと脱皮していった。

二月二〇日、マルコムはアレックス・ヘイリーに電話して、「暗殺計画はNOIの仕業ではないかもしれない。彼らにできることとできないことがある。フランスでの入国拒否などを考えると、暗殺計画でNOIを非難することはやめようと思っている」と話し、もっと大きな組織が自分を狙っていると感じていることを語った。そして、マルコムはその翌日、ハーレムのオーデュオン・ボールルームで行われた講演の最中、ボディーガードが会場で口喧嘩を始めた二人に気をとられて移動した隙に、前列にいた三人の男に銃を乱射されて死亡した。マルコムは、マルコムXとしてではなく、正統派イスラム教徒名であるエル・ハジ・マリク・エル・シャバスと墓碑銘に記された。

3 ブラック・パンサー（黒豹党）

「ブラック・パワー」を強調する路線に向かったのはSNCCのストークリー・カーマイケルやCOREのフロイド・マッキシックであり、その究極的な表現が、ヒューイ・ニュートンやボビー・シールによって一九六六年一〇月に結成された「ブラック・パンサー」(黒豹党)であった。

一九六六年六月、四年前の一九六二年九月にミシシッピー大学に最初の黒人学生として入学を認められたジェームズ・メレディスが、公民権運動の一環として、テネシー州メンフィスからミシシッピー州の州都ジャクソンまで一人だけの行進を開始した。しかし二日目に銃撃され、行進を続けることができなくなった。このため急ぎメンフィスに参集したキング牧師ら公民権団体の指導者たちは、メレディスに代わって行進を続行することを決定し、行進がミシシッピー州グリーンウッドに到着した夜、集会を開催した。

この集会で、当時SNCCの委員長であったストークリー・カーマイケルが演壇で、「われわれが必要としているのはブラック・パワーである」と宣言した。カーマイケルはその時、「ブラック・パワー」の明確な定義を示さなかったが、この「ブラック・パワー」という言葉が、それ以後黒人の意識の向上を背景として進展した黒人解放運動の象徴的な言葉として使われるようになる。すなわち、「ブラック・パワー」が主張される中で、黒人解放運動が統合主義的な公民権運動の枠を超えて、革命運動に向から契機となった。マルコムXが生前に公民権運動に否定的であった姿勢が、カーマイケルによって「ブラック・パワー」という概念を通じて引き継がれた。

カーマイケルは、この時点から黒人解放運動のシンボリックな存在となった。「ブラック・パワー」が顕在的な現象となったのは、一九六四年に「長く暑い夏」の発端となったニューヨークのハーレムから始まり、同年のフィラデルフィアに拡大し、一九六五年八月にはロスアンゼルスのワッツで一九四三年のデトロイト暴動以来最悪の暴動が発生、三四人が死亡、約四〇〇〇名が逮捕された黒人反乱であった。さらに一九六六年夏にはシカゴとクリーブランド、アトランタ等で暴動が発生。一九六七年には六月にタンパ、シンシナティ、アトランタで、七月にデトロイトとニューアークの大暴動に発展、一九六八年までの五年間に一五〇件も発生している。特に、六八年四月の暴動は四月四日にキング牧師が暗殺されたことが契機となり、全国的に黒人反乱事件が多発した。

カーマイケルは、一九四一年六月二九日にトリニダッドのポート・オブ・スペインで生まれた。一九五二年、カーマイケルは家族とともにニューヨークのハーレムに移住、三部屋しかないアパートで九人家族で住むようになる。中学二年の頃には不良仲間と交わるようになるが、学業には優れ、エリート校であるブロンクス・ハイスクール・オブ・サイエンスに進学すると、とりつかれるように本をむさぼり読んだ。その後、黒人向けのハワード大学に進学して哲学を専攻した。一九六四年六月に卒業した時、希望していた大学院進学をやめ、「抵抗者」として生きる決意を固める。カーマイケルはアラバマ州ロウンデス郡に「黒豹」をシンボルとした黒人政党であるロウンデス自由組織を設立するために活躍した。

一九六六年五月、カーマイケルは、ジョン・ルイスに代わってSNCCの委員長に選出された。委員長選出直後に行った記者会見において、カーマイケルは統合主義を批判し、真の問題は「権力」にあると語った。そして、同年六月にミシシッピー州グリーンウッドでの集会で「ブラック・パワー」を主張した。カーマイケルにとって、「ブラック・パワー」は黒人の自立宣言の叫びであった。そして、「われわれは黒人大衆に次の四つのことを望んでいる」として、①黒いことにつきまとう恥の感覚を捨て去ること、②自由とは何か、白人リベラルとは何であるか、ブラック・ナショナリズムとは何か、権力とは何か、等々を明確に認識する立場をとること、③黒いという問題意識を踏まえて権力の土台を構築すること、④政治的、社会的、経済的、文化的諸機構を独自に建設し、これを社会変革のための手段として支配し、かつ利用すること、を訴えた（カーマイケル『ブラック・パワー』）。その後、カーマイケルは一九六八年二月一七日にカリフォルニア州オークランドで開催された「ニュートン解放」要求の集会にSNCC代表として出席し、「ブラック・パンサー」とSNCCの合同を宣言して「ブラック・パンサー」に入党し、首相ポストを与えられる（その後、一九六九年七月に教条主義と白人ラディカルとの連帯を批判して「ブラック・パンサー」を離党）。

一九六七年七月のデトロイト暴動の発生後、ジョンソン大統領は「国内騒擾に関する国家諮問委員会」を設置し、イリノイ州知事カーナーを委員長として原因調査を命じた。翌六八年三月、いわゆる「カーナー報告」が提出されたが、同報告は、①「アメリカは白人と黒人という分離した不平等な社会に向かって進んでいる」、②「白人社会はゲットーに根深く連座しており、黙認している」、③「黒人たちの間では、法の正義にも、黒人向けと白人向けの二重基準があると信じられている」と述べていた。黒人解放運動の急進化や黒人暴動の発生の背景には、公民権法では解決されない黒人が直面していた経済的、社会的環境の悪化、依然として根深く残る人種差別主義があった。この人種差別に真っ向から挑んだ運動が「ブラック・パンサー」であったと言えよう。

「ブラック・パンサー」は、一九六六年一〇月にカリフォルニア州オークランドにおいてヒューイ・ニュートンとボビー・シールによって「自衛のための黒豹（ブラック・パンサー）党」（以下、「ブラック・パンサー」）として設立された。

ニュートンは、一九四二年二月一七日ルイジアナ州オーク・グローブで、労働者でバプテスト教会の説教師でもあった家庭に七人兄弟姉妹の末っ子として生まれる。ニュートンが二歳の時、父親がカリフォルニア州のオークランドにあった海軍補給基地に勤務し、翌四五年に家族を呼び寄せた。何度か学校を移り、小さい頃から警官の悪辣な行為を何度となく経験したことから反警察感情を抱くようになる。オークランドのテクニカル・ハイスクールに進学した頃から中国哲学の本を読むようになるが、その高校に飽き足らずにバークレーにある姉の家に寄宿して、バークレー・ハイスクールに転校する。転校した最初の学期に同じ学校の生徒の一団に襲われたため、自衛のためにハンマーを持って登校したが、彼らとの喧嘩で一人をハンマーで殴ったことから留置場に入れられただけでなく、バークレー教育委員会によってバークレー・ハイスクールへの復学を拒否され、再びオークランドのテクニカル・ハイスクールに戻って、同校を卒業した。在学時代から、学内で行われた人種差別には強く反発していたという。その後、メリット・カレッジに進学し、さらにサンフランシスコ大学法学部に転じたが、中退した。

メリット・カレッジ在学中から政治運動に関心を持ち、一九六二年に黒人の尊厳を強く主張する若き黒人弁護士ドナルド・ウォーデンが創設したアフロ・アメリカン協会（AAS）に参加した。しかし、やがて「体制」の問題を真剣に考えるようになり、AASの単なる文化的ナショナリズムに飽き足らなくなって離脱する。離脱直後に、黒人の工場労働者と「ブラック」という表現をめぐって喧嘩して相手を負傷させたために、懲役八カ月、保護観察三年の判決を下されて八カ月間服役した。ニュートンは服役中に、現実世界は刑務所以上に逃亡の機会がないとの認識に至り、精神的に革命運動への歩みを進めた。

出所後、メリット・カレッジの友人であるシールが、ロスアンゼルスに存在した革命行動実行委員会（RAM）に参加させようとしたが、RAM自体がニュートンの過激さゆえに参加を拒んだという。そのため、ニュートンとシールは、一九六六年春にメリット・カレッジ内に黒人学生諮問評議会（SSAS）を結成し、社会問題全般と文化的ナショナリズムの双方を強調する運動を展開した。そして、ニュートン、シール他一名がバークレーの街頭で道路交通法違反で検挙される。その直後の同年一〇月、ニュートンとシールはSSASを解散し、「ブラック・パンサー」を結成した。「ブラック・パンサー」の名は、カーマイケルらが結成したアラバマ州ロウンデス郡自由組織のシンボルを借りて付けた。ニュートンによれば、黒豹の名を採用した理由は、「相手が攻撃してくるまでは攻撃しない。だが、ひとたび攻撃され追いつめられると、獰猛《どうもう》に反撃する。これが黒豹の特性」なのであり、いわば黒豹は自衛と反撃の象徴であるためである（マリーン『ブラック・パンサー』）。

「ブラック・パンサー」は、結成時に次の「一〇項目綱領」を掲げた。

①自由と黒人社会の運命を決定する力の獲得、②黒人大衆の完全雇用、③人間が住むに値する家の確保、④全黒人の兵役免除、⑤地域社会において黒人が受けるに相応しい教育の享受、⑥人種差別的な白人商人による黒人大衆の収奪の停止、⑦黒人大衆に対する警官による残虐行為や殺人の停止、⑧刑務所に収容中のすべての黒人の釈放、⑨黒人大衆が同じ経済的、社会的、宗教的、歴史的、人種的な背景の出身者によって裁かれること、⑩土地、パン、家、衣服、教育、正義、平和を求める。

後に「ブラック・パンサー」が組織的に拡大してゆく中で、シールが議長、ニュートンが国防相を名乗った。「ブラック・パンサー」が結成された当時のカリフォルニア州においては、装填済みの銃をそのまま所持することは違法ではなかった。法律に詳しいシールは、「ブラック・パンサー」の街頭行動に銃を所持するスタイルを定着させていった。当初は暴力革命をめざすとの意味で銃を所持したのではなく、白人警官の横暴に対応するための「自衛」手段にすぎなかったが、このことが当局側からの弾圧を強める結果を生む。結成直後のある日、オークランド市グルーブ街に面した「ブラック・パンサー」党本部前で、銃を所持したニュートンら党員六名が通りに現れたが、これを見た警官たちと対峙する情況となった。ニュートンは銃を携行する権利、自ら武装する権利があることを人々に証明してみせねばならないと主張して示威行為を行ったのである。最終的には警官側が屈服して去っていったが、黒人が白人警官と対等に渡り合ったこの出来事はゲットーの黒人たちの意識に大きな影響を与えることになり、入党希望者が徐々に増加していった。そのことは、逆に当局側の警戒心を高めさせ、「ブラック・パンサー」は誕生時点から過酷な弾圧の対象とされていった。

ニュートンとシールが結成した「ブラック・パンサー」に、すでに著作家として名を知られるようになったエルドリッジ・クリーバーが一九六七年二月に参加し、情報相に任じられる。クリーバーは、一九三五年にアーカンソー州ワッパサに生まれた。父親リロイはピアノ奏者で演奏の合間にはウェイターをして稼ぎ、母親テルマは小学校教師であった。クリーバーが幼い頃に一家はアリゾナ州のフェニックスに移転し、その後ロスアンゼルスに移った。クリーバーはロスアンゼルスでほとんど黒人生徒ばかりのリンカーン・ジュニア・ハイスクールに入学、在学中に両親が離婚し、クリーバーはその直後に些細な窃盗事件を起こしてフレッド・ネリス少年学校に送られたが、同校で麻薬の密売方法を覚えた。その後ベルモント・ハイスクールに進学したが、在学中の一九五三年に麻薬密売で逮捕され、プレストン工業学校に転校させられた。クリーバーはプレストン工業学校在学中に成年を迎え、一九五四年六月にソールダード刑務所に移されて、一九五六年末まで刑期をつとめた。クリーバーは同校在学中、読書に真剣に取り組むようになる。出所後、一一カ月で殺人未遂で起訴され、二〜一四年の不定期刑を科せられて刑務所に舞い戻った。そして、フォルサム刑務所内で当時イライジャ・ムハマドによって指導されていたＮＯＩの教義に帰依し、獄中で説教師の地位を与えられる。

クリーバーがＮＯＩに帰依した理由は、分離主義に賛同したためではなく、黒人の尊厳に目覚めたためであったといわれる。しかし、クリーバーは次第にマルコムＸを支持するようになり、マルコムＸがイライジャと袂を分かった時、フォルサム刑務所内のNOI信者の間でも分裂が生じたが、クリーバーはマルコムXが示した方向を選んで、黒人解放運動へと進んでゆく。

クリーバーは獄中時代に読書と並行して執筆活動も開始した。彼の釈放運動を手がけた女性弁護士のビバリー・アクセルロッドが彼の原稿を持ち込んだことをきっかけとして、サンフランシスコの左翼系雑誌『ランバーツ』が一九六六年六月から彼の原稿の掲載を開始する。クリーバーは、同年一二月に出所した直後、『ランバーツ』誌上で、「僕は、刑務所を出る時、(マルコムXが結成した) OAAUを再生させるプランを持っていた」と述べている (マリーン、前掲書)。その頃、クリーバーはSNCCの活動家であったキャスリーン・ニール (後の「ブラック・パンサー」宣伝相) と結婚する。

一九六七年一月、クリーバーは劇作家のマービン・ジャックマン、詩人で劇作家のエド・バリンズ、歌手のウィリー・デイルとともにサンフランシスコ市内に「ブラック・ハウス」を設立した。「ブラック・ハウス」は、湾岸地域草の根組織計画委員会と呼ばれる団体とゆるい連携関係をもったが、この委員会が同年二月にマルコムX暗殺二周年の記念行事を企画して、故マルコムXの妻ベティ・シャバスを招待した。この時、約二〇名の武装したメンバーを率いてベティの警護を買って出たのが、ニュートンら「ブラック・パンサー」の党員たちであった。そしてこの時、クリーバーがニュートンこそマルコムXの後継者だと判断し、「ブラック・パンサー」に入党することを決意した。

同年四月一日、オークランドの北方数マイルのリッチモンド郊外のコントラ・コスタ郡内で郡保安官が黒人青年デンジル・ダウエルを射殺する事件が発生した。警察側はダウエルが窃盗を働き逮捕を逃れようとしたため射殺したと説明したが、家族と住民は警察側の説明に納得せず再調査を求めることに決めた。二〇〇〇名の請願署名を大陪審に提出したが、当局側からはなんらの反応もなかった。そこで、家族が「ブラック・パンサー」に助けを求めた。ニュートンは武装したメンバーを引き連れて隣人集会に駆けつけ、「ブラック・パンサー」が調査することを約束した。調査の結果、ダウエルが盗みに入ったとされる建物には人が入った形跡が認められず、死体には六発の弾痕があったものの死体が見つかった場所に血痕もなく、ダウエルが武器を所持してもいなかったことから、警察側の正当防衛による射殺は成り立たず、脇の下を撃たれていることから手を挙げている間に射殺された疑いが強いとの結論を導いた。「ブラック・パンサー」はこの調査結果に基づいて、隣人集会で警察側の不当性を訴えるとともに、武装した制服姿のメンバーが家族とともに地方検事を訪問して説得し、検事の仲介で保安官との会見を実現した。ニュートン、シール、クリーバーらは家族や地域住民の保安官との会見に出席したが、警察側の主張を変えることはできなかった。しかし、「ブラック・パンサー」による、地域社会に立脚した運動は、貧困家庭に対する給食提供活動などの地道な活動と相まって、地域の黒人社会への影響力を増大させることとなる。この時点で「ブラック・パンサー」の活動家はオークランドなど湾岸地域を中心として約一〇〇名程度であったとされる。

「ブラック・パンサー」が武器を携行する街頭活動を実施していることに警戒を強めたカリフォルニア州では、マルフォード共和党州議会議員が装填した銃の携行を禁じる法案を州議会に提出した。この法案成立に反対し、議会の審議を監視する目的で、同年五月二日に二九名のメンバーがシールに率いられてサクラメントの州議会を訪れた。ニュートンは、彼らの行動は合法の枠内にあるとはいえ、どんな事態が生じるかもしれないと他の党員らが懸念して自重を求めたため、オークランドに残った。クリーバーは『ランバーツ』誌にレポートを執筆するため銃を携行せずに同行した。

シールらが議事堂に入る頃には多くの報道陣が取り巻いていた。議事堂に入ったシールらは、建物内の階段の中途で銃砲所持法改悪法案（マルフォード法案）に関するニュートンの声明文を読み上げた。彼らは一旦議場に入ったものの、口論の末に議場外に押し出され、一つの部屋に集められ、銃を取り上げられた。彼らは議事堂内では逮捕されなかったが、サクラメント市内ででっち上げの罪状によって逮捕された。シールは武器を隠し持っていた罪で逮捕され、数名のメンバーは銃を持って自動車に戻ったが弾丸を抜くのを忘れていたことを口実に逮捕された。クリーバーも逮捕された。シールは保釈で出るとすぐにオークランドに戻り、翌日ニュートンとともにサクラメントに現れ、審問会に出席した後、記者会見に応じた。ニュートンらは、彼らの行動によってマルフォード法案が阻止できると考えたわけではなかったが、黒人大衆に直接にアピールし、それによって組織を強化することに目的を置いていた。その効果は、ただちに現れた。「ブラック・パンサー」によるサクラメント訪問は全国的に知られるようになり、入党希望者が増え、各地に支部が設立されることになる。

他方、この出来事を契機として、既成社会を背景とした保守系メディアの「ブラック・パンサー」に対する誹謗・中傷が増幅され、治安当局の「ブラック・パンサー」を対象とした抑圧も日常的なものになってゆく。メンバーの顔写真が各文書に掲示され、党員やシンパの自動車がリスト・アップされ、追跡調査の対象とされた。

一九六七年一〇月二八日、このような治安当局からの圧力が強まる中で、ニュートンが警官殺害容疑で逮捕される事件が発生した。同日、オークランド市警察のフレイ巡査が、ニュートンが乗車していた自動車を停止させ、結果的にフレイ巡査が銃弾を受けて死亡する事件に発展した。自動車にはニュートンとラバーン・ウィリアムズの二名が乗っており、警察側にはヒーンズ巡査が応援に駆けつけていた。その後の裁判の過程でも、目撃者、ヒーンズ巡査らの関係者の証言が食い違い、真実は明らかにならなかったが、ニュートンは殺人罪で起訴された。裁判は翌年七月一五日になってようやく開始され、九月八日に裁決が下され、ニュートンは二～一五年の不定期刑を宣告されて下獄した。陪審員は白人一〇名、日系人一名、黒人一名であった。最終的な刑期の確定は、カリフォルニア州成人矯正局に委ねられることになる。ニュートンは、「人種主義者の手にかかった。陪審は、この事件の価値によって判断する勇気に欠けていた」と感想を述べ、またチャールズ・ギャリー弁護士も「判決は、法的にも証拠面でも、まったく不当である」と論じた（マリーン、前掲書）。

ニュートンが殺人罪で裁かれている間、「ブラック・パンサー」の影響力は拡大し、ニューヨークをはじめとして入党者が急増した。また、SNCCや白人ラディカルの平和自由党（PFP）との連帯関係も成立した。しかし、PFPとの連帯関係は、SNCCから入党したカーマイケルとの間に亀裂を生じさせ、カーマイケルの離党をもたらすことになる。

一九六八年四月、ニュートンの裁判が開始される前よりニュートン釈放運動が広がった。そして、この釈放運動にはPFPなどの白人ラディカルも参加していった。「ブラック・パンサー」の主張を広め、白人ラディカルとの共闘を確立する上で重要な役割を果たしたのはクリーバーであった。

一九六六年に『ランパーツ』誌編集長のロバート・シーアは、バークレーとオークランドを含む選挙区で、上院議員選挙の民主党候補者指名獲得の運動を展開した。結果的には僅差で敗れたが、同地域の活動家たちはこの種のキャンペーンは役に立たないと考えるに至った。シーア・グループのキャンペーンの副産物が、選挙法改正問題を検討するために結成された新政治共同体（ＣＮＰ）である。一九六七年、ＣＮＰのメンバーらは、カリフォルニアの大統領予備選挙のために第三政党の結成をめざし、ゆくゆくは全国運動に発展させようとして、同年一二月にＰＦＰ結成を決定。翌六八年三月にはカリフォルニアＰＦＰを設立した。ＰＦＰの運動は湾岸東部からサンフランシスコやロスアンゼルスに拡大していった。ＰＦＰの指導者ロバート・アバキアンとクリーバーらの奔走によって「ブラック・パンサー」とＰＦＰの連帯関係が成立した。三月一六日のカリフォルニアＰＦＰ創立大会に出席したクリーバーは、「われわれがいま必要としているのは、白人母国の革命と黒人植民地の民族解放である」と述べた。そして、クリーバーは大統領候補に選ばれた。また、ニュートンは上院第七選挙区からＰＦＰの上院議員候補として出馬、シールやキャスリーン・クリーバーもＰＦＰから立候補した。いずれも落選したが、第三党として驚くべき投票数をあげて注目された。そして、この時期に、すなわち同年二月一六日に「ブラック・パンサー」はＳＮＣＣとの間で合同に向けた合意に達していたことが発表された。

しかし、クリーバーがＰＦＰの大統領候補に指名された時、クリーバーはニュートン、シールに続いて獄中にあった。シールは、同年二月二四日に自宅を急襲した警察によって銃砲不法所持容疑と殺人謀議の廉で逮捕されたが、高裁は無罪判決を下した。この事件の直後、ニュートンは獄中より「われわれの組織は、ある人種主義的な部分から、重大な脅威を受けている」と警告した。

ニュートンが警告した通り、「ブラック・パンサー」に対する当局の弾圧は続いた。四月三日には、セント・オーガスト教会で党員が定期会合を開いている最中に警官一二名が侵入したが、シールもクリーバーもいないことを知って引き上げる事件が発生した。翌日にはメンフィスでキング牧師暗殺事件が発生し、各地で暴動事件が多発する中、四月六日にはクリーバーが逮捕された。

クリーバーは、同年一月一六日に新婚の妻キャスリーンとともに画家のエモリー・ダグラスを自宅に招いて過ごしているところを警官隊に急襲されていた。その際には、警官側が家宅捜索をしたにもかかわらず何も見つからなかったことや、三人が物理的に抵抗しなかったこともあって警官たちは引き上げた。しかし、四月六日夜、ついにクリーバーも殺人未遂で逮捕された。その夜、クリーバーはキング牧師の暗殺で激昂する黒人青年たちを沈静化するために動き始めていた。途中、オークランド市内の党員の集会場に立ち寄り、集会中の党員数名とともに四台の自動車に分乗してバークレーに向かったが、その途中にオークランド市内のユニオン街で駐車した時、同市警察のパトロールカーと遭遇し、応援に来た警官隊を含めて銃撃戦になった。党員は銃撃戦の中で分断され、先頭の車に乗っていたクリーバーと一七歳の党員ボビー・ハットンの二人はある住宅の地下室に隠れたが、警官隊にその場所を探し出され、催涙弾を打ち込まれて降伏した。ハットンは散弾銃を持っていたが、クリーバーは銃を持っていなかった。彼らが地下室から出てきた時、ハットンが射殺され、射殺されないよう全裸で身を投げ出して降伏したクリーバーは逮捕された。銃を持っていなかったクリーバーを含む八名が殺人未遂で起訴された。

警察側は、クリーバーたちがなんらかの施設を襲撃するために出撃したと主張したが、『ブラック・パンサー』の著者マリーンは、クリーバーらが集会場を出たのは警官隊が襲撃を計画しているとの情報が入ったため、避難しようとしたにすぎなかったのではないかと推測している。いずれにせよ、彼らの行動が警察側に完全に捕捉されていたことだけは確かであったようである。

クリーバーは、カリフォルニア成人矯正局によって過去の事件での仮釈放を取り消されたが、レイモンド・シャーウィン高裁担当検事は成人矯正局には仮釈放を取り消す権限はないと結論した。クリーバーは逮捕から二ヵ月後に保釈金を払って釈放された。しかし、成人矯正局が高裁の裁定を控訴裁判所に抗告、控訴裁判所は成人矯正局に仮釈放を取り消す権限があるとの裁定を下したため、クリーバーの仮釈放は取り消された。クリーバーは一一月二七日までに刑務所に戻らなければならなくなったが、期限切れの二、三日前に消息を絶ち、キューバを経て、その後アルジェリアに亡命した。

一九六八年は「ブラック・パンサー」が飛躍した一年であった。ニュートンが獄中にある間、党勢の拡大を達成したのはクリーバーの情宣活動によるところが大きかった。クリーバーは同年二月にランパーツ社から『氷の上の魂』を出版、この書はたちまちベストセラーとなった。若者たちは、クリーバーの庶民的な弁舌と、下層のゲットー出身であることに親しみを感じた。一九六八年秋に作成された党内秘密文書の中に主要都市の組織情況が述べられているが、それによると、ニューヨークは「飛躍的」、フィラデルフィアは「不良」、シカゴは「組織系統に問題あるも見込み大」、ロスアンゼルスは「遅いが確実」等々と分析されていた。一九六九年一月にシールは、「ブラック・パンサー」は全国で四五支部が活動していると述べた。党員も三〇〇〇名を超えるようになった。また、国連を対象とした国際的活動にも力を入れた。同年七月二四日には仮釈放中のクリーバーが国連のキューバ代表部を訪問して、ニュートン事件に関する情報ファイルを手渡している。「ブラック・パンサー」は国連の監視下で合州国黒人の国民投票を実施して同化と分離のどちらを選ぶかを決定しようとの考えを持っており、国連の場を重視していた。

このような「ブラック・パンサー」の党勢拡大と活動の積極化を前に、ベトナム情勢が悪化してそれが国内情勢にも及ぶ可能性が出てきたこととも相まって、連邦政府は危機感を強め、FBIを含めて治安当局は工作員の潜入や党員の転向強要などを通じて、党員に過激な行動をとらせ、それを口実として組織破壊を進めると同時に、党員を一人ずつ潰してゆく方針をとった。治安当局が「ブラック・パンサー」を危険視し、あらゆる方法を使って組織破壊を図った結果、一九六九年には急速に運動が縮小し、党も分解し始める。

一九六九年七月には、前記の通り、カーマイケルが白人ラディカルとの共闘路線を批判して離党、一九七一年一月には社会主義諸国の現状に幻滅したクリーバーが滞在先のアルジェからニュートンとの決別を宣言した。こうして「ブラック・パンサー」は、弾圧下での一九六八年の短期的な勢力拡張の後、翌六九年の大弾圧を経て、同年から一九七一年にかけて実質的に解体状態に陥り、クリーバーの革命路線と、ニュートンのコミュニティ活動重視路線に分裂していった。

クリーバーの転向は、キューバに対する幻滅から始まったようである。「ブラック・パンサー」の理論的特徴であった「母国=国内植民地論」は、そもそもクリーバーが主張し始めたものだった。クリーバーは、ガーヴェイやイライジャ・ムハマドらが主張した分離国家論を否定し、母国を合州国としつつも、黒人は国内植民地状態に置かれているとして、合州国の社会変革と黒人の民族解放なくして、黒人解放は達成されないと主張した。そして、合州国の将来を社会主義と共産主義の方向で構想し、そのためにはアフリカ諸国との連帯が必要であるとして「第三世界論」と結合させていった。しかし、アフリカ諸国の実情や、現実に存在する社会主義諸国の教条化、硬直化した実情に失望して、後に一九七五年の帰国時には明白な転向宣言を行うに至る。

他方、ニュートンは、「ブラック・パンサー」の創立者として、従来より黒人の武装自衛と福祉向上をめざしたコミュニティ活動を重視する活動を展開してきたが、一九七〇年前後の党分裂の中で、このような路線は次第にクリーバーとの溝を深めてゆく。一九七一年五月には、「黒人資本主義論」とも受け取れるような、党員によって経営される製靴工場や縫製工場の設立を主張するに至る。

「ブラック・パンサー」は、公民権運動が人種隔離の撤廃をもたらしたものの、人種差別はなくならないという実情を前に、公民権運動が一定の評価を与えられつつも、その限界が露呈した一九六〇年代半ば以降に強まった黒人解放運動のうねりを背景に、一九六八年をピークとして重要な社会運動となった。しかし、ベトナム情勢の悪化に伴う合州国内の病巣の拡大と相まって、白人青年層を含めた社会的反乱が拡大することに危機感を強めた支配層の治安回復志向によって徹底的に破壊された。そうした中で、社会主義諸国の実情、アフリカ諸国の動静など国際情勢の展開とも絡んで、「ブラック・パンサー」は内部的な意思一致を喪失していったと言える。

4　黒人問題の現状

一九七〇年代に入ると、「ブラック・パワー」という言葉はほとんど聞かれなくなる。これは、逆説的に、この頃から「ブラック・パワー」がアメリカ社会の中に統合され、内在化していったということであろう。それは、一九五〇年代後半から盛り上がった公民権運動の成果と限界を示すものであった。

この時期から、黒人の状態は多方面で改善され、彼らの地位も全般的には向上した。しかし、それとともに黒人内部の階層分化が進行し、一方で高等教育を経て専門職や管理職に就く中間階層や、経済的に富裕な黒人が一部に増加すると同時に、他方では貧困状態にある最下層の黒人も増加して、黒人社会の中に大きな分極化の傾向が見られるようになった。こうした貧富の差は、一九八〇年に成立したレーガン政権が採用した「新自由主義」経済政策の下で一層拡大した。

富裕な黒人の間では、政治進出も進んだ。例えば選挙によって官職に就いた黒人数は、南部諸州における黒人有権者の登録が進展したこと、及び選挙上の優遇措置が施されたことも相まって、一九六五年の投票権法成立時の二八〇人から、一九九三年には約八〇〇〇人へと増加、南部諸州における黒人公職者も一九六五年の八七人から一九八五年には三八〇一人にまで増加した。また、同じく一九九三年には黒人公職者のうち、市長は二八六人（一九六五年には三人）に増加、一九八九年にはニューヨークに黒人のディケンズ市長が、一九八九年にはヴァージニア州で黒人のワイルダー知事が誕生するまでになった。このような黒人の政治進出は、公民権運動の成果を象徴的に示すものであるが、一九九〇年代においても公職者全体の中で黒人の占める比率は、総人口比の一二％を大きく下回りわずか一・五％程度にすぎず、不平等は厳然として存在していると言える。

一九六四年公民権法の下で、行政当局が地方教育への財政的助成を通じて積極的に人種統合教育の促進を図った結果、南部で人種隔離を廃止した学校に通う黒人生徒は増加し、一九七三年には人種統合教育に向けて適切な行政措置を講じなかった北部や西部に比べても、その二八％や二九％という数字を上回る四六％へと飛躍的に伸長した。この統合教育の成果については、人種隔離を続けた学校の生徒に比べて、隔離を廃止した学校の生徒の方が学力と卒業率のいずれも高いことは事実であった。しかし、隔離を廃止した学校においては能力別の学級編成が進み、低学力の学級の多くは黒人生徒が占めるようになり、「隔離廃止の中の隔離」が一部で進行した。また、大都市の学校では、白人が郊外に移住するにつれて、都市部の白人生徒数が急激に減少し、一九八〇年には白人生徒の比率は首都ワシントンで四%、アトランタで八%、デトロイトで一二%にまで低下した。

一九八〇年代には、二〇歳代後半の若者で高校を卒業した者は、白人が八七%であったのに対して、黒人の場合は増加してきたとはいえ七〇%程度にとどまった。また、黒人の大学進学率は一九七七年には四八%に上昇して白人とほぼ同じ水準に達したが、その後白人の大学進学率はさらに上昇したのに対して、黒人の場合には八〇年代から低下の一途をたどり三〇%台を推移している。このように教育事情一般は一九八〇年代を境として再び悪化しており、底辺層の黒人が直面する深刻さがうかがえる。

こうした黒人を取り巻く環境の深刻化は、保健衛生面に顕著に現れている。乳児死亡率は一九八五年になっても一〇〇〇人中一八・二人と、白人の九・三人の二倍である。出生時の低体重児が生まれる比率も、白人が一〇〇〇人中五・六人であるのに対して黒人の場合は一二・四人と二倍以上であり、しかも黒人の場合には出生児の低体重化傾向はさらに悪化している。これらの乳児死亡率や低体重児出生率は、個々の母親の問題であるよりも、底辺層の黒人女性が直面する住宅事情、家庭環境、教育水準、及び生活環境の総体的な劣悪さに問題がある。そして、こうした劣悪な社会環境から多くの黒人が脱出できずに、都市部にゲットーと呼ばれる地域を形成している。

一九世紀末まで、黒人は、その総人口の九〇%が南部に居住していたが、現在でも約半数は南部に住んでいる。しかし、今世紀に入って北部や西部への移動が著しく、特に第二次世界大戦後、南部の工業化の進展と相まって、農業地帯を離れた黒人の都市集中化現象が、南部を含めて全国的に急速に進行していった。一九六〇年には白人に占める都市人口が六九・五%であるのに対して黒人の場合は七三・五%であったが、一九七〇年には白人の七二・四%に対して黒人は八一・三%へと増加している。黒人の都市集中化は顕著に進んだのであり、特に黒人人口比率の高い大都市はデトロイト(六三・一%)、ボルティモア(五四・八%)、シカゴ(三九・八%)、フィラデルフィア(三七・八%)等である。これらの都市部の黒人の大多数は最底辺層に属し、ゲットーに居住している。

これら黒人の生活環境の悪化は所得水準にも現れている。黒人家族の年収(中央値)は、一九六〇年代以降、白人家族に比べて五五%から六〇%台前半であり、一九七〇年代初めには一時的に六〇%を超えたが、その後は低下し五〇%台で推移している。また、年収一万ドル未満の家族が全家族に占める比率は二七~二八%で推移しており、白人の八%台に比して顕著である。また、黒人だけに限っても、一九七〇年には年収五〇〇〇ドル未満の家族は全家族の八・四%であったが、一九八〇年代末には一一・九%と悪化し、これに対して年収五万ドル以上の家族も六・七%から一二・六%に増加している。黒人内部における貧富の格差拡大が顕著になっており、貧困水準以下の黒人家庭は一九七〇年以降、三〇%前後を推移している。

一九五〇年代からの公民権運動による人種隔離撤廃の成果によって、黒人の政治的進出は相対的には実現され、政治的諸権利をはじめ社会的、経済的諸権利は(法の適用に差別は存在したにせよ)法の下での形式的な平等をほぼ達成したと言える。しかし、資本主義社会であるアメリカ社会に統合されて以来、資本主義の論理によって黒人内部の格差の拡大が進行し、大多数の底辺層の人々の生活環境は改善するどころか、むしろ悪化している。

このような底辺層の黒人の逼迫状況を原因として、一九九二年四月にロスアンゼルスにおいて、前年三月に発生した白人警官による黒人殴打事件に対する無罪判決をきっかけとして、死者五八人、逮捕者一万五二四九人という合州国史上最大規模の暴動が発生した。

ロスアンゼルス暴動では、略奪の対象が主に韓国系とヒスパニック系の商店に向けられたことにも象徴的に現れているように、後発で合州国に続々と到着するアジア系やラテンアメリカ系の非白人集団との競合においても底辺層の黒人の立場は悪化し続けた。一九九七年八月にカリフォルニア州は、前年一一月の住民投票の結果を受けて、教育や雇用などの分野でのアファーマティヴ・アクション（マイノリティを対象に、雇用・教育面などで彼らが過去に受けた差別への補償と地位向上をめざして採られた政策）の廃止を決めた。これに対して市民団体などが、廃止は憲法で認められた権利を侵すものであると訴えたが、合州国連邦裁判所は同年一一月三日に廃止を「平等を促進する中立的な方法であり合憲である」とした下級審の判断を認め、訴えを却下した。その後二〇以上の州において、新自由主義の下での世論の保守化傾向を背景として、アファーマティヴ・アクションが廃止あるいは廃止検討された。特に、差別撤廃と「真の平等」の達成をめざしてきた黒人の多くが再び排斥されている。

一九九五年一〇月一六日に、かつて一九六三年八月二八日に実施された集会を上回る、四〇万人が参加した集会がワシントンで開催された。この集会はＮＯＩの代表ルイス・ファラカンの呼びかけによって開催されたもので、著名な黒人指導者も多数参加した。ファラカンはその日を「贖罪と和解の日」と呼び、黒人社会の結束を訴えたが、全国黒人向上協会（NAACP）や全国都市同盟（NUL）のような穏健派の公民権団体が正式に代表を送ることを拒否したことに示されているように、黒人社会は差別問題の克服に向けて、いまだ統一的な方向性を見出していない。

現在の合州国の「黒人問題」は、人種偏見や人種差別の問題に加えて、それらを媒介にして「貧困」という形で現れている経済的、社会的構造の問題として浮上しており、弱肉強食を助長する新自由主義経済モデルの下で「黒人問題」はさらに深刻化している。

第7章

先住民解放闘争

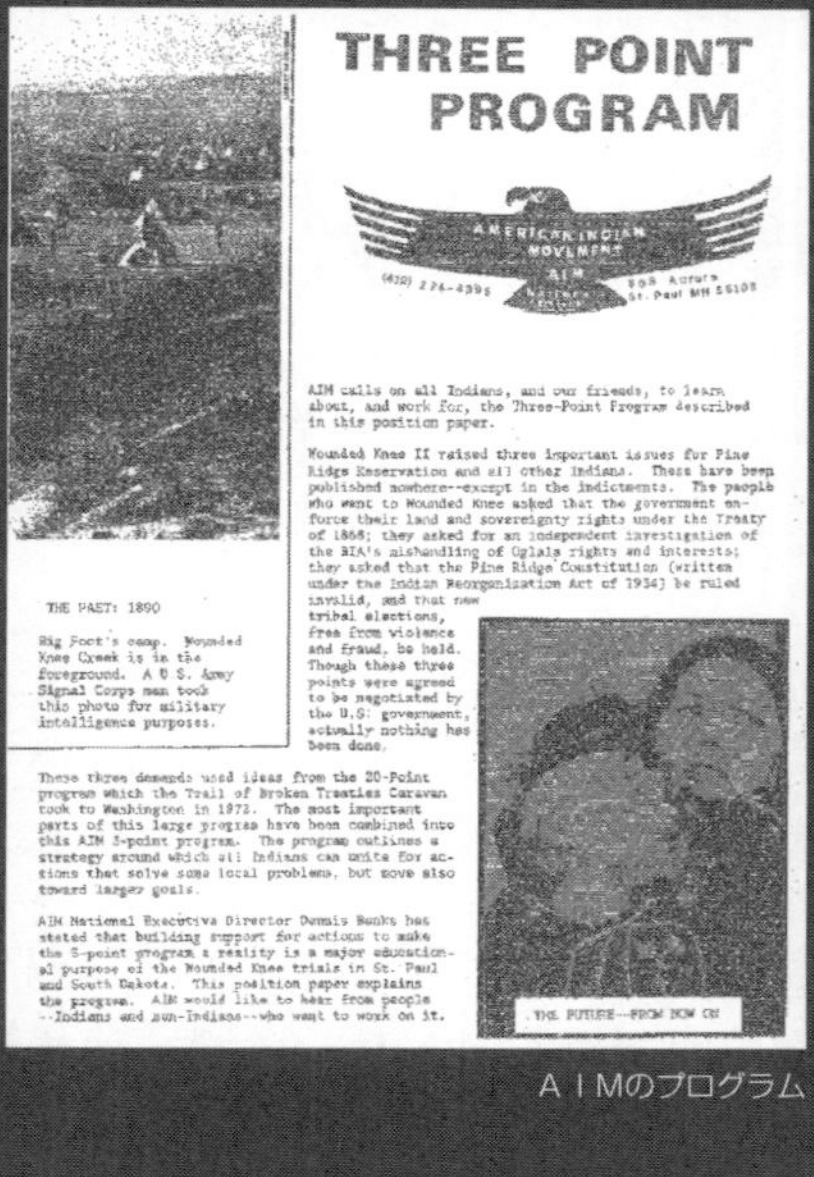

THREE POINT PROGRAM

AIM calls on all Indians, and our friends, to learn about, and work for, the Three-Point Program described in this position paper.

Wounded Knee II raised three important issues for Pine Ridge Reservation and all other Indians. These have been published nowhere--except in the indictments. The people who went to Wounded Knee asked that the government enforce their land and sovereignty rights under the Treaty of 1868; they asked for an independent investigation of the BIA's mishandling of Oglala rights and interests; they asked that the Pine Ridge Constitution (written under the Indian Reorganization Act of 1934) be ruled invalid, and that new tribal elections, free from violence and fraud, be held. Though these three points were agreed to be negotiated by the U.S. government, actually nothing has been done.

THE PAST: 1890

Big Foot's camp. Wounded Knee Creek is in the foreground. A U.S. Army Signal Corps man took this photo for military intelligence purposes.

These three demands used ideas from the 20-Point program which the Trail of Broken Treaties Caravan took to Washington in 1972. The most important parts of this large program have been combined into this AIM 3-point program. The program outlines a strategy around which all Indians can unite for actions that solve some local problems, but move also toward larger goals.

AIM National Executive Director Dennis Banks has stated that building support for actions to make the 3-point program a reality is a major educational purpose of the Wounded Knee trials in St. Paul and South Dakota. This position paper explains the program. AIM would like to hear from people --Indians and non-Indians--who want to work on it.

THE FUTURE--FROM NOW ON

ＡＩＭのプログラム

1　先住民解放運動

先住民の公民権に関しては、一九二四年に先住民市民権法が成立したが、先住民が白人と完全に平等な地位を獲得したわけではなかった。形式的な政治的平等は与えられたものの、社会的、経済的な不平等は消えることはなかった。そして、合州国の先住民政策はルーズベルト政権下のニューディール政策の一環として、一九三四年に先住民再組織法が成立した後、一九世紀以来の同化政策から再び部族制を強化する方向に転換される。同再組織法は、先住民への土地割当制度を廃棄し、すでに割り当てられた土地は部族のために役立つよう整理統合すること、協力姿勢を示す先住民に対して経済的援助を与えることを規定していた。同法の適用により多額の公的資金が先住民政策に注がれたが、先住民が直面する諸問題の解決には大きな進展はみられなかった。その結果、一九四九年には連邦政府の負担を軽減して州政府に先住民問題を移管する連邦管理終結政策が勧告された。このように先住民問題の解決が進まなかったことの主因は、白人社会側に問題の本質を理解する努力が不足していたことにあったが、他方で先住民側にも内発的な主体形成が欠如していたことが挙げられる。

先住民がアイデンティティ形成に覚醒していったのは、先住民の都市への移動を契機とした。一九四九年の連邦管理終結政策の一環として、リロケーション（保留地から都市への転住）政策が実行され、その結果、一九五二年からの五年間に一万七〇〇〇人がシカゴ、ミネアポリス、デンバー、ロスアンゼルスなどの諸都市に転住した。都市に移住した先住民は、黒人以上の差別に直面し、経済状態は決して楽ではなかったが、各地に「先住民センター」が設立され、異部族出身者の間での交流の機会が生まれ、先住民運動の展開に向けて重要な起点となってゆく。

一九六一年六月、若い世代の「ニューインディアンズ」と呼ばれた高等教育経験者が主導権を握った「アメリカ先住民・シカゴ会議」が開催され、「先住民の目的宣言」が採択された。この中で、土地の返還、保留地の土地所有権の明確な認定、水利権の保護、税制改革などの要求が掲げられた。以後、同様の会議が開かれ、雇用、教育、保健、住宅問題などに関して改善要求が示された。

先住民が共通のアイデンティティに基づいて共通の闘いを明確にしていったのは、黒人解放運動における「ブラック・パワー」の主張に刺激されて先住民の間に「レッド・パワー」運動が開始されてからである。一九六八年七月にミネアポリスにおいてデニス・バンクスらによって先住民の民族自決を進める「アメリカ先住民運動」(AIM)が結成され、それ以後、AIMは先住民復権運動の主軸として運動を進めていった。

一九六九年一一月、サンフランシスコ州立大学とカリフォルニア大学バークレー校の先住民系学生一四名が、サンフランシスコ湾内にあるアルカトラス島を訪れたのを皮切りとして、続々と先住民が訪れた。同島はかつて刑務所が存在した島である。AIMの活動家を含む「先住民全部族連合」を名乗る七六名が、合州国政府が所有する土地が不要になった場合には先住民にその土地の権利を充てることを約束した一八六八年にスー族との間に結ばれたララミー条約を根拠として「領土宣言」を行った。同島を訪れた先住民の数はその後一〇〇〇人にまで達し、日系団体、黒人団体、メキシコ系団体なども支持を表明したが、連邦政府は島の占拠を不法として、最終的に一九七一年六月に居残っていた先住民一五人を強制排除した。

ＡＩＭは、アルカトラス島占拠闘争のほかに、先住民が権利獲得のために各地で行った抗議行動の先頭に立った。一九七〇年一一月にはマサチューセッツ州プリマスロックでのメイフラワー号英国国旗廃棄、翌七一年六月にはサウス・ダコタ州でのスー族による聖地ブラック・ヒルズの返還を求めたラシュモア山（歴代四人の大統領の肖像が彫刻されている）占拠、一九七二年九月にはロスアンゼルスからワシントンまでの全米先住民行進、同行進の延長線で行われた先住民総局建物占拠などの行動を展開した。

先住民総局建物占拠は、さらに先住民による権利獲得闘争を活気づけることになる。一九七二年一二月、オグララ・スー族を中心とする先住民二〇〇人が、先住民虐殺事件が一八九〇年一二月に発生した土地であるサウス・ダコタ州ウンデッド・ニー一帯を武装占拠して、過去の条約の調査を要求するとともに、翌七三年二月には合州国からの独立を宣言した。連邦政府側は戦車、軍用機まで動員、先住民側は銃撃戦によって二人が死亡した後、停戦協議を受け入れ、五月に武器を政府側に引き渡して占拠を解除した。しかし、この占拠事件を理由にＡＩＭメンバーの五〇〇人以上が逮捕され、そのうち一五人が起訴されるなど、連邦政府は先住民の闘いを圧殺しようとしたが、裁判所は無罪とした。こうして「ウンデッド・ニー占拠」は、現実に先住民の要求実現を達成することはできなかったが、先住民問題に関する認識を広める上では大きく寄与した。

先住民の復権要求の中心は、「ウンデッド・ニー占拠」での要求にみられるように、先住民と合州国との間で過去に結ばれた条約の有効化であった。それらの条約の中には、先住民部族を「ネイション」として認め、独立国家としての権利を認めるものも含まれていた（「ネイション」とは、通常「国民国家」

形成前の段階は「民族」、「国民国家」形成後の段階は「国民」を意味するが、この場合は「民族の一部を形成する部族」を意味する)。しかし、一九七九年五月にセントローレンス川沿いの「シックス・ネイションズ」(セナカ、モホーク、オネイダ、イロコイ、オノンダガ、カユーガの六部族。別名「イロコイ六カ国連合」)居留地でモホークの一人が窃盗容疑で逮捕されたことをきっかけに始まった裁判において、先住民側は一七九四年に合州国政府との間で結ばれた平和友好条約に基づき、不当逮捕であるとニューヨーク州警察を告訴したのに対して、同州フランクリン郡裁判所は「シックス・ネイションズ」が独立国家であることを否定するとともに、告訴を却下する判決を下した。こうして、合州国政府は先住民との間で過去に結んだ条約の効力を一方的に否定する姿勢を取り続けている。

2 デニス・バンクスとAIM

スー族のラッセル・ミーンズとともにAIMの指導者となったチペア(オジブワ)族のデニス・バンクス(ナワ・カミッグ)は、一九三六年四月一二日、ミネソタ州のリーチ・レイク先住民居留地で生まれた。周辺には、スー族、メノミー族、サック・フックス族、ウィネバゴ族、デラウェイ族、オネイダ族が住んでいた。父親は第二次世界大戦のヨーロッパ戦線に従軍した後、どこかで再婚し消息不明となった。このため母親は三人の子供(兄、姉、デニス)を養っていかねばならなくなる。母親は月五ドルの家賃を政府に支払うこともできなくなり、食糧援助を願い出た。バンクスが五歳の時に、二人の政府職員がバンクスの家を訪れ、子供三人を政府の寄宿学校に送ることを母親に勧めた。

三人の兄弟は他のオジブワ族の子供たちとともに、迎えに来た政府のバスでミネソタ州南部のパイプ・ストーン寄宿学校に連れて行かれた。寄宿学校では最年少の幼稚園組に入れられ、寄宿舎の四〇人部屋では両隣に生涯の友人となる二人がいた。フレッド・ローング（通称ボージャック）と、フレッドモルガン（通称ビートマン）である。寄宿舎では、先住民の言葉を使用すること、先住民の歌を歌うこと、先住民の宗教を信じることが禁止され、白人中心主義的な、徹底的なキリスト教化、「アメリカ化」教育が行われた。先住民は辺境の荒野に潜む野蛮な殺人鬼であるかのように書かれた本が教科書として使用された。この教科書の中では、先住民は「野蛮な」「未開の」「文明以前の」と形容されており、ミネソタには白人開拓者が来る前は人間が住んでいなかったかのように記されていた。

バンクスは三年生の頃、二五人の仲間とともに集団で学校から脱走したが、三、四マイル行った地点で連れ戻された。しかし、その後も毎年のように逃亡を試みては失敗を繰り返した。六年生の学期末にバンクスは、ボージャックらとともにノース・ダコタ州のワープトン寄宿学校に転校させられた。この寄宿学校の生徒の大半はスー族であった。八年生の学期末にサウス・ダコタ州のフランドリュー寄宿学校に再び転校させられた。フランドリュー校はミネソタ州のパイプストーン校の西隣にあった。転校の半年後にバンクスは一〇回目の逃亡を試み、成功。ボージャックやビートマンも一緒だった。こうして一〇年後に初めて郷里に帰り母親と再会したバンクスは、二度と寄宿学校に戻ることはなかった。そして、ウォーカーの公立高校に通い始めたが、二カ月以上は続かなかった。高校中退後の約一年半、日雇い労働に従事しながら、ミネソタ州の州都ミネアポリスやその周辺を行ったり来たりしていた。

一九五三年四月、一七歳で空軍に入隊し、翌年三月に五四八偵察技術隊に所属して伊丹基地に配属された。そして、伊丹基地勤務中に井上まち子と知り合ったが、二ヵ月後に横田基地に転属となる。まち子は両親の反対を押し切って横田基地にいるバンクスのもとに行った。バンクスは福生に住居を見つけて、まち子との同棲生活を始める。休日には八王子まで出かけた。

一九五五年八月、在日米軍はB52配置のために基地の拡張を日本政府に求め、日本政府がこれに応じたことから、地元住民を中心とする砂川闘争が発生した。バンクスらは何回も基地警備に動員された。翌五六年一〇月一三日、非常呼集で基地警備のために完全武装で動員されたバンクスは、フェンス越しに基地拡張反対のデモ隊の中に日本山妙法寺の僧侶を見かけた。同年の秋、まち子が妊娠し、やがて長女みち子が誕生した。

一九五七年、バンクスはまち子との結婚認可申請書類を軍に提出した。しかし、この申請は認められなかった。理由は、まち子の両親が日本共産党員あるいはその支持者であったことと、一九五六年五月一日のメーデーの日に、非番で出かけた八王子でメーデーのデモ隊に遭遇し、共産党のパレードに近寄ったことが禁止事項に抵触したためであった。バンクスはこの処置に憤激して、二度と戻らない覚悟で基地を出て、福生の家で家族とともに居住することを選んだ。しかし、数日後に逮捕され軍法会議にかけられ、軍位を剝奪されて強制除隊処分を受けた。一〇日間の営倉入りの後、本国に送還された。まち子とみち子とは羽田で一五分間だけ面会を許され、バンクスは彼女らに必ず日本に戻ると約束したが、その約束は果たせないままとなった。合州国に強制送還されたバンクスは、サンフランシスコ到着と同時に日本行きの空軍無料フライトに乗り込もうとして順番を待っている間に軍人資格の期限が切れ、日本に帰る機会を失ってしまった。

日本に戻ることを一時諦めたバンクスは、ミネソタ州に帰還して安酒に溺れるようになり、アルコール依存症に陥っていった。バンクスは一九六〇年末にジャネット・ステーリーと結婚した。一九六一年三月には長女ジェニスが誕生、その後六二年にダーラ、六四年に双子のディアナとデニス・ジュニアが生まれた。

一九六五年五月、バンクスは単身で姉アードリーが住むロスアンゼルスに行ったが、八月一一日に発生したワッツ暴動（黒人貧民街のワッツ地区で、飲酒運転容疑の黒人兄弟に対する白人警官による人種差別行為に端を発し、ロスアンゼルス市南部全域に拡大した暴動事件）に遭遇することになる。ワッツ暴動に居合わせた当時のバンクスは、公民権運動に関する知識はまったくなかったという。その後、ロスアンゼルスで知り合ったナバホ族のヒックスに誘われてニューメキシコ州の鉱山で働いた後、コロラド州で森林植林に従事し、同年一〇月にミネアポリスのジャネットの家に帰った。しかし、ジャネットとの関係はすでに終わっていた。また、ろくな仕事につくこともできず、酒に溺れる生活が続いた。

翌一九六六年三月、ミネアポリスのバーで小銭すらなくなるまで呑んだバンクスは、バーを出た後で酒飲み仲間の白人ビル・クラークと出会い、クラークの誘いに乗るままに閉店していたマーケットに盗みに入り、通りがかった警官に逮捕される。四月一〇日に始まった裁判で、クラークは執行猶予三年の判決だったのに対し、バンクスは懲役五年の実刑判決を受けた。バンクスはミネソタ州のスティル・ウォーター刑務所に収監され、懲役刑に服した。この刑務所内で同じチペア族のトム・ジョーンズと出会ったことが、人生転換の起爆剤になる。バンクスは獄中で急激に政治的意識を強めていった。そして、合州国政府から自立した先住民運動を設立する計画を考え始めた。

一九六八年五月一五日、バンクスは二年で仮釈放されたが、ただちに半年前に出所していたトム・ジョーンズのもとを訪れた。バンクスとジョーンズは運動の旗揚げ準備に入った。二人に、寄宿学校以来の友人であるジョージ・ミッチェルとクライド・ベルコートが加わった。七月二九日、ミネアポリスで「憂慮する先住民協議会」(CIAC)の結成大会が挙行された。大会は、「われわれを強め給え。われわれ先住民一人一人の健康と精神を強め給え。偉大なる聖霊よ。われわれを見守り給え」という祈りで始まり、バンクスが一時間に及ぶ演説を行い、ベルコートが警察権力の横暴に抗議する具体的運動を提案、ミッチェルが公民権運動がどのように進んでいるかについて語った。その後、テーマごとに小委員会を設置して行動方針が検討された。警察対策委員会ではベルコートの提案で警察署長への会見や団体抗議行動を起こすことが決定された。住居対策委員会ではスラム街の状況を調査して市当局に改善要求を提出することが決定された。差別教育対策委員会ではミネアポリス市教育委員会の代表と会見して教科書から差別的な記述を削除するよう要求することが決定された。翌日から、これらの決定に基づいて行動が開始された。二カ月後の九月にCIACは「アメリカ先住民運動」(AIM)に改名される。

一九六九年の春、バンクスはオハイオ州のクリーブランドの先住民センターから講演の依頼を受けた。このセンターの所長がオグララ・スー族のラッセル・ミーンズであった。バンクスの考えに意気投合したミーンズはクリーブランドにAIM支部を設立した。

一九六九年一一月、ミネアポリスで全米インディアン教育会議が開催され、全国各地から数千人の先住民が集まった。この会議を通じてAIMは広く知られるようになる。同月九日、七六名の先住民青年たちが、一八六八年のララミー条約の履行を要求してサンフランシスコ湾内のアルカトラス島を占拠した。

一〇日も経たないうちに、島には続々と先住民が上陸し、占拠参加者は六〇〇人にまで膨れ上がった。AIMも支援の代表団を送り、バンクス、ミッチェル、ベルコート、メアリー・ジェーン・ウィルソンが島に滞在した。

占拠した人々は評議会を設立して共同体の運営にあたった。その中心的人物はモホーク族のリチャード・オークス、サンティ・スー族のジョン・トルーデルらであった。彼らは宣言を発し、「われらアメリカ先住民はアルカトラス島がわれらに属することを主張する。アルカトラス島はかつて自由で気高い先住民が支配していたこの大地全体の象徴になるであろう」と謳いあげ、最後にアメリカ先住民博物館を開設し、白人が先住民に対して行ってきた経済的、文化的圧殺の歴史を展示すると宣言した（森田ゆり『聖なる魂』）。アルカトラス島占拠闘争は一年半続けられたが、一九七一年五月、合州国政府は警官隊を上陸させ、島に残っていた十数名を逮捕した。

アルカトラス島占拠を発端として、先住民による多くの闘争が開始された。一九七一年、AIMはアリゾナ州フラッグ・スタッフ市のホピ族、ナバホ族、プエブロ族から支援要請を受け、七月バンクスはベルコートとボブ・バーネット・ジュニアとともにフラッグ・スタッフ市に赴いた。同市では、独立記念日の前に市警察が先住民にパウ・ワウ祭を開かせ、居留地から先住民を引きつけた上で、泥酔とか交通妨害などの理由をこじつけて先住民を大量逮捕して、逮捕した先住民にロデオ後の街の清掃労働と引き換えに釈放許可を与えるということが繰り返されていた。バンクスらは、独立祭パレードの真ん中で抗議行動を起こした。この抗議行動においてベルコートとバーネットが逮捕され、懲役六カ月を求刑された。バンクスはカリフォルニア州のチカノ運動の指導者セサル・チャベスの協力を求めて、二人の訴訟を却下させることに成功する。この出来事を通じて、バンクスはチャベスとの親交を深めるとともに、先住民解放運動とチカノ運動の連携が実現することになる。

ＡＩＭはその後も各地の闘争への支援を求められ、支援活動を強化していった。一九七〇年にはサウス・ダコタ州のオーガスチン・ルター派大学を占拠して、先住民学生のために使われるべき特別資金の公正な使用を要求。同年、チペア族のラクコート・バンドを支援して、連邦電力委員会の不正を追及。翌年にはミルウォーキーの沿岸警備隊基地、ミネアポリスの海軍基地を占拠。さらに、ハリウッドが作った西部劇における先住民イメージに抗議するキャンペーンも展開した。この頃、ＡＩＭの指導部にラッセル・ミーンズが加わった。ミーンズの加入によってＡＩＭ指導部の組織力と指導力は急速に強まった。交渉の技術、メディアに訴える手段、多くの部族との連携、種々の組織との共闘・支援関係などに力が蓄えられた。オノンダガ族のオレン・ライオンはイロコイ六カ国連合の民主統治制度について教えた。ＡＩＭは、連邦政府の介入を全面的に拒否し、主権国家であるという主張を断固として守り抜いてきたイロコイ六カ国連合の長い闘争の歴史と、そのすぐれた連合統治制から多くのことを学んだ。

全米各地にＡＩＭの支部が設立された。ミーンズが設立したクリーブランドを皮切りに、ミルウォーキー、シカゴ、キャス・レイク、ローズバッド、デンバー、オクラホマシティー、シアトル、オークランド、サンフランシスコ、ロスアンゼルスに支部が設立された。

一九七二年二月一三日、ネブラスカ州ゴードン市で発生した不良白人グループによる先住民青年殺害事件は、直後にオマハで開催された先住民センター全国会議で取り上げられ、会議参加者全員がバスなどを連ねてゴードン市に乗り込み、市当局に死因究明を求めた。加害者たちは逮捕され、裁判で有罪の判決を受けることになった。ゴードン市での闘争に勝利したバンクスたちはパイン・リッジ居留地を訪れてスー族から大歓迎を受けた。バンクスはそこで妻となるカムークと出会い、同年五月一日に結婚した。

同年四月、ＡＩＭはワシントンに全国オフィスを設置し、バンクスらはロビー活動に従事するが、ロビー活動によっては先住民問題に対する解答は得られないとの認識を深め、一ヵ月でオフィスを引き払い、「破られた条約の旅」の組織化に全力をあげた。先住民たちは、黒人の闘争の目的は公民権の獲得にあったが、先住民の闘争は一九世紀以来合州国政府が先住民との間で交わしてきた条約の履行を求めることを目的とすべしと考えた。同年一〇月、ＡＩＭはロスアンゼルス、シアトル、サンフランシスコの三ヵ所からワシントンをめざす「破られた条約の旅」を開始した。キャラバン隊はミネソタ州のセント・ポールで合流し、合州国政府に対して、先住民のネイションと合州国との間で交わされた条約の尊重、先住民のネイションとの条約締結関係の再現、先住民主権の回復を主眼とした二〇項目要求を内容とする声明文を送付した。

合流したキャラバン隊は、一一月二日にワシントンに到着した。しかし、内務省側が各官庁・民間団体に対して「破られた条約の旅」に協力しないようにとの通達を出し、その結果キャラバンに参加した人々に宿泊施設として提供されたのが朽ち果てたセント・ステファン教会だけであったことに立腹した三〇〇〇ないし四〇〇〇名の先住民は内務省先住民局本部に押しかけ、占拠した。内務省及び同先住民局による部族議会を通じた官僚的支配と腐敗に対する積年の不満がその背景にあった。ＡＩＭは政府側との交渉によって、一一月八日までに占拠を解除すれば「二〇項目」について話し合うことに同意したため、占拠は解除された。しかし、約束は履行されず、逆にＡＩＭを壊滅させようとする政治的動きが加速化した。

一九七三年一月にパイン・リッジ居留地の先住民青年が白人に殺害される事件が発生し、この事件に際してＡＩＭがカスター市で公聴会の開催を要求し、公聴会会場に指定されていた旧裁判所への入場問題がきっかけとなってＡＩＭと警官隊が衝突、逮捕者三五名、負傷者一六名を出した。バンクスはこのカスターでの騒乱事件の扇動者として告発された。

3 「ウンデッド・ニー占拠」事件

一九七二年一二月、オグララ・スー族による「ウンデッド・ニー占拠」事件が発生した。事件の背景には、一九七二年四月から部族議会議長になり、先住民局の権力を背景としてパイン・リッジ居留地を専横的に牛耳っていたリチャード・ウィルソンの居留地内での独裁支配があった。多くの居留地のスー族住民が「破られた条約の旅」に参加して以来、ウィルソンはＡＩＭに共感を示す住民に露骨な脅迫を行うようになり、事態は深刻化していった。同年一一月二六日、バンクスが居留地内で逮捕される。二日後に釈放されたものの、居留地住民側は先住民局に対してウィルソンの解任を求めたが、先住民局は解任要求を無視したばかりか、逆にウィルソンに対して部族警察のほかに、さらに私兵まがいの「部族警備隊」を組織する資金を供与した。これによって、ウィルソンの暴力的支配が強化されることになった。

一二月二六日夜、ウィルソン問題を話し合う緊急住民会合が開催されたが、この会合にはパイン・リッジ居留地の酋長フールス・クローをはじめとする居留地のスー族住民のほか、AIMの全国的指導者であるバンクス、ミーンズ、オクラホマ州のポンカ族カーター・キャンプ、ミネソタ州のチペア族のベルコート、オナイダ族のハーブ・ポーズらも参加していた。会議の中で、住民側がただちに実力行使を行うことを決意し、AIM指導者たちに選択を迫った結果、AIMも住民とともに直接行動の闘争を開始することを決定。会議参加者は役割分担を決めると、翌二七日未明にただちにウンデッド・ニー地区一帯の占拠を開始し、次のような声明文を発出した。

「我々はウンデッド・ニー一帯を占拠した。我々はリチャード・ウィルソン部族会議議長、ワイマン・バビー地域事務所長、スタンレー・ライマン居留地監督官の解任を要求する。オグララ・スーの部族議会の役員選挙のやり直しを要求する。エドワード・ケネディ上院議員が先住民局及び内務省の汚職実態調査をすること、ジェームス・アブレズク上院議員がスー族居留地の現状調査をすること、ウィリアム・フルブライト上院議員が先住民のネイションと合州国が締結した三七一の条約を調査することを要求する。」（森田、前掲書）

合州国政府は陸軍にM一一三型戦車一六両を出動させてウンデッド・ニーを包囲し、さらに戦闘用ヘリ、F4ファントム戦闘機まで導入した。七一日間の占拠中、政府側は四〇万発以上の弾薬を撃ち込んだ。政府は、先住民たちが人質をとって立てこもったと発表し、マスコミもそのように報道したが、実際には聖心カトリック教会の神父や交易所の経営者たち約一〇名は、自主的にとどまることを選択していた。

「三月四日、司法省とオグララ族指導部との交渉が始まった。ウンデッド・ニー占拠地帯とFBI、連邦憲兵隊の道路封鎖地点の中間に非武装地帯が設けられ、ティピが建てられた。オグララ族指導部は、政府が武装部隊を退去させ、オグララ部族議会の汚職取調べ、破られた条約の検討に対する真剣な態度を示すならば、占拠を解こうと申し出た。司法省側は先住民側の要求項目にはまったく触れずに、ただ、武器を捨てて占拠を解くなら即時逮捕はしない、しかし武器をとった者はその武器に自分の名を付けて退去するよう要求してきた。この司法省の要求に対して、オグララ族指導部は先住民をばかにしていると一笑に付し、交渉の決裂はやむなしと判断した。翌日、私（バンクス）は占拠者全員の前でその要求書に火をつけて長期戦に備える士気を盛り立てた。」（森田、前掲書）

その日から、占拠者たちは防衛強化につとめた。司令部が置かれた教会の周囲に塹壕を掘り、道路沿いに掩蔽壕《えんぺい》をいくつも設けて、掩蔽壕と教会とを目線で連絡できるようにした。三月七日、支援の軽飛行機が占拠地帯のど真ん中に着陸し、食糧・薬品など支援物資を積み降ろすや、離陸していった。たった一五分の早業であった。支援には、複数の人種の人々がやってきた。多くの運動団体が支援物資を送ってきた。七一日間の占拠の間、三〇〇〇名から四〇〇〇名が解放区を訪れ、常時約六〇〇名が共同生活を送った。

「ウンデッド・ニー占拠」闘争で際立っていたことは、占拠にはスー族以外の先住民、白人、黒人、アジア系、チカーノも参加していた事実である。特にチカーノにおいては、カリフォルニアの「農業労働者組合」やコロラド州デンバーの「正義の十字軍」はのべ数百人を動員して闘争に参加させた。

三月一六日には、オグララ・ネイションの市民権授与式が行われた。三つのタイプの市民権が、一八二人のオグララ・スー族の人々、一六〇人の他部族の先住民、七人の白人に授与された。

三月三一日に再開した政府との交渉は長引き、平行線をたどった。ついに四月五日に調印にこぎつけたが、その直後に政府は協定を破ってしまった。全員が武器を捨てて降伏してからでなければ、協定の具体案の実行には応じないと言い出したのである。

四月二六日、政府は徹底的鎮圧に乗り出した。五月二日、政府側の交渉団がやってきて、交渉の結果、オグララ族酋長たち長老は次のような条件で占拠解除を決定した。
(1) ホワイト・ハウスは一八六八年ララミー砦条約についてオグララの酋長たちと話し合いを持つ。その話し合いへの出席を約束した手紙を受け取ってからでなければ武装解除に応じない。
(2) ウンデッド・ニー墓地で行われるパディ・ラモント(バンクスの妻カムークの叔父。四月二六日に後頭部を撃たれて死亡)の通夜と葬儀の日には道路封鎖を解除し、人々を自由に出入りさせる。
(3) 逮捕令状が出ている者は葬儀から七二時間以内に投降する。
(4) ホワイト・ハウスの条約委員会との話し合いは五月の第三週に酋長フールス・クローの敷地内で行う。
五月六日、パディ・ラモントの遺体がウンデッド・ニーに運び込まれ、葬儀が行われた。葬儀の翌々日の五月八日、占拠が解除された。バンクスを含め、逮捕状が出ている約六〇名は葬儀の日の深夜に逃亡し、残りの一五〇名が武装解除まで残った。

一九七四年一月二日から九カ月にわたってバンクスとミーンズに対する裁判がミネソタ州セント・ポ

ールで行われた。本来、この裁判は「ウンデッド・ニー占拠」を指導した五名の統一公判として行われるはずであったが、オグララ・スー族の若き指導者ペドロ・ビソネットが裁判前に射殺され、ベルコートとオグララの祈祷師クロー・ドッグはそれぞれ別件で起訴されていたので、分離裁判となった。

しかし、裁判の最中の同年二月末、シンビオーズ解放軍（SLA）による新聞王ランドルフ・ハーストの娘パティーの誘拐事件が発生し、SLAはパティーの釈放条件として、ハースト家の資金で食糧を買い入れてカリフォルニア州の貧民に分配するよう求め、人民寺院の教主ジム・ジョーンズ、メソジスト派の黒人牧師シーソー・ウィリアムズ、黒人活動家ポパイ・ジャクソンら一二人のほかに、AIM指導者の参加を要求してきたため、裁判は中断された。このような要求に対処すべく、ランドルフ・ハーストがAIMに助けを求めてきたので、AIMとして対応するため、バンクスはハーストと会見した。ハーストはSLAに総計七〇〇万ドルを払ったものの、パティーがSLAと行動をともにしていることが判明した。

その後、「ウンデッド・ニー占拠」事件の裁判が再開され、同年九月一五日に結審し、完全無罪判決が出された。裁判長は、武力解決を図ったFBIと司法省に厳しい批判を浴びせ、連邦政府が武力を行使してウンデッド・ニーを包囲したことは許されざることだと断じ、次のように述べた。

「この国の法律は、市民の手によって、市民を守るために作られたものである。政府が市民に対して不必要な暴力をふるうことが二度と起きないよう、法はその抑止力を発揮しなければならない。連邦判事として、私は政府が軍事用武器を市民に対して向けたことを決して許すわけにはゆかない。また、私はいまだかつて、FBI及び検察局のこんなにも多くの違法行為、非道徳行為を見たことがない。ＦＢＩは堕落した。検察局は自らが法の番人であることを肝に銘じてしかるべきである。一九七四年は正義にとって不幸な年だった。私はアメリカ市民であることを初めて恥ずかしく思った。正義の水は汚染された。被告の容疑すべてを棄却することで汚染はかろうじて浄化されよう。」（森田、前掲書）

バンクスは「ウンデッド・ニー占拠」事件に関しては無罪となったが、彼を憎悪するサウス・ダコタ州知事ウィリアム・ジャンクローによってカスター市騒乱事件の扇動者として告訴された。一九七五年六月二日に裁判が始まったが、同二六日、裁判が行われている間に、バンクスの家族らが宿営していたパイン・リッジ居留地内のオグララ村にＦＢＩ捜査官がやってきて銃撃戦となり、捜査官二名と先住民一名が死亡した。七月末、バンクスは騒乱謀議と暴行罪で有罪判決を受け、懲役一五年を宣告された。バンクスは最終判決が出る前に保釈金を払い、八月八日サウス・ダコタ州を去り地下に潜行し、カリフォルニアに行ったが、翌七六年一月二三日にサンフランシスコ郊外でＦＢＩによって逮捕された。

カリフォルニアでは、バンクス釈放を求めるデモが連日のように行われ、一〇万名署名も集められ、「デニス・バンクス請願委員会」はカリフォルニア州最高裁判所にサウス・ダコタ州からの身柄引き渡し要求を拒否する決定を求めて提訴した。二年後の一九七八年に裁判所は要求を認める判決を下した。その間、カリフォルニア州知事ジェリー・ブラウンは身柄引き渡し要求を拒否するとの決定を下した。

バンクスは、カリフォルニアにはブラウン知事の任期が切れる一九八二年末まで滞在し、その間ディビス市のディワゴナテ・ケツアルコアトル大学に入学した。卒業後は大学理事会から要請されて講義をもつようになり、一九七九年には副学長に任命された。また、一九七七年には先住民の自治と権利を縮小・剝奪することをめざした法案が上下両院に上程されたが、この動きに反対するキャンペーンとして、翌七八年二月一一日、サンフランシスコ湾内のアルカトラス島を出発し、北アメリカ大陸を横断してワシントンに向かう「ザ・ロンゲスト・ウォーク」を組織。四〇〇〇名がワシントンに到着し、法案の通過を阻止した。この「ザ・ロンゲスト・ウォーク」には、バンクスの友人であった日本山妙法寺の藤井日達師をはじめ日本人僧侶も参加した。

一九八二年末にブラウン州知事の任期が切れ、一一月の知事選挙で共和党のジョージ・デュークメイジンが勝利したため、バンクスは「デニス・バンクス請願委員会」の勧めに従って黒人知事マリオ・クオモの保護を求めるべくニューヨーク州に向かうことを決意する。一九八三年一月一日、バンクスはカリフォルニアを出てニューヨークに向かった。しかし陸路をたどったバンクスは、ニューヨーク州の北部の「イロコイ六カ国連合」のオノンダガ・ネイションの近くのシラキュースに到着してしまい、その偶然がきっかけで三月一二日に「六カ国連合」の承認を得て、オノンダガ・ネイションの保護を受けることになる。

オノンダガ・ネイションでの亡命生活の間に、バンクスは投降を考えるようになった。バンクスの意向を受けたオノンダガ首長オレン・ライオンらの協力を得て投降準備を始める。一九八四年九月一〇日、バンクスはオノンダガ・ネイションを出発し、パイン・リッジ居留地に向かった。同一三日に投降、ただちにカスター郡裁判所で予審尋問が始まり、一〇月八日に騒乱罪と暴行罪により懲役三年の判決がでた。バンクスは翌日服役したが、オグララ村のリーマン工業学校がコミュニティ・カウンセラーとして雇用することを決定したのを受け、翌年九月二九日に仮釈放された。

その後、合州国社会は先住民との歴史的和解の意思を示し、一九九〇年には「先住民墓地保護・返還法」が公布され、一九九二年には「カスター国立記念戦跡」が「リトル・ビッグボーン国立記念戦跡」に改称され、一九九八年には「サンドクリーク虐殺国立史跡設置法」が公布され、合州国と先住民の体験の隔たりは徐々に埋められた。しかし、一九世紀に先住民と交わされた条約は履行されず、先住民が主権を有する「ネイション」として存在することも許されてはいない。

第8章

ヒスパニック系社会

ヒスパニックのハリウッド・スターたち

1　「ヒスパニック」の概念と実態

「ヒスパニック」なる言葉が多用されるようになったのは一九八〇年代であった。現在「ヒスパニック系」と分類される集団は、一九七〇年度以前の人口統計においては、地理的に限定されたスペイン系姓、スペイン語を話す集団、出生地別などで集計され白人の中に分類されていたが、同年の統計から分類方法が変更され、メキシコ系、プエルト・リコ系、キューバ系、その他というように設問され、それらを一括して「スパニッシュ・オリジン」という集団として独自の分類がなされるようになった。その背景には、一九五〇年代から六〇年代に最盛期となった黒人を中心とする人種的隔離・差別の撤廃と社会的平等を求める公民権運動の高揚の中で、スペイン語を母語とする集団が、ヨーロッパ系の白人集団とは社会的、経済的地位において大きく異なる集団であると明らかにされてきたことがある。

そして、一九八〇年の政府統計資料において、「ヒスパニック」とは「スパニッシュ・ヒスパニックオリジンまたはその子孫」と規定され、人種上の分類とは関係ないものであるとされた。「ヒスパニック」系の六六%がチカノ（メキシコ系）であるが、後述の通り、一九五〇年代以後のメキシコ系の「チカノ」としてのアイデンティティの強化もあり、一九七〇年代までは「ヒスパニック」との概念は使用されなかった。しかし、その後のメキシコ系社会の分極化の進展に伴って、チカノ解放運動のような民衆が自覚した社会・政治運動や民族的運動が低迷し、コミュニティ活動が不活発化する中で、より組織的な発言力・政治力を求めた中間層以上の政治家やビジネスマンが中心となって、合州国社会のメインストリームへの同化を強調した言葉として使用されるようになった。だが、元々はメキシコ系アメリカ人の一部エリートたちによってスペインの血統、伝統、文化を誇る言葉として使用されてきたものであった。したがって、元来「ヒスパニック」とは、スペイン系白人を意味する言葉として使用されていたのであり、先住民系、黒人系、メスティソ（混血）系のラテンアメリカ出身者を含む概念ではなかったのであり、ましてやブラジル系やフランス系を含まない概念である。本来は「ラティノ」の方がより広範であるという意味ではもっと適切な言葉である。にもかかわらず「ヒスパニック」なる言葉が半ば定着した背景には、スパニッシュ・オリジンを優先するような差別が存在しているとみるべきであろう。

合州国にヒスパニック系の人々が登場したのは、一八四〇年代のテキサス併合と米墨戦争による領土拡張の結果、約八万人のメキシコ系アメリカ人が誕生した時期であった。二〇〇〇年国勢調査によれば、ヒスパニック系は一九八〇年代に五三％急増したが、一九九〇年代にはさらに五八％、一二九〇万人増加して全人口比の一二・五％に相当する三五三〇万人に達し、全人口比一二・三％の黒人を抜いて最大のマイノリティ集団になった。

ヒスパニック系の中で最大の集団は六六％を占めるメキシコ系であり、次いでプエルト・リコ系の九％、キューバ系の四％などが続いている。ヒスパニック系の特徴は平均年齢の若さと地域的集中である。平均年齢の若さの原因は、基本的には、近年ラテンアメリカからの移民が急増したことにある。ヒスパニック系は、地域的にはカリフォルニア州に一〇九七万人、テキサス州に六六七万人、ニューヨーク州に二八七万人、フロリダ州に二六八万人が居住しているなど地域的に集中しているが、近年はイリノイ州、アリゾナ州、ニュージャージー州などへの拡散傾向もみられる。これらヒスパニック系のうち九一

%は大都市圏に居住しているなど、非ヒスパニック系の七八%に比しその都市集中が著しい。したがって、彼らの社会的、経済的環境は、一九六〇年代以後の都市構造の変化に影響され、特に都市部からの製造業の「空洞化」に伴う雇用縮小などの構造的変化の影響を受けやすく、最終学歴の低さなどの要因と相まって底辺層からの脱出を困難にしている。ヒスパニック系の貧困度は非ヒスパニック系に比して著しく、一九九九年の年収が貧困基準を下まわる比率は非ヒスパニック系の七・六%に対してヒスパニック系は二〇・四%に達している。

ヒスパニック系の公民権運動、民族解放運動などの高揚は合州国政府に人種的、民族的隔離と差別への法制度的対応を迫った。その結果、一九六〇年代半ばから公民権法、新移民法、投票権法、住宅法など差別撤廃と平等な公民権を保障する法制度的改革が実施された。

黒人や先住民系の公民権運動に触発されて、ヒスパニックはメキシコ系を中心として、一九六〇年代から農業労働者運動、チカノ公民権運動を展開し、人種的、民族的差別の禁止、市民的諸権利の改革を達成していった。二言語教育もその成果の一部であった。しかし、二言語教育は弊害も生じさせた。二言語教育はヒスパニックの児童・生徒が英語を使用する世界に同化するのを早めるよりは遅らせてしまい、統合よりも分離を促進し、自己差別化を育み、その差別化が人種的反感を助長したし、他方、二言語教育によるバイリンガル特別クラスの設置は、結果的には人種上の隔離教育を推し進めるという矛盾に陥った面も否定できない。ヒスパニックにおける二言語教育は、黒人における統合教育と同様に、能力別の学級編成を生み出し、ヒスパニックの児童・生徒の隔離を生み出し、差別構造を強化してしまったという面も否定できない。

人種的、民族的差別の法制度的根拠が撤廃された現在においては、人種・民族による直接的な差別や抑圧は軽減した。しかし、黒人や先住民系と同様に、一九八〇年代の新自由主義経済モデルに基づく経済再編成の下で、人種・民族間の経済的競争と不平等は以前よりも激化し、ヒスパニック内部に中間階層が成長する一方で、大量の新規移民を含む不安定就業者層が都市の底辺に隔離され、底辺層を形成している。また、ヒスパニックの中でも、キューバ系は教育・経済状態において黒人、先住民、及び他のヒスパニックより上位にあるが、他方、都市中心部への集中・隔離が著しく、底辺層が多いのがプエルト・リコ系である。ヒスパニック最大のメキシコ系においては、教育水準の高い三世、四世が政治的、経済的に上昇を遂げているのに対し、大量の新規移民が都市の「バリオ」(コミュニティ)に堆積されている。「ヒスパニック」という言葉の定着化そのものが、社会的上昇が可能な集団から使用され始めたということ自体が、「ヒスパニック」問題の複雑さを表している。

2 プエルト・リコ系とキューバ系

メキシコ系については後述するとして、まずプエルト・リコ系とキューバ系のヒスパニックに触れておく。

プエルト・リコは、一八九八年に合州国がキューバとフィリピンの独立戦争に介入した「米西・キューバ/フィリピン戦争」の結果、グアム島などとともに合州国の領土となり、一九一七年に制定されたジョーンズ法によってプエルト・リコの市民は合州国市民権を付与されたが、本格的に彼らの合州国への移動が増加するのは第二次世界大戦後であった。ヒスパニック系にはプエルト・リコから移民して合州国本土に居住している者のみを含み、プエルト・リコ島の住民約三八〇万人（二〇〇〇年現在）は含まれていない。

一九四〇年の人口調査では本土に居住するプエルト・リコ系は七万人ほどであったが、一九五〇年には三〇万人、一九六〇年には八九万人に増加し、二〇〇〇年には三一五万人に達している。一九五〇年代のプエルト・リコの工業化と都市化の下で、農村人口が大量に都市に移動したが、都市に滞留した人口を合州国に移動させる「ブーツストラップ作戦」と称する政策が実施され、五〇年代半ばから年間二万人の契約農業労働者として導入された。一九六〇年までに島の全人口の二五％が合州国に移動した。

合州国に到着したプエルト・リコ系が定着した場所は、一九四〇年には全体の八八％がニューヨーク市であった。しかし、その後周辺の大都市へと分散し、ニュージャージー州（一〇％）やイリノイ州（七％）に分散、その後はカリフォルニア州やフロリダ州にも二〜三％が居住するようになった。

プエルト・リコ系移住者の典型的職業は製造業や加工業における半熟練労働であり、そのため社会的上昇が遅く、経済的、政治的上昇はさらに遅い。その原因は、彼らが従事しうる職種が半熟練労働である上に、彼らが集中するニューヨーク市における製造業の減少という構造変化に乗り遅れる傾向が大であることにある。プエルト・リコ系の所得水準はヒスパニック系の中でも最低であり、悪化傾向が続いている。その理由はおそらく、彼らが北東部大都市で底辺層化しているために、合州国全体やニューヨークなどの大都市の経済的状態の悪化がプエルト・リコ系に慢性的かつ集中的に降りかかる地位を彼らが脱却できないでいることにあると考えられる。

さらに家族形態でみると、プエルト・リコ系の場合、全体の四五％が母子家庭であること、及び三八％が貧困水準以下であることを考慮すると、プエルト・リコ系は大都市で貧困や家庭の崩壊により、底辺層から脱出できない慢性的に危機的な状態に置かれていると言える。

メキシコ系やプエルト・リコ系と対照的に、ヒスパニックの中で最も社会的地位が高く安定しているのがキューバ系である。二〇〇〇年現在、キューバ系ヒスパニックの人口は約一四〇万人である。一九六〇年の人口統計では、キューバ系ヒスパニックの人口は七万九〇〇〇人であった。しかし、一九五九年一月のキューバ革命より一九八〇年までに、キューバ人口の一〇％に相当する八〇万人がキューバを脱出し、そのうちの八五％が合州国とプエルト・リコに移住した。

合州国政府はキューバからの移民に対して特別措置をとり、キューバ系は移民枠から除外して難民として扱い、特別移民としての性格を付与した。しかも、革命直後の移民は、かつての政府高官、ビジネスマン、医者・弁護士・技術者などの専門職で学歴が高く、英語を解する者が多く、比較的容易に合州国社会に同化した。しかし、これらの難民は反カストロ傾向が強く、カストロ政権の早期崩壊を信じてキューバへの帰国を待ち望んだ。そのため、彼らの大部分はキューバに近いフロリダ州に集中した。この結果、フロリダ州はいかなる政治勢力もキューバ系住民の意向を無視した姿勢をとることができず、選挙に際しては反カストロ姿勢をとることが政党に要求されたため、国策レベルにおいても合州国のキューバ政策に影響力を行使することになった。

キューバ系の合州国社会への適応はきわめて早かったため、一九六〇年にはキューバ系難民の分散化が進行し、一九七〇年にはキューバ脱出者人口のマイアミ都市近郊への集中度は四〇%に低下したが、その後再び集中度が高まり一九八〇年には六〇%に達した。一九八〇年のマリエル移民（同年にキューバ政府が反体制的な出国希望者にマリエル港からの出国を許可した時に脱出した人々）は経済難民的傾向が強い都市出身の非熟練・サービス業従事者が多く、合州国到着後に低賃金で不安定な職業に就く割合が高かった。したがって、マリエル移民の場合には底辺層に埋没する比率が高くなった。しかし、一九八〇年以前のキューバ系移民の教育水準はヒスパニック全体の平均以上であり、全国平均に近く、大学教育経験者はキューバ系全体の二〇%に達している。生活状況についても、年間平均所得は一万八〇〇〇ドルで、全国の中位水準にあたる五万ドル以上の者がキューバ系全体の二〇%と、ヒスパニックの中では経済的に最優位の地位にある。

カストロ政権に対する姿勢についても近年大きな変化が生じている。その背景は、カストロ政権が大半の予想に反して、一九八九年の冷戦構造終焉後一〇年以上も政権を維持し続けていることもあり、「キューバ系アメリカ人全国連盟」会長マス・カノッサなど強硬派の亡命者の多くが世を去った後、キューバ系住民のカストロ政権に対する姿勢に変化が生じ、カストロ政権との共存を模索しながらビジネス機会をうかがおうとする傾向が強まっている。

3 メキシコ系の「チカノ」運動

メキシコ系は一八四〇年代に登場したものの、その後二〇世紀初頭、第二次大戦中、一九八〇年代の三時期に急増した。二〇世紀初頭の急増は、合州国南西部における鉄道網の拡張、テキサス州、アリゾナ州などでの綿花栽培の拡大、カリフォルニア州での灌漑による可耕地拡大によって生じた労働力不足が吸引力となり、またメキシコ国内の政治紛争を原因とした流出によって生じた。

第二次世界大戦中には戦時の労働力不足の解消のため、一九四二年に合州国政府が「ブラセロ（肉体労働者）計画」を実施して、メキシコ、バハマ、バルバドス、カナダ、ジャマイカから季節労働者を入国させたが、その七〇％はメキシコ人であり、この「ブラセロ計画」がその後のメキシコ移民に多大の影響をもたらすことになる。同計画は一九四七年に終了するはずであったが、安い労働力を必要とした南西部の農場主らの要求もあり、一九五一年まで延長され、さらに一九五二年には第二回「ブラセロ計画」が実施され、一九六四年まで継続された。一九四二年の開始から一九六四年の終了まで同計画の枠内で入国した総数は四五〇万人に達した。

「ブラセロ計画」は二つの現象を伴った。第一はすでに合州国に定着していたメキシコ系の賃金水準の改善を阻む結果となったこと、第二は「ブラセロ」として契約できない者の多くが不法入国の道を選び、移民局の推定では「ブラセロ」として入国した者のほかに五〇〇万人が流入した。

一九五〇年代以降、南西部諸州では、工場、住宅、ショッピングセンター、モーテルの建設ラッシュがあり、この時期にメキシコ系の人々は農業労働者から都市労働者に転じた。これら諸州のほとんどの都市に「バリオ」と呼ばれるメキシコ系居住区が形成され、水準以下の住居、高い失業率を特徴としている。

その後、一九七〇年代後半から八〇年代後半までの間に約九〇万人のメキシコ人が合法的に移民し、一九八七年に施行された「移民統制改革法」によって三〇〇万人のメキシコ人不法入国・滞在者が合法化された。しかし、合法化されなかった非合法移民は無権利労働者として地下に潜行して、社会の最底辺部分に押し込められることになった。

メキシコ系は職業構成の変化によって三つの社会階層に分化していった。第一は経営者管理職と専門職の従事者で、安定した就業状態にあり「バリオ」から脱出して都市郊外に居住する人々、第二は工業・サービス部門の熟練もしくは非熟練職に従事するが、昇進の機会が少ない「バリオ」居住者、第三は農村や都市の移動労働者、サービス業での不安定雇用にある者と、合法あるいは非合法移民労働者であり、「バリオ」や農村の粗末な住居に居住している。

メキシコ系は、一九五〇年代半ばから始まった黒人公民権運動の高揚の中で、政治意識を高め、合州国市民としての平等の権利と人種的、民族的差別の廃止を求めて立ち上がった。一九五九年には選挙登録を促進する「メキシコ系アメリカ人政治連合」がカリフォルニアを中心に、一九六一年には「スペイン語団体政治連合」がテキサスを中心に結成され、メキシコ系の政治的要求の代弁者として活動した。一九六五年にはコロラド州デンバーを中心にメキシコ系最初の公民権運動組織である「正義の十字軍」が設立された。

一九六八年三月三日、東ロスアンゼルスのリンカーン高校の生徒約千人が授業を放棄し、それに続いて五つの高校で授業が放棄された。彼らは、メキシコ系教師の採用、メキシコ系の文化・歴史教育の実施を要求して、教育委員会に対する請願デモを実行した。数カ月後、一三人のメキシコ系活動家がストを扇動した容疑で起訴された。彼らは「ロスアンゼルスの一三人」と呼ばれ、その後の「チカノ」解放運動のシンボル的存在となった。この事件を契機として、チカノ運動が注目されるようになる。

一九六九年には「アストラン・チカノ学生運動」が結成され、その運動は学内だけでなく、バリオ（コミュニティ）での活動を重視し、そして一九七〇年代初頭のチカノ教育・研究組織づくりの中心的役割を担った。その頂点が一九七〇年八月二九日にロスアンゼルスのラグナ・パークで開催された三万人規模の反戦集会であった。この集会では、政府批判と国際連帯が公然と掲げられ、警察の介入をきっかけとして発生した騒乱の中で三人が死亡、チカノ青年たちの指導者であったコルキー・ゴンサレスを含む約四〇〇名が逮捕された。

こうして、メキシコ系社会は全国各地において共通の問題意識を増大させ、一部は民族的解放と自決を求める運動を開始した。その民族的エネルギーを支えた象徴的概念が「アストラン」というアステカ族の伝説的聖地の名によって表現されたメキシコ人としてのナショナル・アイデンティティであった。

ゴンサレスは、一九六五年にコロラド州のデンバーに「正義の十字軍」を結成してチカノ解放運動の先鞭をつけ、一九六九年三月にはデンバーにて「正義の十字軍」主催で「第一回チカノ青年解放会議」を開催し、全米各地から約二〇〇〇名のチカノ運動の活動家が結集した。この会議では、民族的感情から同化主義的な傾向の強い「メキシコ系アメリカ人」という言葉と意識などへの批判が噴出し、チカノ民族主義、そして将来の自治権の確立が呼びかけられ、チカノの政党結成をめざした「アストラン精神宣言」が採択された。

この会議の二カ月後、メキシコ系が過半数を占めるテキサス州南部の農業地帯であるクリストル市において、教育委員会の支配をめざした運動が立ち上げられ、さらにチカノ解放のための政党「統一民族党」が設立された。そして、テキサスでの運動を契機として、地方政治権力の獲得をめざした運動がコロラド州、カリフォルニア州へと拡大した。

カリフォルニア州においては、ゴンサレスと並んでチカノ運動の二大指導者と呼ばれたセサル・エストラーダ・チャベスが率いる「全国農業労働者連合」（NFWA）の運動が一九六〇年代半ばに農業労働者のストライキを勝利に導くなど、全国的にも知られる運動となっていた。

チャベスは、一九二七年にメキシコ系移動季節労働者の子（三世）として生まれ、一四歳で学校を中退したが、季節労働者である父親の移動に伴って、インペリアル・ヴァレーからサンフランシスコ郊外の北ナパ・ヴァレーに至る地域を移動しながら成長した。一九四六年、一九歳の時に海軍を名誉除隊し、カリフォルニア州カーン郡の町ディレーノに帰り、ぶどう園労働者として働き始めた。翌四七年、ディレーノに近接するコーコランのぶどう園で働いている時、「全米農業労働者組合」（NFW）がストを目的にピケ参加者を募集していることを聞き参加したが、ブラセロがスト破りに動員されたため失敗に終わる。

一九五一年、チャベスは「ソール・アリンスキー産業地域財団」に所属するフレッド・ロスの勧めで、「地域社会サービス機構」（CSO）のオルグになる。チャベスはサン・ノゼやロスアンゼルス近郊でのチカノ貧民の有権者登録運動を通じて組織化の手法を学んでゆく。しかし、チャベスは真のチカノ問題は農業労働者問題だと認識するようになり、市民としての課題や政治的問題にチカノの関心を深めさせることを優先するCSOの路線と対立し、一九六一年三月に脱退した。

その後、チャベスは個人的に農業労働者の組織化に力を入れる目的で妻子とともにディレーノに居を構え、ぶどう摘み労働者として働き始める。チャベスの目的は、合州国内の他の業種の労働者が享受しているように、自らを組織化する権利を農業労働者たちに獲得させることであった。ディレーノはサン・ホアキン・ヴァレーに位置するが、農業労働者の七〇％近くがメキシコ系であった。チャベスはサン・ホアキン・ヴァレー一帯で組織化を進め、一九六二年に二八七名の仲間とともに「農業労働者連合」（FWA、六四年にNFWAに改称）を設立した。FWAは私的な親族組織の延長にあるような相互扶助的な組織であり、組合員の利益を何よりも優先した。一九六五年にディレーノ・ストが開始される直前には組合員数は一七〇〇名に増加していた。

カリフォルニアの農業労働者の間では、一九五九年にAFL―CIO（米労働総同盟・産業別組合会議）傘下の「農業労働者組織委員会」（AWOC）が設立され、インペリアル・ヴァレーを中心にぶどう農園労働者の賃金引き上げを実現したが、六一年の労働争議は「ブラセロ計画」撤廃の要求が続く中で、七〇〇〇名のブラセロがスト破りに動員されて労使紛争は敗北に終わった。一九六五年五月、コウチェジャ・ヴァレーのAWOC所属が大半を占めるフィリピン人ぶどう摘み労働者が、他人種の労働者より賃金が低いことを不服としてストライキを実行した。これに数百名のメキシコ系労働者も加わったが、一〇日間でストは解決した。このストライキ闘争がフィリピン人労働者とメキシコ系労働者の共闘によって成功したことは、その後の異人種間共闘の可能性を拓いてゆくことになる。AWOC所属のフィリピン人労働者とメキシコ系労働者は、そのまま北上しながら各地で労働争議によって賃金格差の是正を達成していった。やがて、ディレーノに到達するとフィリピン人労働者二〇〇名からAWOCが自分たちの代表になってくれるよう要請された。それを受けて、九月七日フィリピン人労働者の間でスト実行の可否を問う投票によりスト実施が決定され、翌日九カ所のキャンプでストが決行され、AWOC所属のフィリピン人労働者一三〇〇名が先頭に立った。これに対し、九月一二日に経営者側がメキシコ系をスト破りに動員してスト破壊を企てた。

このような状況に困り果てたフィリピン人指導者がチャベスにNFWAの協力を要請してきた。九月一六日、NFWA所属のメキシコ系労働者もスト決行を決定し、同二〇日にNFWAは一七〇〇名のメキシコ系労働者がAWOCのピケに参加する形でストに突入した。スト破りの中からも、NFWAに加入する者も出た。こうして、ストの主導権はチャベスの手中に移っていった。チャベスのスト戦略は二点からなっていた。外部からの支援確保とディレーノの状況を倫理的問題として外部に向けて発信してゆくことであった。学生団体、聖職者団体、各種組合組織、少数民族組織、公民権運動団体が支援した。黒人のSNCCやCORE出身のボランティアが支援のためにディレーノを訪れ、ピケ指導者として活躍した。

一二月一五日、サンフランシスコでAFL—CIO大会が開催され、「全米合同自動車工組合」(UAW)がNFWAに対する支援を表明し、またチャベスが提案したディレーノ地区のぶどう製品ボイコット支援決議が採択された。翌年初頭にもストは継続されたが、スト参加者の士気は低下し、解決の兆しは見えなかった。そのような滞留状態を打破するために、州知事にスト調停を受け入れさせることを目的に、イースターの日にサクラメントまでデモ行進を実施することが決定された。それに先立つ三月一四日から一六日にディレーノなどにおいて公聴会が開催され、ロバート・ケネディ上院議員などが参加した。チャベスはこの公聴会において、他業種の労働者と同等の権利を移動労働者を含む全国の農業労働者にも認めることを要求するとともに、ディレーノ・ストがカリフォルニア州全体の農業労働者運動の出発点であり、闘争の勝利がひいては合州国の農業労働者全体の人権獲得につながってゆくと論じた。

公聴会終了の翌日、チャベスが率いる七五名によるデモ行進がサクラメントに向けて開始された。デモ行進のスタイルはメキシコ風の帽子であるソンブレロをかぶり、赤いポンチョを着、ギターを弾きながらストライキを讃える歌「ストライキ万歳」を歌って進んだ。プロテスタント系聖職者も同行していた。デモ行進の両側には米墨の両国国旗と、グアダルーペの聖母像やアステカ族の象徴である鷲をイメージしたNFWAの旗が多数掲げられていた。NFWAはこのデモ行進によって大きな成果を得た。沿道の町々で加入契約する者が増え、地域住民からは食事、寄付金、宿泊の場などが提供され、各地のメキシコ系を中心とする住民との信頼関係を構築することにも成功した。

ディレーノのスト開始によってカリフォルニア州全体での農業労働者組合設立構想を一時的に中断していたチャベスは、サクラメントへの行進で組合設立への足がかりを得ようとした。それには、大量のチカノ農業労働者を取り込むことが必要であった。しかし、教育水準の低いチカノ労働者を引きつけるためには、言葉よりも絵などの象徴物を使うほうが効果的であると考えた。このため、メキシコ伝統文化を象徴するグアダルーペの聖母像やアステカをイメージ化した旗を使用した。しかし、その目的はあくまで農業労働者を組織化することであり、エスニックなメキシコ系解放運動を展開しようとしたわけではなかった。またチャベスは、スト破りに利用されるメキシコ人不法移民とチカノ労働者を区別し、スト破りに参加する不法移民は組織化の対象としなかった。

このようなチャベスの姿勢を批判したのが、一九六八年に創設された「自律的社会行動センター」

（CASA）である。CASAはチカノという用語が合州国生まれのメキシコ系を指示対象としていることを批判し、民族的、文化的出自を共有する限り、国境のいずれの側に住んでいるのかは意味をもたないと主張した。CASA創設の中心となったのは、バート・コロナである。コロナは、一九一八年五月二九日にテキサス州エルパソで生まれ、高校卒業後、組合活動家として「国際港湾労働者・倉庫労働者組合」の組織活動に関与するようになる。本格的に労働運動と関わるようになったコロナは、社会主義的なアプローチに近づいていった。コロナは、労働組合運動と並行して、スペイン語系住民の権利擁護を目的として一九三九年に設立された「全国スペイン語系大衆会議」に参加した。この組織は、「統一ラテンアメリカ系市民連盟」（LULAC）のような穏健な同化主義的組織とは異なり、スペイン語系住民を合州国市民か否かで区分することに強く反対しており、労働者階級という自己意識を持ち始めていたコロナに、階級的な利害と民族的な利害をどのように調整するのかという難問への向き合い方を体得させていった。

一九四七年に兵役を終えたコロナは、CSOの活動に参加してチャベスの存在を知る。その後一九六〇年代には、一九六〇年四月二日カリフォルニア州で結成された「メキシコ系アメリカ人政治連合」（MAPA）の活動に参加、メキシコ系社会に関わる問題全般に関与するようになる。六四年から二年間は副会長、六六年から二年間は会長として組織の意思決定に関わった。しかし、MAPAではコロナがたどり着いた、労働者としての階級的利害と民族的利害を結びつけるという目標を達成できなかった。チャベスの農業労働組合運動に関与することを通じて、コロナはMAPAの中間階層的な性格に限界を感じ始め、同組織を拠点にそれまで行ってきた選挙政治中心的な活動から離れていった。チャベスとの相違点は、チャベスが非合法移民労働者を農業労働者運動の阻害要因ととらえたのに対し、コロナは非合法移民労働者をも取り込もうとした点にある。

一九六八年、コロナはロスアンゼルスを拠点に、一九五一年に非合法移民の援助を目的として創設された「メキシコ国籍者相互会」の相互扶助的な活動を展開、さらに規模を拡大して移民政策への働きかけをも射程に入れた別の中枢組織としてCASAを設立した。コロナを含めた数人が「相互会」とCASAの両方の指導部に名を連ねたが、基本的には両者は別組織とされ、CASA指導部が「相互会」が行う活動に関して指針を出した。両者の性格の違いとしては、「相互会」は新着の移民からなるのに対して、CASAは専門職の青年チカノ、教会関係者、学生などから構成されていた。

CASAは、チャベスの農業労働者運動が農村地域で果たしていた相互扶助的機能を都市部のバリオで果たすことを目的とした。コロナは、法的資格の違いによってメキシコ系労働者を分断することを強く批判した。

一九七二年八月に連邦議会司法委員会に、雇用者罰則規定を盛り込んだ法案が提出されたことを契機として、一九七三年二月にCASA主導で「公正な移民法と法執行のための全国連合」(NCFILP)が設立された。NCFILPは「一人への危害はみんなへの危害」を合言葉に、メキシコ系及びラティノ系労働者の一体性を主張し、その上で資本主義システムが雇用者罰則規定を盛り込んだ移民法案を導入することで非合法移民をスケープゴート化し、労働者階級の分断を図るものであると批判した。これがきっかけとなって、チカノ運動が非同化主義的なアイデンティティばかりを強調していることに限界を感じ、労働者としての階級的連帯に傾倒していった青年たちがCASAに加わり始め、CASAの体質変化を生じさせた。こうして、CASAの指導権は階級的な政治運動に傾斜するロドリゲス兄弟に移り、一九七四年一二月にコロナはCASAを離脱した。CASAの性格が相互扶助組織から革命的前衛組織に変化してゆく中で、一般メキシコ系住民からの離反、非合法移民の権利擁護に専念すべきだとする人々からの内部批判もあり、CASAの影響力も最盛期の一万五〇〇〇家族から数百名程度に落ち込み、一九七八年に解散した。まさに、非合法移民が増加し始めた時期に、本来十分な役割を果たすべき組織が崩壊したのである。アイデンティティや階級性の問題が複雑に交錯する、メキシコ系の運動の困難さをまざまざと示す結果となった。

CASAが相互扶助組織としての性格を失って、影響力も低下していった時期に、ラティノ系組織が移民法改革をめぐって足並みをそろえ始める。一九七七年八月にカーター政権が雇用者罰則規定を盛り込んだ移民法改革案を発表したことがきっかけとなり、メキシコ系退役軍人からなる穏健派組織「G・I・フォーラム」や、一九七〇年代半ばまでに非合法移民擁護に路線を転換していたLULACなど、従来は合州国市民となった合法移民の利益擁護を目的とした諸組織が、コロナやCASAの主張であった非合法移民を擁護する流れに同調するようになる。

同年一〇月末、サンアントニオにおいて「移民・公共政策に関する全米チカノ・ラティノ会議」が開催され、前記のLULACやG・I・フォーラムのほか、CASA、統一民族党、社会主義労働者党（SWP）の代表者など約二六〇〇名が参加した。サンアントニオ会議は、それまで立場を異にしてきた諸団体や個人が非合法移民の権利擁護と雇用者罰則規則を盛り込む移民法改革案に反対したという意味合いで画期的な会議であったことは事実ではあるが、表向きの大同団結とは裏腹に、各組織はそれぞれ固有の政治的利害を抱えており、チカノ・ラティノ系運動の大同団結には至らなかった。しかし、重要な点は、諸組織が非合法移民の権利擁護を重要な課題と認識した点にあった。

4　メキシコ人の越境問題

メキシコからの移民流入は、米墨戦争の結果、米墨国境が画定した一八五〇年代から始まり、合州国の工業化やフロンティア開拓が進んだ一八七〇年代に最初の大移動が発生した。その後、一九二四年に公布された移民帰化法によって包括的な移民規制の枠組みが形成され、それが一九六〇年代前半まで基本原理として定着したため、米墨間の経済格差が大きかったとはいえ、メキシコ人移民が急増する事態には至らなかった。しかし、一九六五年に公布された移民帰化法によって移民規制が緩和されたのを契機として、メキシコ人移民は増加に向かった。この移民法が既存の移民の家族を優先的に受け入れるシステムを導入したことが移民血縁者の急増を招き、また新たな移民の場合も、賃金格差を背景とした移住インセンティヴが、血縁や地縁のネットワークによって実現された（坂井誠「アメリカにおけるヒスパニック移民を巡る諸問題」）。

メキシコとの二国間契約の労働者協定である「ブラセロ計画」（一九四二〜六四年）が終了した後も、ブラセロ計画期に成熟した移民流入ネットワークとメキシコからの安価な労働力に依存する合州国の体質は衰えることなく、契約労働者の多くがそのまま非合法移民に移行した。さらに、一九六〇年代後半から七〇年代初頭にかけての合州国の好況も安価な労働力の需要を拡大した。

非合法移民が流入する一方で、非合法移民の雇用が長期にわたって違法とならなかったのは、一九五二年の「移民・国籍法」に「テキサス但し書き」という条項が挿入されていたことに由来する。この条項によって、意図的な非合法移民の「輸送」や「拘留・隠匿行為」が違法であるのに対して、「雇用」は処罰の対象外とされてきたのである。しかし、一九六〇年代後半以降の非合法移民の急増は、非合法移民の取り締まりを重要な政策課題として浮上させることとなった。その中で、この「テキサス但し書き」の撤廃、すなわち雇用者罰則の法制化が一九七〇年代以降の移民法改革論議の具体的な争点となった。

非合法移民逮捕者数は、一九六五年の一一万三七一名、七〇年の三四万五三五三名、七五年の七五万六八一九名、七九年の一〇六万九四〇〇名、八〇年の九一万三六一名、八五年の一三四万八〇〇〇名、八六年の一六七万名と急増した。前記の一九七七年にカーター政権が取り組もうとした移民法改革はこのような非合法移民の増大を背景にしたものであり、雇用者罰則、合法化、国境取り締まりの強化を含む法案が上下両院に提出されたが、上院案と下院案のいずれもが委員会から本会議に報告されることはなかった。

一九七八年一〇月、カーター政権は「移民・難民政策に関する特別委員会」を設置した。移民法改革において中心的役割を果たすことになるニュージャージー州選出の民主党議員ピーター・ロディーノ下院議員やワイオミング州選出の共和党上院議員アラン・シンプソンを構成メンバーに含んだこの特別委員会は、移民法改革のための広範な検討作業を行い、一九八一年三月一日に大統領及び上下両院議長に宛てた最終報告書を提出した。この最終報告書は、国境を中心とした取り締まり強化、雇用者罰則の導入、及びそれを実効力あるものにする労働者資格証明制度の整備、合法化の実施などを提案していた。この内容は、同年七月に議会に提出されたレーガン法案や、それに取って代わる形で翌八二年二月に議会に提出されたシンプソン上院議員とケンタッキー州選出の民主党下院議員ロマーノ・マッゾーリによる最初のシンプソン＝マッゾーリ法案に盛り込まれた。また、一九八二年の第一シンプソン＝マッゾーリ法案の骨子が八四年の第二シンプソン＝マッゾーリ法案を経て、一九八六年九月に成立し、翌八七年に施行された「移民改革統制法」（シンプソン＝ロディーノ法）に継承された（村田勝幸「一九八六年移民法（IRCA）審議過程における「非合法移民問題」の形成と展開」）。

メキシコから合州国への非合法移民は、一九七〇年代以降も増大し続けたが、一九九〇年代初頭にこの問題は新しい局面を迎えた。一九八七年に施行された移民改革統制法は、五年以上滞在したことを証明できる非合法移民の合法化を容認するとともに、新たな非合法移民の流入は取り締まりの強化、及び雇用者罰則の導入によって抑止することを定めた。この法律により合法化された非合法移民は総計三〇〇万人に達したにもかかわらず、新規の非合法移民の流入を抑止する効果は上がらないまま、一九九〇年代に入ると、この問題は別の要因と相まってより重大な事態を生じることになる。

一九九〇年代初頭、非合法移民の最大の目的地であったカリフォルニア州は、湾岸戦争後の不況に加え、冷戦終焉の結果としての軍需の急減による厳しい不況に直面していた。このような状況下で、一向に減少しない非合法移民に対して排斥の機運が強まった。一九九四年一月に発効したNAFTA（北米自由貿易協定）が、非合法移民を抑制する手段として正当化されたのも、このような排外主義的な傾向が強まっていたという情勢があったためである。

この時期、カリフォルニア州では反移民団体が次々に結成され、州の財政窮迫化の原因を非合法移民に結びつけ、草の根的な運動を展開し、これらの反移民団体の圧力によって、「提案一八七」と呼ばれる住民直接請求と、非合法移民を社会的サービスから排除する法律が成立する。このように移民排斥運動は政策的に結果をもたらした。一つは新たな移民入国を阻止するための国境管理の強化であり、もう一つは社会的な領域からの移民たちの排除である。

国境管理に関しては、一九八〇年代までは国境の障壁は両国の国境都市が接する部分などに限られていた。最大の非合法移民の入り口である合州国側のサンディエゴ市とメキシコ側のティファナ市の国境地帯では、一九八〇年代末まで、障害物は国境線の目印となる程度にすぎず、国境線は隙間だらけであった。ブッシュ政権は、この国境地帯の最大の侵入口であったキャニオン・サパタと呼ばれる谷間に高さ三メートルに及ぶ「壁」を建設したが、事態は改善しなかった。非合法移民側が突破口を西部に移動させたためである。入管当局は、この西部の侵入口も「壁」で塞いだが、非合法移民たちは毎日特定の時間帯に「壁」を乗り越えて突入を試みるようになった。

クリントン政権は、国境管理政策をさらに強化し、予算面、人員面、装備面で取り締まりの強化を図った。しかし、このような国境取り締まり強化策は、カリフォルニアでは抑制効果を持ったとしても、アリゾナやニューメキシコを新たな侵入経路として登場させたにすぎず、非合法移民の数は減少しなかった。国境取り締まり強化は、越境を手引きする組織犯罪集団の台頭をもたらすことになり、従来の個人的斡旋業者による手引きに比べ手数料が数倍増になるなど、越境者側の経済的負担を大きくするばかりか、組織犯罪集団への依存度を高めることになった。

いずれにせよ、国境取り締まりの強化も非合法移民の侵入阻止には事実上役立たなかった。カリフォルニア州などにおいて、農場、飲食業、中小製造業者らが非合法移民を低賃金労働力として必要とし、一九九〇年代には需要を増大させていただけに、国境管理の強化や、あるいは雇用現場での規制強化によっては抑制効果が上がらないことは明らかだった。連邦政府は移民に対する規制強化を求める保守化した中間層の圧力を前に、政治的正統性を確保するために、形式的には国境管理の強化や雇用現場での規制強化を図ることは必要ではあった。しかし、他方で経済界における低賃金労働力の必要性という相反する利害を前に、徹底的な移民流入の阻止に向けた対策をとることはできなかった。要は、「国民国家」としての正統性の危機という事態を前に、「国民国家」の政治的正統性を回復する措置を、その実質的な効果とは無関係に、形式的に採ることが求められたのである。

他方、もう一つの移民排斥運動の政策的帰結は、移民の社会的サービスからの排除という問題である。一九九〇年代の反移民運動は、競合する低賃金労働者からではなく、保守化した中間層の草の根運動に発したことに特徴があり、特にその論理に注目すべき点があった。「提案一八七」の主唱者たちは、非合法移民は合州国の社会福祉に惹きつけられているとして、非合法移民に対する社会的サービスの制限を求めた。「提案一八七」は、非合法移民の子供たちの公教育からの排除、非合法移民による公的な医療機関の利用の制限、彼らへの食糧切符などの生活補助の禁止を規定した。しかし、実際には社会的サービスの負担増による危機の真の原因は、非合法移民によるよりも、むしろ一九八六年の移民改革統制法によって生じた合法移民の特定社会への集中にあった。反移民運動は、カリフォルニア州から全国に広がっていった。移民の増大によって、合州国のエスニックな構成が大きく変化することへの警戒感から、その政治的影響力は拡大していった。この結果、一九九六年夏に「福祉改革法」と「非合法移民改革法」が成立した。この二つの法律は、前者が合法移民に関して、後者は非合法移民に関しての規制を強化することを目的とされていた。

この一九九六年の規制体系の第一の特徴は、社会的サービスの給付に関して、非合法移民だけを排除するのではなく、合法移民を含めて段階的に制限したことにある。非合法移民だけでなく、一時滞在の合法移民を含めて、「受給資格のない外国人」とされた。彼らは、連邦、州、地方の行政体による公的扶助の受給から排除された。また、たとえ合法移民でも一九九六年八月以降の入国者は、全国一律に「資産調査を必要とする連邦政府の扶助」を受給することが、入国後五年の間は禁じられた。さらに、食糧切符や低所得者への現金の給付は、五年を超えても禁止され、入国後一〇年間の就労経験や軍人としての経験がない限りは認められなくなった。第二に、福祉に依存する者を排除するために、移民をする際に本人が所持する最低必要金額を引き上げるとともに、家族呼び寄せの場合は、もしも公的な援助を移民が受けた場合は移民の身元保証人がそれを返還する義務が課せられた。さらに、その身元保証人の所得水準に関して、連邦政府が定める貧困ラインの一二五%水準（一九九六年時点で年収一万九四六一ドル）を上回ることが義務づけられた。

このような新たな規制強化は、非合法移民や合法移民を吸引する社会的なサービスの持つ磁力を抑制することを目的としていたが、実際には非合法移民の越境の減少も帰国の増加も生じなかった。また、合法移民の入国数も一九九〇年代を通して高い水準で推移した。つまり、規制効果の主眼は新たな移民の流入を抑制したり、既存の移民を排除、送還することにはなく、移民を労働力として利用することを否定せずに、負担の軽減を図ることにあった。すなわち、その目的は既存の移民や新たに入国する移民集団の再生産コストを合州国国内で社会化することを否定し、それを可能な限り外部化し、あるいは移民集団自身に負担させる効果を狙ったものであった。

要するに、一九九六年の規制強化策は、「合州国市民を中心としその対極に非合法移民を置き、その間に滞在期間や資格によって合法移民を序列的に編成する同心円状の構造を形成した。そしてこの新しいシステムの中では、市民と合法移民の間の権利の差がかつてないほど拡大することになり、また合法移民の内部にも滞在年数や就労体験による境界と格差が構築されたといいうる」(小井土彰宏「NAFTA圏と国民国家のバウンダリー」)。

規制強化策は結果的には合法移民の帰化を促し、他方、非合法移民の定住化を促進することによって、合州国の政治社会システムへの統合を進めさせることとなった。また、メキシコ人は越境を繰り返して国境の両側に拠点をもつネットワーク状の社会組織を多数発展させ、移民ネットワークを基礎とした越境的な社会空間を形成したのに対して、アメリカ国家は多重的な壁の構築によってメキシコ人の再生産の内部化を阻止しようとしたが、結果的には逆に一層の内部化を招いた。他方、メキシコ国家は、在米メキシコ人によるメキシコ国内への投資を誘引することを目的として、一九九七年に憲法を改正し、国外に居住するメキシコ生まれの者及びその子供で、一度他国に帰化した者がメキシコ国籍を再獲得する権利を認め、二重国籍を容認した。こうして米墨国境は、両国間を越境するメキシコ人の動向によって、その意味を大きく変化させてきている(小井土、同前)。なお、一部のメキシコ人移民の間には、メキシコ人の合州国流入を「レコンキスタ」、すなわち一八四〇年代に米墨戦争における敗北によってメキシコが失った領土の「レコンキスタ」（再征服）ととらえている向きがあることを忘れてはならないだろう。国境の両側に張り巡らされるメキシコ人のネットワークが、アメリカ国家の意図とは無関係に、またメキシコ国家の意向をも引き出しつつ、両国間の国境の意味合いを変化させながら新たな社会空間を築きつつある事態は注目に値すると言いうる。

終　章

岐路に立つアメリカ合州国

「九・一一」発生一ヵ月後の二〇〇一年一〇月二六日、合州国で「反テロリズム愛国法」が公布された。この法律の公布により、治安当局はテロへの関与を疑われる外国人を通常の司法手続きなしに拘束できるほか、携帯電話や電子メールの盗聴・傍受に関する権利も大幅に認めるなど、捜査当局の権限を拡大した。その後半年間で、五〇〇〇名以上のアラブ系、及びイスラム教徒の人々が身柄を拘束された。

「反テロリズム愛国法」のような治安対策強化法は、一九八〇年代末から準備されてきた。一九八八年にレーガン政権は「街頭テロ強制防止法」を制定している。この「街頭テロ強制防止法」は、例外状態を想定して、そのような社会状態を発生させうる兆候が存在する状況においては基本的人権を停止して、社会変革運動の封じ込めを目的とする法律であった。この「街頭テロ強制防止法」は、資本主義システムの変革をめざす者を「無法者」と扱うことで、社会変革を志向する運動を社会的に「排除」することを目的としたものであったと言いうる。

「街頭テロ強制防止法」や「反テロリズム愛国法」に象徴される治安対策強化の法体系は、合州国が反動期に逆戻りしたことの証左であり、このような反動期に主要なイデオロギーとなったのが、「新自由主義」である。「弱肉強食」、「弱者切り捨て」の市場原理主義に基づく「新自由主義」は、政治的な保守派傾向を内包して、反動期の政治・経済イデオロギーとなってゆき、特に治安維持措置を強化する傾向を強めていった。こうして一九八〇年代末以降、合州国国内の〈帝国〉的秩序の確立を目的とする法制度が制定されていった。

しかし、合州国全体が反動化したわけではない。「反テロリズム愛国法」を違憲とする良識的な判決も出されている。例えば、二〇〇二年八月にオハイオ州シンシナティの連邦控訴裁は、「テロ容疑で拘留された外国人・移民の審理を秘密に行うのは違法」との判断を下した。キース判事はその理由を、「司法省のやり方は、非民主的と言わざるをえない。閉ざされたドアの裏では民主主義が死んでしまう。憲法修正第一条は、移民の強制送還の審理、手続きが公正かつ合法的に行われているかについて、国民の知る権利を保障している。政府がそのドアを閉ざしてしまったら、都合のよい情報だけを集めてコントロールする危険性がある」と説明した。また、二〇〇四年九月二九日、ニューヨーク州の連邦地裁が、「反テロリズム愛国法」の一部を憲法違反とし、同法を問題視する判断を下した。FBIが、「反テロリズム愛国法」に基づいて、市民から本人の了解なしに電話やメールを勝手に盗聴するのは憲法違反で許されない、というのが同連邦地裁の判断であった。

このような治安対策強化の背景には、新自由主義的な「経済のグローバル化」が進展する中で、地域格差や社会格差が拡大し、その元凶としての合州国に対する批判が強まり、一部には非国家主体による攻撃さえ生じる事態が生じ、さらには国内において白人人口が減少しつつあるという状況が存在する。

一九九〇年の国勢調査では、白人人口は七五・六%、黒人一一・八%、ヒスパニック九・〇%、アジア系二・八%、先住民計〇・八%、その他〇・一%であった。これが二〇〇〇年には、白人六九・一%、黒人一二・一%、ヒスパニック一二・六%、アジア系三・六%、先住民系〇・七%、その他一・七%となった。白人人口比率は明らかに減少しつつある。また、外国生まれの人口の比率は、一九六〇年には五・四％であったのが、二〇〇二年には一一・五％に増加している。このような非白人人口比率の増加や外国生まれの人口の増加のため、合州国国内においては理念国家としてのアメリカ合州国の凝集性を維持するために、「アメリカ化」のプロセスは続いている。

こうした、白人人口比率の低下は、白人による暴力的な事件の増加の原因とも考えられる。一九九九年七月にジョージア州アトランタの証券会社で発生した四四歳白人男性による乱射事件（九名死亡）、同年八月にロスアンゼルス郊外のユダヤ系地域センターで発生した三七歳の白人男性による乱射事件（五名が負傷）、同年九月にテキサス州フォートワースのウェッジウッド・バプテスト教会で発生した四七歳の白人男性による乱射事件（七名死亡）が発生したが、青少年にもこのような犯罪が増加している。一九九七年一〇月にミシシッピー州パールのパール高校で発生した一六歳の白人少年による乱射事件（生徒二名死亡、七名負傷）、同年一二月にケンタッキー州パデューカのヒース高校で発生した一四歳の白人少年による乱射事件（生徒三名死亡、五名負傷）、一九九八年三月アーカンソー州ジョーンズボロのウェストサイド中学校で発生した一三歳と一一歳の白人少年による乱射事件（生徒四名と教師一名が死亡、一〇名負傷）、同年五月オレゴン州のスプリングフィールドのサーストン高校で発生した一五歳の白人少年による乱射事件（生徒二名死亡、二〇名負傷）、そして一九九九年四月にはマイケル・ムーア監督の『ボーリング・フォー・コロンバイン』で有名な、コロラド州リトルトンのコロンバイン高校での一八歳と一七歳の白人少年による乱射事件（生徒一三名死亡、二三名負傷）が発生している。明らかに、白人に苛立ちが増幅している（矢部武『人種差別の帝国』）。

このような白人たちの苛立ちの背景として、白人中間層の地盤低下を指摘する向きもある。特に、新自由主義的な「経済のグローバル化」の進展に伴って社会格差が拡大している。生産拠点の海外移転によって、製造業部門の白人中間層が失業するケースや、企業の合理化を目的としたリストラによって安定雇用を失うケースが多発してきた。また、所得格差も拡大しており、一九九〇年には大企業三六五社の経営責任者の平均給与が一般労働者の約一二〇倍であったのが、一九九八年には四一九倍に拡大している。このような社会構造の変化が、移民の流入によって、白人たちの非白人に対する差別感情を助長している。その結果、ヘイト集団（差別・憎悪を広める暴力的な集団）による「憎悪犯罪」も増加している。

合州国においては、このような非白人人口の増加と、新自由主義の下で進展する白人中間層の地盤低下が、白人支配の崩壊を恐れる傾向を生じさせているのではないかと思われる。合州国は理念国家であるゆえに、白人支配を継続するには、北米植民以来のヨーロッパ的価値観に基づく建国理念を維持する必要性がある。そのために、合州国は新たに流入してくる人々に対する「アメリカ化」を、アフガニスタン戦争（二〇〇一〜二〇〇二年）やイラク戦争（二〇〇三年〜）に見られるような「世界のアメリカ化」と同時に、これまで以上に強力に推進することが必要になる。

合州国の一国覇権主義的な〈帝国〉的な傾向は、イラク問題に象徴されているように、いずれは国際社会における反発の強まりに直面して立ち往生する事態が生じよう。そのような事態は、合州国国内に〈差異化〉された人々が増加してゆく中で、内からの「アメリカ化」に対する疑念の強まりと相まって進んでゆくものと予想される。

であるなら、ヨーロッパ人が「アメリカ」に到達し、その後、北米にアメリカ合州国が建国されて今日に至るプロセスの中で、〈他者化〉され〈差異化〉されたきた人々が合州国の中でどのように扱われてきたかが再び振り返られる日が来るだろう。先住民系、黒人系、ヒスパニック系、アジア系の人々の中には権力中枢に入り込むことに成功する者も増えるだろう。しかし、多くの人々が合州国社会の中で、最底辺層に沈殿し貧困に直面してゆくならば、「アメリカ化」の基軸とされてきた合州国の建国理念が問い直される日も近いかもしれない。

あとがき

私は一三年間、外交官としてラテンアメリカ諸国に勤務したが、一九九八年末に退官するきっかけとなったのは、一九九六年一二月一七日に発生したMRTA（トゥパク・アマル革命運動）による在ペルー大使公邸占拠事件であった。周知の通り、事件は翌九七年四月二二日にペルー軍特殊部隊の武力突入によって〝決着〟した。

私は、この事件でMRTAによって人質として公邸内に身柄拘束されている間、毎日のように、MRTAコマンドの隊長であったネストル・セルパ・カルトリーニや、ナンバー3のロランド・ロハスと対話した。その中で、彼らはコロンブスの「アメリカ到達」以来の五〇〇余年は、先住民にとっては屈辱と抵抗の歴史であったが、他方で「二文明の出会い」との意味合いでとらえれば、先住民系とスペイン系に由来するものの、スペイン系とは異なる新しいアイデンティティの形成の歴史であったと語っていた。そして、この新しいペルーというナショナル・アイデンティティの形成のプロセスが共和国期の歴史であったが、ペルーの「ネイション」形成の模索は一八世紀末に叛乱を指揮したトゥパク・アマルに由来し、トゥパク・アマルこそがペルー革命と「ネイション」形成のシンボルであると主張した。

ペルーは、スペイン人によって征服され、その後植民されたので、アングロ・サクソン系の人々が植民したアメリカ合州国とは異なるプロセスを経た。スペイン人植民者たちは「エンコミエンダ制」によって、国王から委託される形で、先住民をキリスト教に改宗させるかわりに労働力として使用する便宜を与えられた。しかし、大半の場合に先住民は奴隷に等しい環境下で酷使され、先住民の人口が激減するに伴って「エンコミエンダ制」は崩壊した。そして「アシエンダ制」と呼ばれる大荘園が登場し、先住民はこれらの大荘園に縛りつけられて封建的な隷従を強いられた。

他方、アングロ・サクソン系が植民した北米では、本書で示したように、先住民から土地を奪うために先住民の「排除」と「浄化」のプロセスが進み、不足する労働力としては、奴隷商人によってアフリカから強制的に連行されてきた黒人奴隷を購入して使用した。

スペイン系とアングロ・サクソン系の植民地開拓方法の相違によって先住民は異なる扱いを受けたが、異民族に土地を奪われて奴隷的な状態に陥れられるか、土地を奪われて排除され殺戮されてゆくかの違いはあれ、いずれにせよ理不尽な扱いを受けたことにかわりはなかった。

私は、MRTAのメンバーとの対話を通じて、アメリカ先住民の血を受け継ぐ人々が、ヨーロッパ人による先住民の歴史の簒奪をいかに強く意識しているかを知った。彼らにとっては、スペイン系であろうと、アングロ・サクソン系であろうと、自分たちの祖先の土地を奪い、殺戮した異民族であることにはかわりはない。しかし、スペイン系によって植民された地域においては、先住民は周縁部に排除されながらも、一九世紀の国民国家の形成期に形式的には「統合」が重視され、新たなナショナル・アイデンティティの摸索が行われた。ただし、ペルーのように現在に至るも「ネイション」が形成されたとは言えない国が多い。スペイン系の諸国においては、ナショナル・アイデンティティの模索が今も続いている。

一方で、アメリカ合州国においては、一九世紀までは先住民も黒人も「国民統合」の対象とされることなく、社会の周縁部に排除された。彼らが公民権を認められるのは二〇世紀後半になってからであり、公民権が認められるには「国民化」＝「アメリカ化」のプロセスを経ることが求められた。

私は、八年半前にMRTAに身柄を拘束されるという環境の中で、彼らと交わした対話を通じて、ヨーロッパ人の「アメリカ」到達と、その後のヨーロッパ型の「国民国家」の成立の仕方や、「国民統合」のプロセスに関心を深め、さらに自分の専門地域であるラテンアメリカだけでなく、アメリカ合州国における「アメリカ化」のプロセスにも関心を持つようになった。本書は、そのような問題意識から、「九・一一」以後顕在化して一国覇権的な傾向が強まってきた合州国において、現在どのような「アメリカ化」の問題が存在しているかを見極めることに主眼を置いた。

脱稿するまでには約二年を要したが、新泉社の若き編集者である安喜健人氏に多大な支援をいただいた。この場を借りて、本書の出版を引き受けていただいた新泉社と安喜氏に深謝申し上げる。

二〇〇五年七月二〇日

小倉英敬

主要参考文献

＊入手が比較的容易な邦文文献のみ。洋書は省略した

明石紀雄／飯野正子『エスニック・アメリカ――多民族国家における統合の現実（新版）』（有斐閣、一九九七年）

足立信彦「カリブの人喰い人種――食人言説と相対性」（遠藤泰生／木村秀雄編『クレオールのかたち――カリブ地域文化研究』東京大学出版会、二〇〇二年）

阿部珠理『アメリカ先住民の精神世界』（日本放送出版協会、一九九四年）

阿部珠理『アメリカ先住民――民族再生にむけて』（角川学芸出版、二〇〇五年）

荒木圭子「マーカス・ガーヴィーとパン・アフリカニズム――アメリカ合衆国における初期の思想と運動の変遷」（『法学政治学論究』第六一号、慶應義塾大学大学院法学研究科、二〇〇四年）

アレンズ、W『人喰いの神話――人類学とカニバリズム』折島正司訳（岩波書店、一九八二年）

石原保徳『インディアスの発見――ラス・カサスを読む』（田畑書店、一九八〇年）

石原保徳「新世界としてのアメリカ」（歴史学研究会編『南北アメリカの五〇〇年』第一巻「「他者」との遭遇」青木書店、一九九二年）

石原保徳『世界史への道――ヨーロッパ的世界史像再考』前・後篇（丸善、二〇〇〇年）

猪熊博行『風の民――ナバホ・インディアンの世界』（社会評論社、二〇〇三年）

上杉忍「米国における黒人運動と文化的多元主義への道」（歴史学研究会編『南北アメリカの五〇〇年』第五巻「統合と自立」青木書店、一九九三年）

上田耕一郎『ブッシュ新帝国主義論』（新日本出版社、二〇〇二年）

牛島万「アメリカ膨張主義とメキシコの対応――米墨戦争（一八四六―一八四八年）の性格をめぐる論争を中心に」（『ラ

テンアメリカ研究年報』第一八号、日本ラテンアメリカ学会、一九九八年）
鵜月裕典「合衆国のインディアン政策の展開とインディアン」（歴史学研究会編『南北アメリカの五〇〇年』第三巻「一九世紀民衆の世界」青木書店、一九九三年）
オゴルマン、E『アメリカは発明された――イメージとしての一四九二年』青木芳夫訳（日本経済評論社、一九九九年）
小田英郎「マーカス・ガーヴィーとパン・アフリカニズム――ガーヴィー主義の一考察」（『法学研究』第四二巻第六号、慶應義塾大学法学研究会、一九六九年）
カーター、フォレスト『ジェロニモ』和田穹男訳（めるくまーる、一九九六年）
カーマイケル、ストークリー『ブラック・パワー』長田衛編訳（合同出版、一九六八年）
金子勝『反グローバリズム――市場改革の戦略的思考』（岩波書店、一九九九年）
加茂雄三『地中海からカリブ海へ』（平凡社、一九九六年）
ガレアーノ、エドゥアルド『収奪された大地』大久保光夫訳（新評論、一九八六年）
川島正樹「ガーヴィー運動衰退期のマーカス・ガーヴィー（一九二五～一九四〇）」（『史苑』第五四巻第二号、立教大学史学会、一九九四年）
姜尚中／吉見俊哉『グローバル化の遠近法――新しい公共空間を求めて』（岩波書店、二〇〇一年）
菊池東太『ジェロニモ追跡』（草思社、一九八七年）
北沢方邦『蛇と太陽とコロンブス――アメリカインディアンに学ぶ脱近代』（農山漁村文化協会、一九九二年）
北山耕平『ネイティヴ・マインド――アメリカ・インディアンの目で世界を見る』（地湧社、一九八八年）
クォールズ、ベンジャミン『アメリカ黒人の歴史』明石紀雄ほか訳（明石書店、一九九四年）
クリーヴァー、エルドリッジ『氷の上の魂』武藤一羊訳（合同出版、一九六九年）
黒田悦子「ヒスパニック（ラティノ）のアメリカ――メキシコ系アメリカ人の抵抗文化の形成」（『アメリカ史研究』第二一号、日本アメリカ史学会、一九九八年）

ケーガン、ロバート『ネオコンの論理――アメリカ新保守主義の世界戦略』山岡洋一訳（光文社、二〇〇三年）
小井土彰宏「ＮＡＦＴＡ圏と国民国家のバウンダリー」（梶田孝道／小倉充夫編『国際社会③　国民国家はどう変わるか』東京大学出版会、二〇〇二年）
上坂昇『キング牧師とマルコムＸ』（講談社現代新書、一九九四年）
コーン、ジェイムズ・Ｈ『夢か悪夢か・キング牧師とマルコムＸ』梶原寿訳（日本基督教団出版局、一九九六年）
小平直行「「米西戦争」と米国帝国主義」（歴史学研究会編『南北アメリカの五〇〇年』第四巻「危機と改革」青木書店、一九九三年）
小松聡「アメリカ現代資本主義を問う」（『情況』二〇〇三年一・二月号、三月号、五月号）
コロン、クリストーバル『コロンブス航海誌』林屋永吉訳（岩波文庫、一九七七年）
佐伯啓思『「アメリカニズム」の終焉――シヴィック・リベラリズム精神の再発見へ』（ＴＢＳブリタニカ、一九九三年）
佐伯啓思『新「帝国」アメリカを解剖する』（ちくま新書、二〇〇三年）
坂井誠「アメリカにおけるヒスパニック移民を巡る諸問題」（『恵泉アカデミア』第四号、恵泉女学園大学人文学会、一九九九年）
猿谷要『検証　アメリカ５００年の物語』（平凡社ライブラリー、二〇〇四年）
清水知久『米国先住民の歴史――インディアンと呼ばれた人びとの苦難・抵抗・希望（増補）』（明石書店、一九九二年）
庄司啓一「米国におけるヒスパニックの世界」（歴史学研究会編『南北アメリカの五〇〇年』第五巻「統合と自立」青木書店、一九九三年）
白井洋子「北米植民地の形成――オランダ植民地」（歴史学研究会編『南北アメリカの五〇〇年』第一巻「「他者」との遭遇」青木書店、一九九二年）
スタイロン、ウィリアム『ナット・ターナーの告白』大橋吉之輔訳（河出書房新社、一九七〇年）
チョムスキー、ノーム『９・11――アメリカに報復する資格はない』山崎淳訳（文春文庫、二〇〇二年）

ティトゥ・クシ・ユパンギ述『インカの反乱――被征服者の声』染田秀藤訳（岩波文庫、一九八七年）
徳井いつこ『インディアンの夢のあと――北米大陸に神話と遺跡を訪ねて』（平凡社新書、二〇〇〇年）
富田虎男『アメリカ・インディアンの歴史（第三版）』（雄山閣、一九九七年）
豊浦志朗『叛アメリカ史』（ちくま文庫、一九八九年）
中川正紀「「ディレーノ・ストライキ」に見られるチカーノのアイデンティティ」（『アメリカ研究』第二六号、アメリカ学会、一九九二年）
中條献「奴隷から「自由」へ――合衆国の場合」（歴史学研究会編『南北アメリカの五〇〇年』第三巻「一九世紀民衆の世界」青木書店、一九九三年）
長田衛『評伝マルコムX――黒人は叛逆する』（第三書館、一九九三年）
新原昭治『「核兵器使用計画」を読み解く――アメリカ新核戦略と日本』（新日本出版社、二〇〇二年）
西島文子『アメリカ外交とは何か――歴史の中の自画像』（岩波新書、二〇〇四年）
西谷修『世界史の臨界』（岩波書店、二〇〇〇年）
西出敬一「カリブ海地域圏と奴隷制」（歴史学研究会編『南北アメリカの五〇〇年』第一巻「「他者」との遭遇」青木書店、一九九二年）
西出敬一「南部黒人奴隷制社会の確立」（同前）
ニュートン、ヒューイ『白いアメリカよ、聞け――ヒューイ・ニュートン自伝』石田真津子訳（サイマル出版会、一九七五年）
ネグリ、アントニオ／ハート、マイケル『〈帝国〉――グローバル化の世界秩序とマルチチュードの可能性』水嶋一憲／酒井隆史ほか訳（以文社、二〇〇三年）
バーダマン、ジェームズ・M『アメリカ南部――大国の内なる異郷』森本豊富訳（講談社現代新書、一九九五年）
パウエル、コリン・L『マイ・アメリカン・ジャーニー――コリン・パウエル自伝』鈴木主税訳（角川文庫、二〇〇一年）

浜田和幸『ブッシュの終わりなき世界戦争』（講談社文庫、二〇〇二年）
バレット、レナード・E『ラスタファリアンズ——レゲエを生んだ思想』山田裕康訳（平凡社、一九九六年）
バンクス、デニス『聖なる魂——現代アメリカ・インディアン指導者の半生』森田ゆり訳（朝日文庫、一九九三年）
福島清彦『ヨーロッパ型資本主義——アメリカ市場原理主義との決別』（講談社現代新書、二〇〇二年）
福島清彦『アメリカのグローバル化戦略』（講談社現代新書、二〇〇三年）
藤永茂『アメリカ・インディアン悲史』（朝日新聞社、一九七四年）
藤原帰一『デモクラシーの帝国——アメリカ・戦争・現代世界』（岩波文庫、二〇〇二年）
ブラウン、ディー『わが魂を聖地に埋めよ——アメリカ・インディアン闘争史』上・下、鈴木主税訳（草思社、一九七二年）
ブルーム、アラン『アメリカン・マインドの終焉——文化と教育の危機』菅野盾樹訳（みすず書房、一九八八年）
古矢旬『アメリカニズム——「普遍国家」のナショナリズム』（東京大学出版会、二〇〇二年）
ヘーガン、W・T『アメリカ・インディアン史（第三版）』西村頼男ほか訳（北海道大学図書刊行会、一九八三年）
ヘロドトス『歴史』松平千秋訳（岩波文庫、一九七二年）
本田創造『アメリカ黒人の歴史』（岩波新書、一九九一年）
マクガバーン、アン『三人の偉大なインディアン』池田広子訳（信山社出版、一九九一年）
真下剛「『ナット・ターナーの乱』について」（『大阪音楽大学研究紀要』第一七号、大阪音楽大学、一九七八年）
増田義郎『略奪の海カリブ——もうひとつのラテン・アメリカ史』（岩波新書、一九八九年）
松岡完『ベトナム症候群——超大国を苛む「勝利」への強迫観念』（中公新書、二〇〇三年）
マリーン、ジーン『ブラック・パンサー』枝川公一訳（二見書房、一九七〇年）
マルコムX『マルコムX自伝』上・下、濱本武雄訳（中公文庫、二〇〇二年）
三浦俊章『ブッシュのアメリカ』（岩波新書、二〇〇三年）

ムーニー、ジェイムズ『ゴースト・ダンス――アメリカ・インディアンの宗教 運動と叛乱』荒井芳廣訳（紀伊國屋書店、一九八九年）
村田勝幸「一九八六年移民法（IRCA）審議過程における「非合法移民問題」の形成と展開」（『アメリカ研究』第三二号、アメリカ学会、一九九八年）
村田勝幸「コミュニティとイデモロギーの狭間で――非合法移民擁護のためのメヒカノ組織CASAの挑戦と挫折」（『アメリカ史研究』第二三号、アメリカ史研究会、二〇〇〇年）
室谷哲「西部開拓と白人農民の世界」（歴史学研究会編『南北アメリカの五〇〇年』第三巻「一九世紀民衆の世界」青木書店、一九九三年）
森田ゆり『聖なる魂――現代アメリカ・インディアン指導者 デニス・バンクスは語る』（朝日新聞社、一九八九年）
矢部武『人種差別の帝国』（光文社、二〇〇四年）
油井大三郎編『浸透するアメリカ、拒まれるアメリカ――世界史の中のアメリカニゼーション』（東京大学出版会、二〇〇三年）
吉崎達彦『アメリカの論理』（新潮新書、二〇〇三年）
リトワク、ロバート・S『アメリカ「ならず者国家」戦略』佐々木洋訳（窓社、二〇〇二年）
ロックウッド、リー『黒豹党――クリーヴァーは語る』鈴木主税訳（合同出版、一九七〇年）
ワシュテル、ナサン『敗者の想像力――インディオのみた新世界征服』小池佑二訳（岩波書店、一九八四年）
和田光弘「北米植民地の形成――イギリス植民地」（『南北アメリカの五〇〇年』第一巻「「他者」との遭遇」青木書店、一九九二年）
和田光弘「南部白人社会の安定化」（同前）

著者紹介

小倉英敬（おぐら・ひでたか）

1951年大阪府生まれ．1982年青山学院大学大学院博士課程中退．1986年外務省入省．中南米局，在キューバ大使館，在ペルー大使館，在メキシコ大使館勤務を経て，1998年末退官．

現在，国際基督教大学，成蹊大学，明治学院大学ほかにて非常勤講師（ラテンアメリカ思想史・社会運動史，国際関係論）．2004年８月より「八王子憲法９条の会」事務局長．

著書に『封殺された対話――ペルー日本大使公邸占拠事件再考』（平凡社，2000年），『八王子デモクラシーの精神史――橋本義夫の半生』（日本経済評論社，2002年），『アンデスからの暁光――マリアテギ論集』（現代企画室，2002年）．共著に『変動するラテンアメリカ社会――「失われた10年」を再考する』（彩流社，1999年），『ポストコロニアリズム』（作品社，2001年），『ネイションの軌跡――20世紀を考える(1)』（新世社，2001年），『ラテン・アメリカは警告する――「構造改革」日本の未来』（新評論，2005年），『現代ペルーの社会変動』（国立民族学博物館地域研究企画交流センター，2005年）ほか．

侵略のアメリカ合州国史――〈帝国〉の内と外

2005年10月30日　第１刷発行

著　者＝小倉英敬
発行所＝株式会社 新 泉 社
東京都文京区本郷２−５−12
振替・00170－4－160936番　TEL 03(3815)1662　FAX 03(3815)1422
印刷・萩原印刷　製本・榎本製本

ISBN4-7877-0516-4　C1022